本书获得2015年度国家社会科学青年基金
"基于用户体验的公共数字文化服务营销研究（15CTQ0

U0453995

基于用户体验的
公共数字文化服务营销研究

戴艳清 ◎ 著

知识产权出版社

全国百佳图书出版单位

—北 京—

图书在版编目（CIP）数据

基于用户体验的公共数字文化服务营销研究/戴艳清著. —北京：
知识产权出版社，2020.6

ISBN 978-7-5130-6865-9

Ⅰ.①基… Ⅱ.①戴… Ⅲ.①公共管理—文化工作—服务营销—
研究—中国 Ⅳ.①G123

中国版本图书馆 CIP 数据核字（2020）第 058701 号

内容提要

本书着眼于提升我国大型公共数字文化惠民工程的用户体验及服务效能，系统梳理了基于用户体验的公共数字文化服务营销研究进展，论述了其理论基础、驱动力及营销维度，开展了大型文化惠民项目的用户体验测评及其互联网影响力研究，并基于顶层设计视角构建了公共数字文化服务营销体系。

本书可作为图书情报与档案管理专业、博物馆学师生的教学参考用书；也可作为图书馆、博物馆、档案馆等公共文化机构管理人员及从业人员的实践指导用书。

| 责任编辑：张水华 | 责任校对：谷 洋 |
| 封面设计：臧 磊 | 责任印制：孙婷婷 |

基于用户体验的公共数字文化服务营销研究

戴艳清 著

出版发行：知识产权出版社 有限责任公司	网 址：http://www.ipph.cn
社 址：北京市海淀区气象路 50 号院	邮 编：100081
责编电话：010-82000860 转 8389	责编邮箱：46816202@ qq.com
发行电话：010-82000860 转 8101/8102	发行传真：010-82000893/82005070/82000270
印 刷：北京建宏印刷有限公司	经 销：各大网上书店、新华书店及相关专业书店
开 本：720mm×1000mm 1/16	印 张：14
版 次：2020 年 6 月第 1 版	印 次：2020 年 6 月第 1 次印刷
字 数：240 千字	定 价：69.00 元
ISBN 978-7-5130-6865-9	

前　言

19 世纪末 20 世纪初，世界各国特别是发达国家都加大了对公共文化建设的投入，各种形式的文化惠民项目无论是数量还是质量均获得了长足的发展与提升。我国的现代化公共文化服务体系建设也取得了实质性进展。当前，在全国文化信息资源共享工程、数字图书馆推广工程、公共电子阅览室建设计划等国家重大数字文化惠民工程的带动下，我国公共数字文化建设成效显著，成为打通服务群众"最后一公里"的重要法宝。尤其是 2019 年，我国文化和旅游部办公厅联合印发《公共数字文化融合创新工程实施方案》，以推动全国文化信息资源共享工程、数字图书馆推广工程、公共电子阅览室建设计划三大文化惠民工程的深度融合，公共数字文化服务效能有望获得更大程度的提升。可以说，三大文化惠民工程的创新融合以及公共文化服务的供给侧结构性改革或社会化发展等，都是提升公共文化服务效能的有效手段。但作为一种重要的服务理念和服务效能提升方法，服务营销在公共数字文化领域未得到充分重视。

服务营销首先产生于商业领域，指充分认识消费者需求，并为满足其需求而在营销过程中所采取的一系列活动。直至 20 世纪 70 年代，它被作为一种创新服务理念引入公共文化服务领域，以 Yorke D. A 发表的《论图书馆服务营销》一文为代表，其核心要义是关注用户需求，为用户创造与传送价值。随着研究的深入，学界逐步发现用户体验对于公共数字文化服务的重要意义，并产出了一些代表性的成果。用户体验对应着人类最高的需求层次——自我实现，因而，在产品、渠道、人员等方面对公共数字文化服务主体提出了更高的要求。用户体验理念的提出，为服务提供者在满足用户需求和服务目标实现方面寻找平衡点。可以说，创造积极的用户体验，进而提升服务效能，是公共数字文化服务营销的根本目的所在。

基于以上考虑，笔者提出了"基于用户体验的公共数字文化服务营销研究"这一课题。非常荣幸的是，该课题获得了 2015 年国家社会科学基金的立项支持。历经四年，形成了这部著作。一直以来，课题研究坚持理论联系实践的原则，运用文献调查、访谈、比较研究、系统研究、案例研究、实验法等研究方法，梳理了公共数字文化服务营销的研究进展，重点论述了基于用户体验的公共数字文化服务营销的理论基础、驱动力及营销维度，分析了国外大型文化惠民项目在服务营销领域取得的经验，通过对以全国文化信息资源共享工程为代表的三大文化惠民工程在用户体验及其互联网影响力等方面的实证研究，总结其在服务营销方面所取得的成绩与不足，提出相应的优化策略，并基于顶层设计视角构建了公共数字文化服务营销体系。本课题力图解决以下问题：

第一，优化基于用户体验的公共数字文化服务营销策略。本书突破了以往单个公共文化机构营销研究的局限，将范围扩大至大型公共数字文化服务项目。一方面，开展了大型公共数字文化项目用户体验测评，以了解用户的内在需求；另一方面，针对大型公共数字文化服务平台的影响力进行评估，进一步明确了公共数字文化服务营销的着力点及其方向。

第二，构建基于用户体验的公共数字文化服务营销体系。本书从顶层设计的视角出发，遵循系统理论思想，从宏观、中观、微观三个层面构建了基于用户体验的公共数字文化服务营销体系，并在此基础上探讨公共数字文化服务营销的组织流程及实施策略，使公共数字文化服务营销体系理论得以真正落地。

这部著作是课题研究团队集体智慧的结晶。课题负责人带领课题组成员张新兴、郑燃、完颜邓邓以及硕士研究生戴柏清、孙颖博、陶则宇等，围绕课题研究发表了数篇论文，分别发表于《图书情报知识》《图书馆论坛》《图书馆建设》《图书与情报》等期刊。这些论文都是本课题研究重要的阶段性成果，也是初稿部分章节的基础。课题最终成果，也就是本书的形成，主要由戴艳清负责大纲的拟定，并作为主要执笔人。完颜邓邓和郑燃参与撰写了第三章和第七章的初稿，全书由戴艳清统稿。在课题成果通过结项鉴定后，本书作者又根据全国哲学社会科学规划办公室反馈的专家意见对书稿进行了修改和内容调整，最终形成了与读者见面的这部著作。

在课题研究的过程中，我们做了大量的调研，走访了文化部全国文化发展中心和国家图书馆的多位专家学者，尤其是王芬林处长、刘刚处长、陈移兵处长、龙伟研究馆员等，他们对我们的研究给予了莫大的支持，提供了大量的资料和数据，在此谨向他们致以诚挚的谢意。本书在撰写过程中广泛吸收了国内外大量的研究成果，参考和引用了许多专家学者的有关著述，亦在此谨致谢忱。

本书的出版得到了国家社科基金的资助，也得到了知识产权出版社的大力支持，本书责任编辑张水华女士在编辑出版中付出了艰苦的劳动，在此一并表示感谢。

欢迎国内外学人对本课题研究中的不足甚至谬误，进行批评指正。

戴艳清

2019 年 12 月 17 日

目　录
CONTENTS

第1章

绪 论

1.1 研究背景及意义

1.1.1 研究背景

1996 年，被誉为 20 世纪信息技术与理念发展的"圣经"——《数字化生存》一书出版，表明数字技术成为未来社会发展的重要力量和形态表现❶。数字技术应用于公共文化服务领域，催生了其新型业态——数字化公共文化服务的产生。我国《公共文化服务保障法》（2016）中指出，公共文化服务是由政府主导、社会力量参与，以满足公民基本文化需求为主要目的而提供的文化设施、文化产品、文化活动以及其他相关服务❷。与经营性文化产业对比，其具有公益性、普惠性、均等性、公开性等特点❸。"公共数字文化服务"的概念则形成于我国编制"十二五"规划的过程中❹，是指以满足社会的公共文化需求为目的，以政府公共财政为支撑，以数字化资源为依托，以网络化传播为载体，向全体社会公众提供公共文化产品和服务，是公共文化

---

❶ 王淼，孙红蕾，郑建明. 公共数字文化：概念解析与研究进展 [J]. 现代情报，2017（7）：172-177.

❷ 中华人民共和国公共文化服务保障法 [EB/OL]. [2018-11-19]. http://www.npc.gov.cn/npc/xinwen/2016-12/25/content_2004880.htm.

❸ 胡唐明，郑建明. 公益性数字文化建设内涵、现状与体系研究 [J]. 图书情报知识，2010（6）：32-38.

❹ 李国新. "十二五"时期公共图书馆事业的发展机遇 [J]. 图书馆建设，2011（10）：2-6, 11.

服务与数字文化融合的产物❶，因而具有资源数字化、传播网络化、技术智能化、服务泛在化等特征。由于公益性是公共数字文化的根本属性，我国也曾对其冠以"公益性数字文化"的名称，其标志性事件为 2011 年 4 月 18 日公益性数字文化建设专家座谈会在北京召开，"顶层设计"问题被推上议事日程。公益性数字文化建设文化部社会文化司司长于群在座谈会上表示："加强公益性数字文化建设，是适应信息化、数字化、网络化发展要求，推动文化创新的重大举措。"❷ 2011 年 11 月 15 日，文化部、财政部便联合发布《关于进一步加强公共数字文化建设的指导意见》❸，以"公共数字文化"正式统一了对数字化公共文化的称谓。公共数字文化是我国公共文化服务体系建设的重要组成部分，它以一种超越时空的手段来提高公共文化服务的普及性和均等性，实现我国文化平等的目标，因而其发展前景广阔、影响力强大。

从全世界范围来看，早在 1992 年，联合国教科文组织便启动了"世界记忆工程"（Memory of the World）项目。该项目一方面旨在通过国际合作，抢救和保护具有全球、地区、国家意义的珍贵文献遗产，尤其是处于濒危状态的文献遗产❹；另一方面则在于通过建立门户网站等服务平台，提供数字化文献遗产以便国际公众利用。目前，"世界记忆工程"提供英语、法语、西班牙语、俄语、汉语等多个语种的服务。据统计，截至 2018 年 12 月，入选"世界遗产名录"的文献遗产项目已达 430 项左右❺，均可在其门户网站查看。而随着在阿塞拜疆首都巴库举行的联合国第 43 届世界遗产委员会会议通过决议，将良渚古城遗址列入《世界遗产名录》，我国的世界遗产总数达到 55 处，居世界第一。❻"世界记忆工程"作为国际性文化遗产数字化服务项目，为世界各国起到了示范作用。除国际性组织以外，发达国家如美国、英国等国在公共数字文化服务领域无疑是捷足先登者，它们纷纷设立相应项目以推动信

---

❶ 肖希明. "国外公共数字文化服务资源整合研究"专题引言 [J]. 图书与情报，2015（1）：1.

❷ 马子雷. 公益性数字文化建设"顶层设计"提上日程 [N]. 中国文化报，2011-4-20.

❸ 关于进一步加强公共数字文化服务建设的指导意见 [EB/OL]. [2018-11-19]. http://www.mof.gov.cn/zhengwuxinxi/zhengcefabu/201112/t20111209_614350.htm.

❹ 周耀林，王倩倩. 亚太地区世界记忆工程的现状与推进 [J]. 档案与建设，2012（1）：26-29.

❺ 笔者统计. Memory of the World Register [EB/OL]. [2018-11-19]. https://en.unesco.org/programme/mow/register.

❻ 良渚古城遗址申遗成功 我国世界遗产总数居世界第一 [EB/OL]. [2019-07-07]. http://www.gov.cn/xinwen/2019-07/07/content_5406870.htm.

息公平，缩小数字鸿沟，尽管其并没有使用"公共数字文化服务"这个概念。总体来看，全球在公共数字文化服务方面呈现以下特征：

第一，发达国家较发展中国家更早启动公共数字文化服务项目。发达国家较发展中国家而言，更早意识到公共数字文化服务对于缩小数字鸿沟、消除贫困的重要性。美国是最早启动公共数字文化服务项目的国家。作为美国国会图书馆资助的数字信息长期保存研究项目和数字图书馆先导项目，"美国记忆"计划（American Memory）于 1990 年发起，旨在以数字化的形式向国内外公众开放美国国会图书馆中特别重要的历史珍藏和具有纪念意义的文件。❶ 此后，美国相继启动了"国家文化遗产网络项目"（National Initiative for a Networked Cultural Heritage，NINCH，1998），"移动图书馆"项目（American Mobile Library，AML，2009）以及"数字公共图书馆"项目（Digital Public Library of America，DPLA，2010）等，为推动公共文化服务的均等化起到了不可估量的作用。❷ 法国国家图书馆于 1992 年起开始开展第一批图书的数字化工作。而其正式启动数字图书馆项目——Gallica 则始于 1997 年，2008 年法国国家图书馆开始启用 Gallica2.0 版本。作为全球最大的数字图书馆之一，Gallica 网站的月访问量在 2006 年已逾百万，其数字资源在 2010 年已达到 100 万种。❸ 英国于 1999 年启动了"数字化"项目（Digitisation），该项目投资超过5000 万英镑（约 70 亿元人民币），将现有的可作为宽泛的终身教育内容的材料数字化，并通过加强内容管理、网站设计与营销等，为弱势群体及欠发达地区的社区服务。❹ 之后又陆续开展了一系列数字文化服务计划或项目，如聚宝盆项目、"文化在线"项目、伦敦电子图书馆与艺术馆项目、电子图书馆计划、迈克尔项目及 A2A 项目等❺。其中，"文化在线"项目（Culture on Line）最为有名，该项目由英国文化媒体体育部（DCMS）发起，由政府联合其他文化组织和私营部门（包括广播公司、教育行业、相关数字技术组

---

❶ 美国记忆计划 [EB/OL]. [2018-11-19]. https://memory.loc.gov/ammem/index.html.

❷ 戴艳清，孙颖博. 美国大型公共数字文化项目服务营销探略 [J]. 图书馆论坛，2018（2）：135-141.

❸ 杨柳，郭妮. 法国国家数字图书馆建设及对我国数字图书馆发展的启示 [J]. 图书情报知识，2013（2）：119-124.

❹ The Funds ICT Content Programmes [EB/OL]. [2018-11-21]. http://www.biglotteryfund.org.uk/er_eval_ict_final_rep.pdf.

❺ 卢海燕，孙利平. 理解 IFLA 认识英国图书馆事业 [J]. 中国图书馆学报，2003（2）：74-75.

织）等共同实施，旨在促进国家文化遗产资源的开发利用。❶ 2001 年，应欧洲议会对成员国的要求，德国在欧洲数字图书馆（Europeana）项目框架内，着手实施三馆（图书馆、档案馆和博物馆）数字文化资源整合和一体化的数字信息服务平台建设，最终建立图、档、博（Bibliothek，Archiv，Museum，BAM）联合门户。它集数字图书馆、数字档案馆和数字博物馆的资源于一体，共同为文化和科学信息的数字化和服务提供做出努力。❷

发展中国家公共数字文化建设相对较晚。印度于 2000 年启动"知识提供者"项目（Gyandoot），该项目由 Madhya Pradesh 政府承办，通过建立信息亭的方式为达尔地区的农村与部落服务❸。埃及 IT 俱乐部项目由埃及信息通信技术部（Ministry of Communication and Information Technology，MCIT）于 2000年启动，该项目欲为获得信息技术知识的人提供学习机会，亦为求职群体提供就业机会，如进行"培训师技能培训"（Train the Trainers）等❹。南非"数字之门"项目于 2002 年开始在科威利（Cwili）试点，其服务面向儿童，终极目的在于普及计算机应用。相较而言，我国首个大型文化惠民工程——全国文化信息资源共享工程启动较晚，该项目建设始于 2002 年，旨在通过充分利用现代高新技术手段，将全国各类精品文化信息资源及贴近大众生活的现代社会文化信息资源进行加工整合，实现优秀文化信息在全国范围内的共建共享❺。

第二，政府政策和公共财政的支持确保了公共数字文化项目开展的可持续性。作为促进社会公平、缩小数字鸿沟的主要方式之一，公共数字文化项目的开展几乎都由政府进行策划和组织，有的国家项目虽然由非政府组织负责实施，但政府亦对其进行有效管理与监督。在资金投入上，这类项目通常需要的资金数额较大，所以多为政府直接拨款。在国外，也有通过福利彩票及基金会等形式筹集资金的，而仅有个别项目由民营企业或非营利组织独立

---

❶ 刘璇. 国际视野下的"共享工程"[J]. 图书馆建设，2008（2）：19-24.

❷ 王海荣，刘美. 德国数字文化资源整合的实践及启示——以 BAM 门户为例 [J]. 图书情报工作，2015，59（18）：77-82，133.

❸ 陈立平，等. 印度农村信息化建设的分析与借鉴 [C]. 数字农业研究进展论文集，2002：133-136.

❹ 刘璇. 国际视野下的"共享工程"续论 [J]. 图书馆建设，2010（9）：94-99.

❺ 全国文化信息资源共享工程介绍——国家数字文化网 [EB/OL]. [2018-11-21]. http://www.ndcnc.gov.cn/gongcheng/jieshao/201212/t20121212_495375.htm.

解决资金投入问题。美国教育部于 1999—2005 年主导实施了"社区科技中心计划"（Community Technology Centers Program，CTC）。该计划由美国连接协会协助实施，期间，共为学校和社区组织的约 500 个子项目提供了超过 1.7 亿美元的资助❶。智利图书馆网络项目（Biblio Redes）主要由比尔及梅林达·盖茨基金会及智利各市政府共同出资，图书馆、档案馆和博物馆理事会实施❷。斯里兰卡政府于 2004 年发起并实施的电子斯里兰卡项目，通过为农村地区接入网络，致力于加快社会发展，缩小数字鸿沟。该项目由斯里兰卡国家信息通信技术局（Information and Communication Technology Agency，ICTA）提供资金用于前期购买设备及软件，后期则依靠政府津贴及私人部门投资，非政府组织、当地政府及公共服务机构提供支持合作。❸

我国的文化共享工程项目更是体现了政府主导的强大优势。一方面，相关政策具有可持续性。自 2002 年 6 月 30 日文化部印发《全国文化信息资源共享工程管理暂行办法》起，至 2017 年文化部印发《文化部"十三五"时期公共数字文化建设规划》，期间出台了多项有利于我国文化惠民工程发展的政策。2006 年 7 月，我国《信息网络传播权保护条例》中，针对文化共享工程设置了专门条款，首创了适用该工程的"公告制法定许可"，这一举措，为我国文化共享工程资源建设开辟了一条便捷、低成本的授权获取方式❹。另一方面，资金投入具有政府主导、社会力量参与的特点。主要体现为中央财政为文化共享工程等设立专项资金，使各地确保地方财政资金足额按时到位，鼓励社会力量投资。如《上海"十二五"时期文化发展规划》明确指出，要"坚持以政府为主导、以公共财政为支撑、以基层为重点，进一步创新体制机制，保障内容供给，提升服务效率，使公共文化服务体系功能完备、服务便捷、运行有效、市民满意"❺。到"十二五"末期，争取全市公共文化设施面积总量增长 40%，公共文化服务公众满意度达到 85% 以上，努力实现全市城

❶ America Connects［EB/OL］.［2018-11-21］. http://www.americaconnects.net.

❷ Biblio Redes［EB/OL］.［2018-11-21］. http://www.bibliorredes.cl/Biblio%20Red/Red+de+Bibliotecas/biblioteca.htm.

❸ 刘璇. 国际视野下的"共享工程"续论［J］. 图书馆建设，2010（9）：94-99.

❹ 刘璇，徐珊，王萱. 国际视野下的"共享工程"［EB/OL］.［2018-11-21］. http://www.shawh.org.cn/gongxianggc/gcjd/201708/t20170803_901477.htm.

❺ 上海发布推进文化与科技融合发展三年行动计划［EB/OL］. 中华人民共和国科技部网，2012-09-06.

乡公共文化服务均等化。上海已基本形成公共财政提供保障、鼓励社会力量参与的发展环境❶。

第三，服务监督及相关技术的应用促进了公共数字文化项目的稳步发展。在公共数字文化项目的实施过程中，监督和评估发挥着至关重要的作用。欧洲文化和科学内容数字化协作行动计划（2006—2007）中，为确保行动收益，设立了专门组织 NRG（Group of National Representative）实时监测行动进展，以推动计划实施，并实时维护和更新行动计划以发展新的战略行动❷。印度 Gyandoot 旨在为贫困和农村地区建立高效及稳定的信息亭网络接入，降低民众与政府沟通的成本。该项目常设"地区计划委员会"，主要负责监督和评估项目进展❸。此外，公共数字文化项目的开展对信息技术十分依赖。英国"文化在线"项目的子项目"我的艺术空间"，通过一定的技术手段，鼓励年轻人建立自己的虚拟画廊和美术馆，并与家人、朋友及其他公众进行分享❹。国外相关项目在为用户提供计算机和网络接入的同时，也十分重视工作人员和用户信息技能的培养。比如，埃及"IT俱乐部项目"通过举办"培训师技能培训"，为项目培训计算机使用、项目管理和维护方面的专业人员，也为具备这些专业技能的优秀人员提供了在"俱乐部"就业的职位❺。聚焦我国文化信息资源共享工程，可以发现公共数字文化服务基层培训工作已经常态化，且培训形式和内容多样化趋势明显，如"文化建设军民融合发展培训班"❻"边境地区公共数字文化服务培训班"❼等。我国《国家中长期人才发展规划纲要（2010—2020年）》要求，发挥全国文化共享工程网络的主渠道作用，加快开展公共数字文化建设、管理和服务人才培训的脚步。通过国家中心及各级分中心和支中心分级培训的方式，在思想水平和业务素质方面重点培养，

❶ 巫志南. 上海建设公共数字文化服务体系的基础条件研究［J］. 上海文化，2013（2）：38-45.
❷ 戴艳清. 国外公益性数字文化服务合作机制研究进展［J］. 档案学研究，2014（4）：79-85.
❸ 刘璇. 国际视野下的"共享工程"续论［J］. 图书馆建设，2010（9）：94-99.
❹ 戴艳清，陶则宇. 英国公共数字文化服务营销及启示——以"文化在线"项目为例［J］. 图书与情报，2016（5）：76-80.
❺ 刘璇. 国际视野下的"共享工程"续论［J］. 图书馆建设，2010（9）：94-99.
❻ 发展中心首次举办文化建设军民融合发展培训班［EB/OL］.［2018-12-06］. http://www.ndcnc.gov.cn/gongcheng/jianbao/201810/P020181010562094081136.pdf.
❼ 边境地区公共数字文化服务培训班在云南保山举办［EB/OL］.［2018-12-06］. http://www.ndcnc.gov.cn/gongcheng/jianbao/201811/P020181105357600869032.pdf.

以塑造一支既具备较高技术素质和专业知识又具备实际技能的公共数字文化人才队伍❶。通过与各地方部门合作，分级分批开展培训工作，大大提高了基层服务点工作人员的工作技能和服务水平，更好地为当地公众提供有针对性的指导和帮助，有效地提高了公共数字文化基层的服务质量。

第四，用户体验理念的实施确保了公共数字文化服务成效的提升。仍以英国"文化在线"项目的子项目"我的艺术空间（My Art Space）"为例。该项目鼓励爱好美术艺术的年轻人建立属于自己的虚拟画廊和美术馆，通过社交媒体与亲朋好友及其他公众进行分享❷，大大提升了用户的参与感及美好体验，并在一定程度上促进了该项目的口碑宣传。美国"数字公共图书馆"项目，则通过资源整合，将档案馆、图书馆、博物馆及文化遗产中心等的数字文化资源提供一站式检索，使用户免于选择平台的困惑，且在节约用户时间的同时，提升了用户的资源获取体验❸。印度"墙上之窗"项目通过设立"基于活动的学习"特色模块等，让孩子们选择感兴趣的模块进行模拟活动，以超越课堂的模式鼓励孩子们进行自由探索，达到课堂学习无可比拟的学习效果❹。我国"文化共享工程"则通过网站及 App 等形式，为公众提供多元的数字文化资源。以"国家数字文化网"门户网站建设为例，用户可以使用分类浏览，亦可通过个性化导航、一站式检索及定制化的推广阅读等实现文化资源的获取，且设有专门的信息互动栏目为用户提供反馈渠道，注重与用户之间的信息交互，在一定程度上提升了用户体验。

综上，随着数字技术在公共文化服务领域的广泛应用，数字化已成为各国推动公共文化服务均等化、普及化，并满足用户不断增长的文化信息需求的必要手段。各国政府通过设立形式多样的公共数字文化项目，采用丰富的手段提升公共数字文化服务成效，以求得顺应整个时代发展的公共文化服务持续性发展战略。在我国，《关于加快构建现代公共文化服务体系的意见》❺

❶ 李仲元. 公共数字文化的建设与创新之探讨 [J]. 贵图学刊，2013（4）：14-17.

❷ 戴艳清，陶则宇. 英国公共数字文化服务营销及启示——以"文化在线"项目为例 [J]. 图书与情报，2016（5）：76-80.

❸ 戴艳清，孙颖博. 美国大型公共数字文化项目服务营销探略 [J]. 图书馆论坛，2018（2）：135-140.

❹ 戴艳清，孙颖博. 印度公共数字文化项目服务营销探析 [J]. 图书馆建设，2017（1）：67-72.

❺ 中办、国办印发《关于加快构建现代公共文化服务体系的意见》 [EB/OL]. [2016-05-05]. http://news.xinhuanet.com/politics/2015-01/14/c_1113996696.htm.

等政策的出台成为公共数字文化服务的重要推手。三大文化惠民工程——全国文化信息资源共享工程、数字图书馆推广工程、公共电子阅览室建设计划建设成效显著，致力于打通服务群众的"最后一公里"。然而，2017 年 7 月我国文化部专门出台的《"十三五"时期公共数字文化建设规划》提出，虽然我国公共数字文化服务建设取得了显著成绩，但存在诸多矛盾和问题。其中之一便是"公共数字文化服务与群众文化需求缺乏有效对接，服务效能不高。"❶"基于用户体验的公共数字文化服务营销"正是基于此提出的研究课题。

1.1.2　研究的理论意义及实践价值

如何从用户及自身等维度着手，灵活运用营销组合策略，以提升公共数字文化服务的用户体验，提高服务效能，促进公共数字文化服务的均等化、普及性发展，这些都是政府及公共数字文化服务主体亟待解决的问题。本书引入体验经济中的用户体验理论与市场营销学中的服务营销理论，深入、系统地研究公共数字文化服务营销问题，力图从理论层面拓展及深化现代公共文化服务体系研究，以促进具有中国特色的现代公共文化服务体系研究向多维化、纵深化发展，因而具有一定的学术价值。同时，本书中涉及的公共数字文化服务营销理念、方法及用户体验理论等贯彻在实践活动中，能为政府及相关公共文化服务决策部门提升公共数字文化服务效能提供理论支撑。

在商业实践活动中，企业等市场主体往往擅长并乐意通过充分了解客户需求，采用一系列的策略或方法，使商品得到客户最广泛的了解和接受。公共文化服务的主体虽然有别于企业，亦无法开展营利性服务，但也需要根据用户需求，推广公共文化资源和服务，尤为重要的是使用户知晓并充分了解已有的公共数字文化资源，产生获取和利用的意愿，进而使公共文化资源得到最广泛的认知与传播。这一点早在 40 多年前已获得国外一些学者的认同。20 世纪 70 年代，菲利普·科特勒所著的《非营利组织战略营销》一书即是证明。很快，Yorke D. A 发表题为《论图书馆服务营销》的文章❷；加拿大

---

❶　文化部印发《"十三五"时期公共数字文化建设规划》［EB/OL］.［2018-20-10］. http://whs.mof.gov.cn/pdlb/mtxx/201708/t20170814_2672061.html.

❷　Yorke D A. Marketing the Library Service［M］. London，Library Association，1977：51.

皇后大学企业管理系教授劳伦斯撰写的《图书馆：一种可营销的资源》一文刊发❶；自此，市场营销的一系列理论与方法被正式引入图书馆学研究领域，并在实践中推动图书馆相关工作的开展。在实践领域，1997 年，国际专业组织——国际图联（IFLA）专业委员会设立"管理与营销专业组"，旨在更好地诠释图书馆营销，并在全球范围内普及与推广图书馆营销理念，促进营销专业人才的培养。2002 年，为进一步宣传图书馆营销理论，推动全球图书馆信息服务，IFLA 管理与市场营销委员会开始筹划图书馆"国际营销奖"，表彰在这一方面有着突出成绩的机构或组织，我国有包括清华大学图书馆在内的机构获得该奖项❷。这项举措进一步提高了图书馆开展营销活动的积极性。当前，IFLA 仍持续运营该奖项，2019 年 3 月公布了新一轮的图书馆营销奖获得者，中国有南京大学图书馆的"图书馆之夜"及重庆图书馆的"阅读之星"两个项目入选❸。另如，在智能手机等移动设备拥有越来越多用户群体的前提下，伯灵顿公共图书馆特别启动了 BPL Mobile 战略营销活动，并由该图书馆的专职市场营销部门承担全部营销活动，由市场营销部经理妮可·帕特森（Nicole Paterson）全权负责❹。不仅如此，伯灵顿公共图书馆还策划了一系列的营销活动，以实施其营销理念。比如，根据用户市场细分理论，把 16~45 岁的拥有网络功能移动设备的非图书馆用户定位成主要的营销目标群体，主要由于这一类用户具有潜在的为自己的移动设备或智能手机下载一个新的、免费的、能随时访问的图书馆资源应用程序的欲望❺。以上研究成果及案例均说明服务营销在公共数字文化服务领域能够发挥巨大的作用。

我们还可以从经济学的角度来看，任何系统的发展必然要遵循效益原则，即既有物质、能量和信息的输入，亦有社会输出，该系统才可能发展壮大。如果将现代公共文化服务体系看作是一个社会系统，该系统由政府进行资金、人员等投入，同时也必然要通过服务营销等各种手段提升向社会输出的服务效益。在现有的市场经济条件下，公共文化服务主体更有必要在政府的引导

❶ 王雁行. 图书馆营销现状及策略研究 [J]. 图书馆工作与研究，2014（11）：47-50.

❷ 秦晓婕. IFLA 图书馆国际营销奖及其背后的营销理念 [J]. 图书情报工作，2014（3）：142-146.

❸ Now open：IFLA PressReader International Library Marketing Award 2019 [EB/OL]．[2019-04-25]. https://www.ifla.org/node/92078?og=75.

❹ BPL Mobile [EB/OL]．[2019-01-02]. http://www.bpl.on.ca/bplmobile.

❺ 刘贵玉. 国外移动图书馆营销案例分析及其启示——以加拿大伯灵顿公共图书馆为例 [J]. 图书与情报，2013（3）：36-40.

下，发挥主观能动作用，充分利用营销手段以达到低耗、优质、高效的服务目标。本书认为，基于用户体验的公共数字文化服务营销研究的实践价值体现在以下几个方面：

第一，有助于提升公共数字文化服务效能。"效能"强调有效的、集体的效应，包括人们在一系列有目的、有组织的活动中所表现出来的效率和效果。总体来看，它反映的是所开展活动目标选择的正确性及其实现的程度。❶ 效能是衡量工作成果的重要尺度，它包括对效率、效果及效益的衡量。由于公共数字文化服务是由政府提供的准公共产品，它具备公共性、基本性、均等性、普惠性等特征。因此，与一般行业更多地从效益的角度考量其工作成效相比，简单地追求"效益"可能会导致出现服务主体过分夸大结果而轻服务过程的局面。为此，2015 年 1 月 14 日，中共中央办公厅、国务院办公厅印发《关于加快构建现代公共文化服务体系的意见》。该意见第十三条明确指出，要加强公共文化服务品牌建设，推动形成具有鲜明特色和社会影响力的服务项目；建立群众文化需求反馈机制，开展"菜单式""订单式"服务等，以提升公共文化服务效能❷等现代公共文化服务体系建设目标。在我国《2016 年度公共数字文化工程年度考核内容》以及第六次公共图书馆评估定级系列评估标准中，亦体现了"服务效能"评估❸的导向。在实践工作中，文化部进行了一系列旨在提升服务效能的工作部署，包括推进总分馆制建设，倡导开展流动服务、自助服务等多种形式的延伸服务，推动公共数字文化工程建设。同时，政府文件中设立了一些着眼于服务效能的量化指标，如《全国公共图书馆事业发展"十二五"规划》首次对有效读者总人数、文献外借册次、总流通人次、提供远程访问服务等提出具体要求。❹北京大学教授、国家公共文化服务体系建设专家委员会主任李国新在 2016 年的十二届全国人大常委会第二十一次专题——"对我国现代公共文化服务体系建设的思考"讲座中，就"提升公共文化服务效能的问题"发表了自己的看法。他认为，提升服务效

❶ 张同钦. 秘书学概论 [M]. 北京：中国人民大学出版社，2011：127.

❷ 新华社. 中共中央办公厅、国务院办公厅印发《关于加快构建现代公共文化服务体系的意见》[EB/OL]. [2018-12-30]. http://www.xinhuanet.com/ttgg/2015-01/14/c_1113996899_2.htm.

❸ 吴高，林芳，韦楠华. 公共数字文化服务绩效评价现状、问题及对策分析 [J]. 图书情报工作，2019，63（2）：60-67.

❹ 申晓娟，杨凡. 从政策语境下的图书馆标准看公共图书馆事业发展（2006—2016）[J]. 图书馆，2017（9）：1-8+16.

能，需要提高公共文化服务、产品供给和群众需求的有效匹配、对接水平❶，比如，互联网"点菜式"服务就是一种很好的办法。无论是品牌建设，还是开展"点菜式"或"订单式"服务等，都与服务营销组合要素——渠道、促销等不无关联。

第二，有助于升级公共数字文化服务的用户体验。营销理论的精髓之一，是营销可以使服务主体更好地理解用户需求。具体表现为，服务营销建立在用户需求的基础之上，而在了解用户需求的过程中，服务主体将更多地将注意力放在该产品或服务可以产生的效用上。以管道疏通设备制造商为例，其虽然以生产与销售管理疏通设备为主，但在进行产品营销的过程中，应该认识到，管道疏通设备只是解决消费者问题的一个工具，因此，其关注点应聚焦在是否给顾客提供了满足某种需要的解决办法，进而通过帮助顾客解决问题提升用户体验。在公共文化服务领域，江苏镇江"淘文化"公共文化产品和服务社会化运作平台，借鉴淘宝网的运作模式，建立起文化产品和服务买卖、售后服务、评价等一系列配套服务，使得供需双方有了信息互通的平台，实现了文化项目与群众文化需求的有效对接。群众在观看节目后可直接在网站进行点评："节目意境优美，舞姿舒展灵活""《九儿》歌剧很好看，想起了莫言写的《红高粱》"……❷东莞市积极推进文化信息资源共享工程和公共数字文化流动服务工程，加快网上图书馆建设，建成东莞学习中心等多个运用平台，提升了个性化服务能力，增强了用户体验❸。用户通过平台获取了所需的服务，满意度大大提升。可以说，公共数字文化服务营销的精髓即通过对用户需求的综合诊断，在提供公共数字文化资源和服务的过程中，以用户喜闻乐见的形式和工具进行推广，及时、主动、精准地向社会公众提供有效服务，优化用户体验。

第三，有助于提高公共文化资源的配置效率，促进服务创新。21 世纪以来，公共文化服务的方式和手段已然发生急剧变化，通过互联网与智能手机、其他移动终端等新媒体提供服务已成为大势所趋。但相关服务内容和手段是否符合用户需求等问题，仍然横亘在服务主体面前。李国新教授指出，一直

---

❶ 李国新. 提升公共文化服务效能思考［J］. 新世纪图书馆，2016（8）：25.

❷ 镇江公共文体产品和服务社会化运作平台［EB/OL］. ［2019-01-02］. http://www.taowh.gov.en.

❸ 完善数字公共文化服务载体实施方案［EB/OL］. ［2019-05-19］. http://www.doc88.com/p-6853995357113.html.

以来，公共文化服务产品供给与群众需求的脱节现象比较严重。政府辛辛苦苦送书下乡、送戏下乡，送下去之后，老百姓不领情不去看。为什么呢？老百姓想看的没送，送去的老百姓不欢迎。比如，在基层图书馆或农家书屋里常见的《朱光潜文集》，农民连朱光潜是谁都不知道，这就是典型问题。这个典型问题可以归结于公共文化服务的供需脱节。李少惠、余君萍认为供需脱节"既给国家资源造成不必要的浪费，又无法满足人民群众的文化需求"❶，因而是制约我国公共文化服务体系建设的一个瓶颈。内蒙古的彩云服务通过采取营销手段，以创新服务的方式，把图书采购权交给老百姓，获得了百分之百的外借率。❷ 内蒙古图书馆等公共文化服务主体通过了解并掌握用户需求，采取了灵活的服务促销手段，对用户需求强烈的服务资源加大供给力度，使读者所用即所需，最大限度地提高资源的利用率及配置效率。

1.2 基本概念

1.2.1 用户体验

"用户体验"诞生于体验经济蓬勃发展的 21 世纪前后。目前，学术界尚对用户体验的概念莫衷一是。较为典型的几个观点有：一是认为用户体验体现在用户与产品交互的各个方面，包括用户主观感受、对产品的理解、目标的完成程度及产品与使用环境的适应性（Alben）❸；二是认为用户体验是在交互过程中，用户内在状态（包括倾向、期望、需求、动机、情绪等）、系统特征（复杂度、目标、可用性、功能等）与特定环境相互作用的产物（Hassenzahl、Tractinsky）❹❺。总的来说，积极的用户经验是创造产品的组织和用户都能实现的目标。在"用户体验"研究的早期，学者们一致认为"可用

---

❶ 李少惠，余君萍. 西方公共文化服务体系综述及其启示［J］. 图书馆理论与实践，2012（3）：17-20.

❷ 李国新："十三五"时期现代公共文化服务体系建设的重点任务［EB/OL］.［2019-01-02］. http://www.chinalibs.net/Zhaiyao.aspx?id=404174.

❸ Alben I. Quality of experience［J］. Interatctions，1996（3）：11-15.

❹ Hassenzahl M. Tractinsky N. User experience－a research agenda［J］. Babavior and Information Technology，2006，25（2）：91-97.

❺ 邓胜利. 国外用户体验研究进展［J］. 图书情报工作，2008（3）：43-45.

性"是成功的用户经验最为重要的属性之一。不过，随着体验经济的深化发展，用户的个性化意识越来越强，可用性仅能作为积极用户体验的基础存在。而用户是否能获得良好的体验还有着更高的要求。因此，笔者较为认同国内学者李小青的观点，即用户体验是在受到一定用户需求和动机的驱使下，与产品或系统交互而产生的全部体验，其内涵已从单纯的系统或产品的可用性设计深入到对于交互过程中用户心理（包括认知、期望、动机等）和情感因素（包括情绪、喜好等）的研究❶。从本质上来说，用户体验发生的时机有一定的限定，即通常是在各类交互过程中产生，同时，其交互对象可能是用户、产品或系统，外延延伸至产品或系统可用性、外观设计、用户的情绪、动机、情感等各种影响用户体验的因素。

　　"用户体验"是一种心理感受，它对应心理学家马斯洛所提出的"需求层次"理论的最高需求层次——自我实现。自我实现往往意味着一种充分、活跃以及忘我状态的体验，因而，它对服务主体提供个性化产品和服务提出了较高的要求。从简单被动的用户接受到 Web 2.0 阶段的用户参与，再到如今的用户体验阶段，用户角色已发生了天翻地覆的变化。尽管用户体验不以可用性作为唯一的标准，但在数字化时代，积极的用户体验仍然是建立在系统资源或服务可用性的基础之上的用户与系统进行交互时对于系统的感知与体验。用户体验理念的提出，为公共数字文化服务主体在寻求用户满意与服务目标实现之间找到平衡点。

1.2.2　服务营销

　　服务营销是指充分认识消费者需求，并为满足其需求而在营销过程中所采取的一系列活动。即使是在企业，服务营销也是在 20 世纪 80 年代后期才真正引起人们重视。这一时期，一方面，由于科学技术的飞速发展，社会生产力显著提高，产业升级、生产专业化加速，使得产品中所蕴含的服务价值提升，服务密集度日益增大；另一方面，劳动生产率日渐提高，市场主动权转向买方市场，消费者需求在发生巨大变化，其对于产品的服务需求层次也在相应提高。

---

　　❶ 李小青. 基于普遍心理分层理论的 Web 用户体验模型设计 [J]. 情报资料工作, 2010（1）: 62-65, 81.

服务本身具有无形、不可存储、不可分离、差异性等特征，导致服务营销与实体产品营销存在较大差别。具体表现在：第一，需要在服务过程中对顾客进行有效管理。顾客直接参与在服务过程中，使得差异化的顾客管理成为服务营销中重要的管理内容。第二，服务质量的控制问题。服务质量一方面通常受到服务人员等诸多因素的影响，另一方面则难以像流水生产线上的有形产品那样用统一的质量标准来衡量，因而其服务质量相对难以把握。第三，服务传递的及时性。服务的生产和消费主要是顾客和服务人员面对面时进行的，因而需要及时、快捷地传递服务内容，否则容易造成需求和供给不对应的情况，引起顾客不满。第四，产品特点的差异。无形性是服务产品的最大特点，服务通常以一种行为或一个过程表现出来，因此，顾客相对难以感知服务效果和质量，因而需要综合依据服务设施、环境及服务人员态度等进行衡量。

在相应的研究领域，研究者们对于服务营销理论的研究则早已起步。1964年，杰罗姆·麦卡锡（E. Jerome McCarthy）在其所著的《基础营销》（*Basic Marketing*）一书中，首次提出企业营销要素包含4个基本策略组合，即产品（Product）、价格（Price）、渠道（Place）、促销（Promotion），与"策略（Strategy）"，简称为"4Ps"理论[1]。在之后的几十年时间里，服务营销理论有了很大的发展。首先是菲利普·科特勒在其著作《营销管理：分析、规划与控制》第一版中进一步确认了"4Ps"理论、6P理论和10P理论。6P理论在麦卡锡4P的基础上增加了"政治力量（Political Power）""公共关系（Public Relations）"两大要素。随即，科特勒又提出了战略层面的4P，即"探查（Probing）""细分（Partitioning）""优先（Priortizing）""定位（Positioning）"，形成了服务营销10P理论。10P理论又称"大市场营销"理论，亦被称为市场营销学的"第二次革命"。

此后，学者们又根据外部营销环境的变化，提出了7Ps营销组合策略，即在4P——产品（Product）、价格（Price）、渠道（Place）、促销（Promotion）的基础上增加了人员（Participant）、有形展示（Physical Evidence）和过程管理（Process Management）[2]。与4P较多注重产品本身以及宏观层面的过程相比，

---

[1] 杨珮. 服务营销［M］. 天津：南开大学出版社，2015：26.

[2] 阿姆斯特朗，科特勒. 市场营销学［M］. 赵占波，何志毅，译. 北京：中国人民大学出版社，2007.

14

7Ps 理论更侧重于顾客以及营销过程中的一些细节，如顾客等待、顾客本身的消费知识等，因而更细致和具体，是一种具有广泛影响力的营销组合理论。本书即是基于 7Ps 营销组合理论开展的相关研究。

1.2.3　基于用户体验的公共数字文化服务营销

目前学界大多数研究成果聚焦于"图书馆营销""信息服务营销"等主题领域，而未对公共数字文化服务营销提出明确概念。美国图书馆协会（ALA）认为，图书馆营销是指图书馆和信息服务的提供者针对以实际用户及可能存在的潜在用户为对象而进行的一系列有目的的活动，包括所提供的产品、服务渠道、服务方式以及服务推广技巧等❶多个方面的内容，旨在促进图书馆信息资源传播与共享。该定义虽然主要针对图书馆营销进行界定，但事实上也提到了其他"信息服务的提供者"，与公共数字文化服务营销主体存在相通性；而其中所提到的产品、服务渠道、服务方式及服务推广技巧等，更是紧密结合了服务营销要素，其为本书界定"基于用户体验的公共数字文化服务营销"提供了借鉴。

公共数字文化服务营销是指各类公共文化机构以用户需求为导向，利用数字化信息技术和方法对其拥有和存取的文化信息资源进行精准化营销和推广实践，力求为服务主体部门在满足用户需求和服务目标达成之间找到最佳平衡点。数字化时代，公共数字文化服务营销需要政府和各类文化机构加强用户体验评价和用户群体细分，根据不同用户群体的交互感知和体验制定差异化营销策略。

在此基础上，本书认为，基于用户体验的公共数字文化服务营销是指，以用户对公共数字文化服务系统资源及服务的体验和感知为导向，利用数字化信息技术和方法对其拥有和存取的文化信息资源进行归纳、整合、组织和开发等，开展公共数字文化资源及其他产品的分销、促销等营销和推广实践，旨在传播公共数字文化，最大限度满足用户文化需求的活动。❷ 公共数字文化服务营销活动的本质在于，在多元化数字文化产品、公益化的价格、多

---

❶　Hearstill Y. The ALA glossary of library and information science Chicago［C］. Chicago：American Library Association，1983.

❷　戴艳清，王璐."国家数字文化网"服务营销策略研究——基于 7Ps 营销理论视角［J］. 国家图书馆学刊，2018（3）：23-29.

样化的营销渠道、品牌活动促销、良好的服务主客体交互及有形展示及用户体验过程管理中，捕获用户需求，进而使公共数字文化资源与服务得到推广，公共数字文化资源的配置效率得以提高，最终提升公共数字文化服务的效能。

1.3　研究综述

在公共文化服务领域，服务营销理论作为一种创新服务理念被引入是在20世纪70年代。学者 Yorke D A 发表题为 *Marketing the Library Service*❶ 的论文，并在文中提出，图书馆应通过服务营销关注用户需求，为用户创造与传送价值。由此可见，服务营销的精髓在于对用户需求的充分关注和理解。进入20世纪80年代，图书馆界逐步接受并开始在服务过程中实施服务营销理念，相应的研究成果在质与量上均有大的突破。其中，最具实用价值的要数Renedict. A. leerburgar 所撰写的专著 *Marketing the Library*❷（1982），其核心内容为图书馆服务推广技巧❸，此书为图书馆开展服务营销之实用指南。20世纪90年代，图书馆营销研究领域更是呈现出一派欣欣向荣的景象，研究者们将触角伸入更细的分支，如提出注重"用户心理"❹，制定图书馆独有的"营销组合策略"❺ 等。

随着信息技术的发展，数字文化逐渐成为文化传播的一种主流形式。相应地，进入21世纪以来，业界学者亦将图书馆服务营销研究逐步转向数字领域，如 *Marketing your library's electronic resources*❻ 即是针对数字资源开展营销工作的一部专著。而随着新媒体技术的普及与应用，许多研究者又纷纷将视线投向以微博、微信、微电影等为服务媒介的研究领域，如《国外图书馆社

---

❶　Yorke D A. Marketing the Library Service ［M］. London：Library Association，1977：51.

❷　Renedict A Leerburgar. Marketing the Library ［M］. New York：Knowledge Industry Publications，1982：1-5.

❸　戴艳清. 基于用户体验的公共数字文化服务营销研究论纲 ［J］. 情报资料工作，2017（1）：49-53.

❹　赵美娣. 信息市场中的用户心理与营销策略 ［J］. 图书情报工作，1997（7）：19-20，18.

❺　雷云. 图书馆信息营销策略初探 ［J］. 情报杂志，1995（6）：3-5.

❻　Marie R. Kennedy，Cheryl M. LaGuardia. Marketing your library's electronic resources ［M］. Chicago：ALA Neal-Schuman Putlisher，2013：1-2.

会化媒体营销的案例研究及其启示》❶《基于微电影的图书馆社会化媒体营销策略》❷ 等均是此类代表。联机计算机图书馆中心（Online Computer Library Center，OCLC）是全球最大的文献信息服务机构之一，其年度报告自 2003 年开始持续关注社会信息环境变化对图书馆及其用户的影响。以 OCLC2005 年发表的《对图书馆和信息资源的认知》专题报告为例，其核心内容重点揭示了图书馆用户的特征和偏好，成为数字图书馆服务设计和营销推广相关研究和实践的重要参考文献。❸ 尤其值得一提的是，在这些研究成果中，越来越多的学者开始认识到，无论采用何种方式或手段进行图书馆服务营销，满足用户需求才是服务营销的根本目的。以 *The use of marketing concepts in library services*❹，*SPEC KITS 322 Library User Experience*❺ 及《清华大学手机图书馆用户体验调研及可用性设计》❻ 等为代表的研究成果均充分体现了服务营销过程中关注用户体验的论点。可以说，创造积极的用户体验是服务营销的终极目标。

在实践领域，部分欧美国家及发展中国家在一些较大型的公共数字文化服务项目中所开展的营销活动为我们提供了成功范例。如智利图书馆网络项目将工作重心放在民众信息素养的提升方面，智利投入大量资金进行基础设施建设，免费为数以十万计的普通民众开展计算机培训，培训覆盖范围很广。该项目的建设十分成功，一度成为智利人们生活的中心内容。❼ 英国"文化在线"是一个大型的文化惠民项目，包含众多子项目，其中，"藏品背后的故事"❽ 采用生动讲述藏品背后的历史故事等形式成功引起了人们的关注，尤为

---

❶ 卢振波. 国外图书馆社会化媒体营销的案例研究及其启示 [J]. 大学图书馆学报，2014（4）：76-82.

❷ 汤妙吉. 基于微电影的图书馆社会化媒体营销策略 [J]. 图书情报工作，2014（14）：79-84.

❸ 汪静. 近十年来国内外关于数字图书馆营销策略研究综述 [J]. 河南图书馆学刊，2016，36（7）：117-119.

❹ The use of marketing concepts in library services：a literature review [J]. Library Review，2013，62（4-5）：312-334.

❺ Fox Robert，Doshi Ameet. SPEC KITS 322 Library User Experience [M]. Washington DC：Association of Research Libraries，2011：3.

❻ 王茜，张成昱. 清华大学手机图书馆用户体验调研及可用性设计 [J]. 图书情报工作，2013（4）：25-31.

❼ An Overview of BiblioRedes [EB/OL]. [2019-01-10]. http://www.bibalex.org/wsisalex/wsisA-LEXBiblioRedes_MLMaza.pdf.

❽ Every Object Tells A Story [EB/OL]. [2019-01-10]. http://webarchive.nationalarchives.gov.uk/+/http://www.cultureonline.gov.uk/projects/in_production/every_object_tells_a_story/.

重要的是，它使得草根阶层可以创造或讲述自己的故事，从而吸引了大量用户。同时，在资源的获取渠道上，该项目通过建立相应平台，使用户可选择浏览藏品外观，或者搜索特定的主题或人物直接查找自己感兴趣的资源。伯灵顿公共图书馆 BPL Mobile 战略营销活动，通过 Facebook 使用户可以与其他图书馆的用户进行交流互动，使得用户交互体验大大增强；同时其还将丰富的视频和书评上传至 You Tube 供用户观看和浏览❶，极大地拓展了用户群体。相比之下，当前我国公共数字文化服务主体营销意识较为薄弱，对用户的个性化与多样化需求关注不够，这是导致公共数字文化服务的有效性较低的重要原因。

综而观之，当前有关用户体验的公共数字文化服务营销研究成果数量还较少，但总体上呈增长趋势。为全面了解公共文化领域服务营销研究成果，本书将数字文化服务营销的成果整合在公共文化服务营销研究成果中，并发现其研究主题主要包括以下几个方面。

1.3.1 公共文化服务营销理论与管理研究

在美国图书馆协会（ALA）出版的《美国图书馆协会图书馆和信息科学汇编》中，图书馆营销被定义为"图书馆和信息服务的提供者针对服务的实际用户和潜在用户进行的一系列有目的的活动，其范围涉及提供的产品、服务成本、服务方式和服务推广的技巧"❷。该定义不但对用户类型进行了粗略分类，而且较为全面考虑了服务营销的产品、渠道、促销等一系列因素。借助美国斯坦福大学商学院珍妮弗·阿科尔（Jennifer Aaker）所创设的"蜻蜓效应"❸ 理论，王静构建了基于蜻蜓效应的高校图书馆微博营销实施模型❹，系统论证了高校图书馆微博营销的管理过程。刘美结合杜塞尔多夫大学暨州立图书馆的管理实践，将非商业性营销观念贯穿其中，阐述了图书馆质量管

---

❶ 刘贵玉. 国外移动图书馆营销案例分析及其启示——以加拿大伯灵顿公共图书馆为例［J］. 图书与情报，2013（3）：36-40.

❷ Hearstill Y. The ALA glossary of library and information science Chicago［C］. Chicago：American Library Association，1983.

❸ 珍妮弗·阿科尔. 蜻蜓效应［M］. 北京：机械工业出版社，2011：11.

❹ 王静. 基于蜻蜓效应的高校图书馆微博信息营销实施管理机制研究［J］. 情报杂志，2013（4）：183-186，193.

理的新思路。❶ 石宪则从营销人员培训的角度入手，对博物馆营销人员的业务素质及心理素质的培养两方面进行了探讨。❷ 在公共文化服务营销管理方面，建立营销战略规划得到一些学者的认同，如秦晓婕通过对历届 IFLA 图书馆国际营销奖深入剖析，认为与构建的营销体系相辅相成，应规划具有长期目标的营销战略。❸ 刘若瑾则介绍了英国威尔士公共图书馆营销战略规划，在该战略规划中，最值得一提的观点是"促使图书馆与博物馆、档案馆协同工作"❹。Valoree McKay 从更高层面探讨了营销战略规划的重要性，他通过探析加拿大图书馆联合会（Canadian Library Association，CLA）在营销中的角色，认为其可以游说政府在国家层面制定更有利于图书馆发展的政策❺。王月云分析了高校图书馆开展服务营销的意义，阐述了高校图书馆营销服务的基本情况，对现代营销理念指导下高校图书馆服务营销理论体系的构建进行了探讨❻。以上研究从不同角度对公共文化服务营销理论或营销管理进行了有益探讨，但均局限于单一机构，且研究成果较为零散。

1.3.2 公共文化服务营销工具与策略研究

IFLA 管理与营销部门出版的 *Marketing Libraries in a Web* 2.0 *World*（2011）❼，重点探讨了如何利用 Web 2.0 工具开展图书馆和信息机构营销工作的策略。Ketcham 等通过调查形成了多种类型图书馆的营销手册❽，是图书馆开展营销工作的实用指南。Darlene Fichter 提出关注用户最深层次的需求，以贴近其心灵等方式来创作资源内容，且在进行内容营销时，还应进行营销成果评价，

❶ 刘美. 基于图书馆非商业性营销观念的抱怨管理研究 [J]. 图书馆工作与研究，2015（6）：32-36.

❷ 石宪. 博物馆营销人员的素质培养 [N]. 中国文物报，2012-09-05.

❸ 秦晓婕. IFLA 图书馆国际营销奖及其背后的营销理念 [J]. 图书情报工作，2014（6）：142-146.

❹ 刘若瑾. 英国威尔士公共图书馆营销战略分析与启示 [J]. 图书馆建设，2014（12）：85-87.

❺ Valoree McKay. Marketing Libraries：What is CLA's Role [J]. Feliciter，2014，60（3）：6.

❻ 王月云. 高校图书馆服务营销理论体系的构建 [J]. 科技情报开发与经济，2015，25（4）：31-32.

❼ Dinesh K. Gupta. Marketing Libraries in a Web 2.0 World [M]. Hague：IFLA Publications，2011：1-5.

❽ Ketcham，Susan E. Marketing your library's electronic resources：a How-To-Do-It manual for librarians [J]. Library Journal，2013（12）：91.

进而进行营销行为调整。❶ Heather Nicholson 指出营销并非都是昂贵的，要擅长于使用各种免费或廉价的工具进行病毒式营销，如社交媒体、Hootsuite 软件、建立虚拟身份等都可以达到有效的营销效果。❷ 学者们基于不同的案例对营销策略形成了不同的认识。如谢莉重点对新加坡国家图书馆管理局"顾客至上"的服务理念及营销实践进行了介绍，总结出其创新的营销组合策略，如为顾客提供多元化服务的产品策略等。❸❹ 杨家勇对洛杉矶公共图书馆的营销策略进行了总结与归纳，即借助民间组织进行宣传，与地方媒体紧密合作以拓展营销渠道，积极吸引公众参与图书馆服务等。❺ 韦楠华等认为，当前我国公共数字文化服务营销存在意识薄弱、需求把握不准、模式单一、品牌特色不强以及保障机制不足等问题，因此提出精准营销，准确分析用户需求，举办创意推广活动以及从组织机构、经费投入和人才队伍方面来完善服务营销保障机制等措施。❻ 王茜、张成昱针对清华大学手机图书馆用户进行体验调研，提出了手机图书馆网站的可用性设计原则。❼ 体验营销将重点置于用户体验上，通过设计一系列活动、情景、事件等，让消费者对营销产品或服务产生深刻印象。将体验营销应用在图书馆数字资源推介与阅读推广过程中，能让用户产生较好的体验，进而培养其忠诚度。❽❾ 随着移动技术及社会化媒体的逐步普及，研究者们又纷纷将视线转向移动图书馆、手机图书馆及微信、微博等作为平台的图书馆服务营销策略研究。曾满江等以四川移动手机图书馆项目为研究对象，提出并实施一种基于渐进增强策略的用户体验技术优化

❶ Darlene Fichter. Great Marketing Ideas in Libraryland [J]. Feliciter 2014, 60 (4): 40.

❷ Heather Nicholson. Tips from the Trenches: Marketing in a Small Public Library [J]. 2014, 60 (4): 14-15.

❸ 谢莉. 新加坡国家图书馆管理局的营销组合策略 [J]. 图书馆学研究, 2011 (8): 95-98.

❹ 谢莉. 新加坡国家图书馆管理局的营销理念与实践 [J]. 图书馆, 2012 (1): 75-78.

❺ 杨家勇. 洛杉矶公共图书馆营销策略研究 [J]. 图书馆建设, 2015 (3): 28-31.

❻ 韦楠华, 吴高. 公共数字文化服务营销推广现状、问题及对策研究 [J]. 图书馆学研究, 2018 (17): 61-67.

❼ 王茜, 张成昱. 清华大学手机图书馆用户体验调研及可用性设计 [J]. 图书情报工作, 2013 (4): 25-31.

❽ 刘净净. 基于体验营销的图书馆数字资源推介 [J]. 图书馆理论与实践, 2013 (2): 101-103.

❾ 刘燕. 体验营销助力图书馆全媒体阅读推广的新思路 [J]. 图书馆, 2015 (3): 100-102.

方案。❶ 自 2013 年起，部分研究者对基于微信❷❸、微博❹❺、微电影❻❼❽、视频分享网站❾等社会化媒体❿的图书馆服务营销策略进行了探索，这也是近年来较为热点的研究方向。此外，少数学者对档案信息服务营销及博物馆服务营销进行了探索。宋李娜从产品、广告等方面提出档案信息服务的营销战略。⓫ 于金波以伪满皇宫博物院为例，基于 4Ps 理论（产品、价格、渠道、促销）进行了营销策略与实施措施的探讨。⓬ 以上研究多聚集于图书馆营销，且大多从服务主体的视角出发，未充分考虑用户体验。而在以用户体验为视角的研究成果中，大多未与服务营销理念进行关联。

1.3.3 公共文化服务多样化营销形式与实践应用研究

在服务营销的形式方面，国外进行了多样化的实践探索，其中包括电视广告（加拿大卡尔里公共图书馆"重新发现公共图书馆"项目）、电台广播（美国佐治亚州理工大学图书馆"迷失在书架上"节目）、网络在线服务（澳大利亚中西部公共图书馆为学生提供在线家庭作业辅助）（IFLA2013 International Marketing Award winners！）及视频游戏等⓭。ARL 在 2011 年 2～3 月对 126 个成员馆所进行的用户体验实践开展了调查，其结果表明：几乎所有图书

❶ 曾满江，李勇文，等. 提升用户体验的移动图书馆网站优化研究 [J]. 现代图书情报技术 [J]. 2012 (1)：85-91.

❷ 周秀梅，田莉. 基于微信公众平台的图书馆信息服务营销 [J]. 图书馆工作与研究，2014 (3)：36-39.

❸ 池晓波，金丹. 图书馆的微信营销：浙江工业大学图书馆的探索 [J]. 图书馆杂志，2015 (9)：87-90.

❹ 王祝康，王兆辉. 微博营销策略应用于公共图书馆阅读推广的研究 [J]. 图书馆杂志，2013 (9)：34-38.

❺ 杨玫. 谈微博时代公共图书馆的营销推广 [J]. 图书馆工作与研究，2013 (5)：111-113.

❻ 丁立华. 微电影：图书馆社会化媒体营销新模式 [J]. 图书馆建设，2013 (4)：84-87.

❼ 汤妙吉. 基于微电影的图书馆社会化媒体营销策略 [J]. 图书情报工作，2014 (14)：79-84.

❽ 白如琼. 微电影营销模式在我国图书馆的应用现状与前瞻 [J]. 图书馆工作与研究，2014 (9)：47-49.

❾ 朱咫渝. 利用视角分享网站构建图书馆营销新平台 [J]. 图书馆，2012 (2)：108-110.

❿ 李金波. 纽约公共图书馆社交媒体营销实践及启示 [J]. 图书馆论坛，2016 (1)：1-6.

⓫ 宋李娜. 面向公众的档案利用工作——论档案馆信息服务的"营销"战略 [J]. 档案学通讯，2002 (5)：24-26.

⓬ 于金波. 伪满皇宫博物院营销战略研究 [D]. 长春：吉林大学，2014：15-18.

⓭ 秦晓婕. IFLA 图书馆国际营销奖及其背后的营销理念 [J]. 图书情报工作，2014 (6)：142-146.

馆在过去三年中至少开展过一个用户体验项目。❶ Michael Blake 则提出以手机应用程序的形式来进行图书馆服务营销。❷ 在国内，上海图书馆在服务营销领域进行了有益尝试，其推出的"e卡通"、多语种网上服务等形式，极大地增强了该馆对市民的吸引力。❸ 清华大学"爱上图书馆视频及排架游戏"❹ 的游戏视频营销获得了 IFLA 第十届营销奖项，也在学界引起了不小的轰动。这种营销形式新颖，服务过程中强化了用户体验，是一种值得深入探索的营销形式。辽宁省图书馆组织的"新媒体阅读体验活动"❺ 等在实践中借助于新媒体，对公共数字文化服务营销进行了有益尝试。明娟在借鉴国外相关经验的基础上，基于 7Ps 理论，对图书馆游戏服务营销实施方案做了理论设计。❻ 关志英以 CASHL 为案例，对图书馆共建共享联盟服务营销进行了探索。❼ 广西科技大学图书馆"书香吧"将 7Ps 服务营销理念应用于阅读推广的实践中，提高了用户满意度。❽ 郭一幔对河南职业技术学院图书馆的服务营销现状进行调查，进而发掘其存在的问题，并提出深入开展微博、微信服务，优化有形服务环境等多项策略。❾ 曾尔雷等在其所撰的《读者对图书馆信息服务营销应用需求的实证研究》中以现有的图书馆营销相关理论为研究基础，采用问卷调查的实证研究方法，运用 SPSS 专业统计软件进行数据分析，就读者对图书馆信息服务营销的应用需求围绕温州大学个案展开研究，并据此为温州大学图书馆营销个案提出了明确的改进建议。❿ 陈婷对绍兴市公共文化服务营销进

---

❶　Engagement C. SPEC Kit 322：Library User Experience（July 2011）［EB/OL］.［2019-01-10］. https://arl.nonprofitsoapbox.com/storage/documents/publications/spec-322-web.pdf.

❷　Michael Blake. Marketing Library Mobile Resources［J］. Computers in Libraries，2014（4）：5-8.

❸　张正，罗春贤. 图书馆媒体营销策略研究——以上海图书馆为例［J］. 图书情报工作，2012（3）：88-91，139.

❹　罗金增，图书馆游戏式营销探究［J］. 图书馆学研究，2013（7）：87-89.

❺　辽宁图书馆的新媒体阅读体验［N］. 辽宁日报，2012-10-31.

❻　明娟. 游戏服务营销：国内图书馆营销新思考［J］. 现代情报，2014（2）：22-25.

❼　关志英. 图书馆共建共享联盟服务营销的探索与实践——以 CASHL 为案例的研究［J］. 图书情报工作，2011（15）：85-89，132.

❽　薛宏珍. 服务营销组合理论在阅读推广中的应用研究——以广西科技大学图书馆"书香吧"服务营销为例［J］. 图书馆学研究，2015（23）：59-64.

❾　郭一幔. 河南职业技术学院图书馆服务营销策略［D］. 郑州：河南职业技术学院，2015：28-40.

❿　曾尔雷，等. 读者对图书馆信息服务营销应用需求的实证研究［J］. 情报理论与实践，2008（5）：743-746.

行了 SWOT 分析，最终提出公共文化服务定位、服务品牌建设及大众传播等
策略。❶ 而詹庆东则通过调查我国主要图书馆联盟的信息营销现状，从营销主
体、产品、渠道、价格、促销等几个方面进行有益探索。❷ 可见，公共数字文
化服务营销形式正逐步多样化，关注用户体验在公共文化服务营销实践中有
一定体现，如游戏视频营销形式的应用，但其研究仍聚焦于图书馆领域，也
远未上升到普适性的理论层面。

1.3.4　公共文化服务营销评价

　　公共文化服务营销究竟取得了何种效果，还需要一定的标准对其进行衡
量。时月娇以用户为中心，基于数字档案馆用户需求产生到资料获取的整个
过程，构建了包括馆藏资源建设、检索功能设计、服务建设和支撑条件数字
档案馆在内的评价指标体系。❸ 陈东滨等以复旦大学图书馆为例，采用多级模
糊综合评价方法对其电子资源营销手段开展了定量研究，进而建立起营销评
价体系并进行了验证。❹ 华南农业大学图书馆以价值营销理论为指导进行读者
满意度调查，并探讨了增强读者满意度、提升图书馆效益的举措。❺ 黄崑等在
回顾与评价图书馆网站可访问性评价研究的基础上，选取 6 个国家图书馆网
站，利用 Achecker 工具，根据 WCAG 2.0 Level A 标准对网站首页和二级页面
进行可访问性评价，提出提升我国图书馆网站可访问性水平相应的对策和建
议。❻ 姚宏伟采用模糊层次分析法及 LibQUAL+™ 评价指标体系构建了以环境
服务营销、顾客服务营销及网络服务营销为主要维度的图书馆服务营销评价
指标体系，通过实证研究提出创新营销理念，引入市场营销管理的战略理念

---

❶　陈婷. 绍兴市公共文化服务营销策略研究 [D]. 杭州：浙江工业大学，2016：32-34.

❷　詹庆东. 图书馆联盟营销体系建设探究 [J]. 图书馆，2015（4）：80-82.

❸　时月娇. 基于用户视角的数字档案馆评价指标体系研究 [D]. 上海：上海交通大学，2011：27-28.

❹　陈东滨，应峻，等. 基于多级模糊综合评价方法的电子资源营销评估指标体系研究——以复旦大学图书馆为例 [J]. 图书馆杂志，2012（2）：61-63，60.

❺　黄承红. 基于价值营销理论的图书馆效益研究——以华南农业大学图书馆为例 [J]. 图书馆，2013（1）：72-73，92.

❻　黄崑，宋灵超，张路路，等. 基于 WCAG 2.0 的国家图书馆可访问性评价研究 [J]. 图书情报工作，2014（17）：52-60.

及努力拓展现代网络服务营销等建议。❶ 王岑曦、吴建华等则构建了基于用户体验的档案网站检索平台评价指标体系，并进行实例验证研究。❷ 从现有的研究成果来看，评价标准的制定呈现多样化的特征，但目前没有一种较为通用且主流的营销评价体系，未尝不是一种缺憾。营销评价意在针对服务营销的效果进行鉴定，以进一步提高营销效益。但目前业界对此研究较少，无法为公共数字文化服务营销评价提供整体性标准框架。

综上，当前有关公共文化服务营销的研究成果较多，尤其是对于图书馆营销工具、形式及相关策略的研究，其成果数量已具备一定规模，但仍有一些研究领域需要做深入探索。第一，图书馆营销的成果较多，档案馆、博物馆、美术馆营销的研究成果较少。第二，个案研究较多，而群体性研究较少。即绝大多数研究以单个图书馆或档案馆、博物馆为研究对象，而未与大型数字文化惠民项目等进行关联。第三，某些具体业务应用等方面的研究较多，而与服务营销研究关系密切的服务有形展示（如服务网站界面设计等）、营销管理等研究成果较少。第四，与服务主体相关的公共文化服务营销研究成果多，而关注用户体验的研究成果较少。如何跳出单一类型文化机构（如图书馆）营销的思维定式，依托文化共享工程等大型公共数字文化项目，立足于用户体验，优化公共数字文化服务营销策略，从而推进我国公共数字文化服务与用户需求之间的有效对接，加强现代公共数字文化服务体系建设，是亟待解决的重要课题。

1.4　研究思路和框架

本书遵循从现状分析到提出对策、从基础理论到应用实践的基本思路，进而构建基于用户体验的公共数字文化服务营销研究框架，如图 1-1 所示。

本框架建立在现代公共文化服务体系构建的背景之下，以国家关于现代公共文化服务体系的指导思想和国家总体发展战略为指导，开展基于用户体验的公共数字文化服务营销研究。

---

❶ 姚宏伟. 图书馆服务营销评价指标体系研究［J］. 沈阳农业大学学报（社会科学版），2015（2）：149-155.

❷ 王岑曦，吴建华. 基于用户体验的档案网站检索平台评价指标体系研究［J］. 浙江档案，2014（7）：8-11.

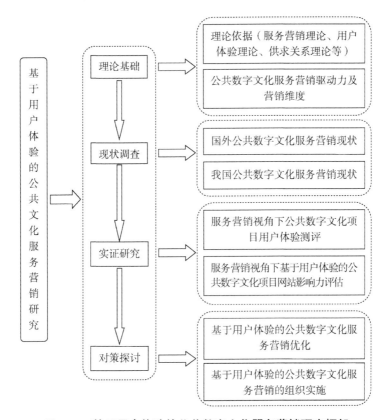

图1-1 基于用户体验的公共数字文化服务营销研究框架

（1）基于用户体验的公共数字文化服务营销理论基础。第一，确立基于用户体验的公共数字文化服务营销研究的理论基点，即服务营销理论、用户体验理论、供求关系理论、系统论、信息资源配置理论及新公共服务理论等，结合已有的理论成果，探寻公共数字文化服务营销的核心理论依据。第二，从用户、政策、技术及服务主体角度，探讨基于用户体验的公共数字文化服务营销的动力系统构成，即从用户、平台、资源三个角度对其营销维度进行划分，以期明晰其动力机制和服务营销的重要方面，为开展下一步研究工作提供理论基础。

（2）基于用户体验的公共数字文化服务营销现状调查。第一，主要针对国际组织、部分欧美国家及少数发展中国家，尤其是较大型公共数字文化项目的服务营销实践开展调研，梳理典型案例，深入分析其在各营销组合要素方面的优秀经验，以资借鉴。第二，将视线转向国内，针对文化共享工程与公共电子阅览室建设计划等国家级的数字文化惠民项目开展专家访谈及网络调查等工作，掌握国内公共数字文化服务营销现状。第三，从服务营销产品、营销渠道、促销手段、营销人员队伍及营销过程等多个维度比对国内外相关典型案例，剖析与比较其异同，总结先进经验，深入分析我国公共数字文化服务营销所取得的成就与存在的不足。

（3）公共数字文化网站用户体验实证调研与样本网站影响力评估。提升我国公共数字文化服务营销的效能，可分别从用户角度与服务供给的角度加以考虑：第一，从用户角度而言，选择文化共享工程核心资源主站点——国家数字文化网为样本，结合系统可用性、资源价值性、用户感官体验、认知体验、情感体验等项设置通用化用户体验测评表，并进行体验测量，分析测评结果以作为后续服务营销研究的数据基础。第二，从服务供给的角度而言，仍然选取文化共享工程为样本，将31个省级（不含港澳台）分中心网站作为测评对象，设计公共数字文化网站影响力评估指标体系。依据该指标体系，分别选择以上样本网站进行影响力评估，再进一步分析评估结果。开展文化共享工程省级分中心互联网影响力的目的在于，了解当前文化共享工程的服务促销、营销渠道等，从整体上把握网站文化资源的可获取度和可利用率，为服务营销优化设计奠定数据基础。

（4）基于用户体验的公共数字文化服务营销优化及组织实施。第一，通过用户体验实证测评，判别用户需求，结合公共数字文化服务营销现状及样本网站的影响力评估与分析，探索基于用户体验的公共数字文化服务营销优化策略。第二，提出开展基于用户体验的公共数字文化服务营销的顶层设计，在构建公共数字文化服务营销体系的基础上，制定公共数字文化服务营销组织的流程及实施方案。

1.5　研究方法

总体而言，本书采用理论研究与实证研究相结合的方法，但以实证研究方法作为主要研究方法。

1.5.1　调查研究法

包括文献调查法、网络调查法和访谈法。利用文献调研法，搜集与公共文化机构服务营销、用户服务与用户体验等方面相关的国内外文献，包括论文、专著及相关报道等，奠定本研究的文献基础。利用网络调查法，对美国、英国、印度、南非以及国内代表性公共数字文化项目服务营销的现状进行调研，对我国公共数字文化项目的省级分中心网站影响力开展调查研究，获得第一手数据。利用深度访谈法，对我国文化信息资源共享工程服务营销现状开展调查，以与国外相关现状开展交叉比较分析。

1.5.2 实验研究法

实验研究法讲求计划性，是针对某一问题，依据一定的理论或假设进行研究，从而得出一定的科学结论。本书主要利用实验法对我国公共数字文化项目平台开展用户体验测评，发现不同类型用户之间的体验差异，为针对不同细分用户群体的精准营销策略提供现实依据。

1.5.3 系统分析法

系统分析法始终将要解决的问题作为一个整体，强调对各要素进行综合分析，以找出解决问题的可行方案。本书在进行公共数字文化网站影响力评估指标体系设计、用户体验测评表的设置时均利用了这种方法。而最终开展基于用户体验的公共数字文化服务营销优化研究时，则系统结合 7Ps 营销理论进行了系统分析。

1.5.4 案例研究法

案例研究法指选择与研究相关的一个或几个场景为对象，系统地收集数据和资料，开展深入研究，以探讨某一现象在实际生活环境下的状况。❶ 本书主要采用描述性案例研究方法，国外选择欧洲、美洲、亚洲、非洲等各一个代表性国家的代表性公共文化服务项目，国内选择全国文化信息资源共享工程作为代表性项目，以获得一个较为全面及整体的公共数字文化服务营销的观点。

1.5.5 比较研究法

比较研究法通常根据一定的标准，通过对物与物之间或人与人之间的相

---

❶ 案例研究法 [EB/OL]. [2019-05-05]. https://wiki.mbalib.com/wiki/.

似性以及相异程度进行研究与判断，寻找其异同，以探求事物发展普遍规律与特殊规律。本书从营销产品、渠道、促销、人员等多个维度比较国内外公共数字文化服务营销典型案例的异同点，总结经验与不足，为我国公共数字文化服务用户体验的提升及服务营销策略的制定提供参考。

第2章

基于用户体验的公共数字文化服务营销理论依据

公共数字文化服务营销是一项实践性较强的活动，但这并不意味着它只是单纯的业务性活动，事实上，需要系列理论的指导。具体来说，7Ps 服务营销理论、用户体验理论、供求关系理论、系统论、资源配置理论及新公共服务理论等，都与它有着极其密切的关系。

2.1　7Ps 服务营销理论

服务营销首先产生于商业领域，是市场营销理论体系的分支之一。由于服务相对于有形产品而言具有无形、不可分离、不可储存、差异性等特殊性质，因此服务业的经营活动与有形产品有着较大差别。具体来说，服务营销是指企业为尽可能多地满足消费者需要，在营销过程中所实施的一系列行为，它通过关注用户，进而提供服务，最终实现有利的交换。

2.1.1　7Ps 服务营销组合的构成

营销组合是营销管理中最基本的概念之一，是指企业对可控制的各种市场营销手段的综合运用。❶ 如前文所述，1964 年，营销学家麦卡锡（McCarthy）提出 4Ps 营销组合，分别是：（1）产品（Product）。产品是生产的成果，也是营销的标的物。在传统营销中，产品是营销的核心内容。但在服务营销中，大部分情况下并没有有形产品，此时，服务内容便是产品。（2）价格（Price）。价格是营销中非常重要的一环，主要涉及价格水平、

---

❶ 杨珮. 服务营销 [M]. 天津：南开大学出版社，2015：26.

折扣、付款方式、信用等内容。虽然服务不具有形性，但服务价格常作为顾客关联服务质量的一种方式而存在，影响消费者对服务的选择。（3）促销（Promotion）。服务促销是为了提高销售，保持人们对服务的印象或者加快人们接受新服务的沟通过程。它主要包括广告、人员推销、销售促进、公共关系等方式。❶ 针对不同消费者的需求及偏好，服务主体往往需要采用各种促销策略。同时，为了增进消费者对于无形服务的感受，服务主体应尽量使服务产品有形化。（4）渠道（Place）。也称为分销，包括为顾客提供服务时的地点、时间及采用的方式。其中，服务场所的可达性（包括提供网络服务时网络的通畅性等）及服务的及时性是服务渠道策略中的重要因素。1981 年布姆斯（Booms）和比特纳（Bitner）在这一基础上又增加了三个要素，这三个要素也是服务营销区别于传统营销的关键要素。具体来看，主要包括：（5）人员（People）。"人员"是该理论中非常重要的一个观点，它揭示了企业员工的参与对于整个营销活动的重要意义。服务人员是决定服务营销是否成功的重要因素之一。从根本上来说，服务人员的高度参与性是服务活动的重要特点，从消费者的角度来看，服务人员的行为和素养甚至就是服务产品的一部分。因此，服务人员的精神风貌、综合素质、服务态度、服务技能等都对服务效果产生直接影响。（6）过程（Process）。服务过程指与服务生产、交易和消费有关的程序、任务、活动及日常工作。❷ 它要求企业在为客户提供服务时讲求过程性，即通过服务过程中的互动沟通了解客户所产生的主观感受，进而改进自身服务以满足客户的期望，因而是市场营销组合的关键要素。与有形产品不同，服务一般没有具体的物理状态，而通过一段过程得以呈现。服务过程精细化、简化或复杂化以及延伸服务是提升服务体验的有效手段。（7）有形展示（Physical Evidence）。有形展示包括服务所处的环境、服务过程中便利工具设置及其有效引导，其重要性在于将无形的服务转化为顾客可触及的体验。可以说，在服务营销的范畴内，一切可以传达服务特色、表现服务质量的可见或可感知的有形组成要素，均为有形展示的内容。而物质环境展示、信息沟通和价格展示，则构成了有形展示的主要形式。自此 7Ps 营销组合正式产生，它构成了服务营销的

---

❶ 杨珮. 服务营销［M］. 天津：南开大学出版社，2015：28.
❷ 杨珮. 服务营销［M］. 天津：南开大学出版社，2015：30.

基本框架。❶

2.1.2　7Ps 服务营销理论对公共数字文化服务的指导作用

总体而言，公共数字文化服务在本质上属于服务的一种，满足服务的基本特点，即不可分离性、可储存性、无形性、差异性等，它提供的服务包括公共数字文化服务设施、资源和服务内容等。❷ 此外，公共数字文化服务与商业服务二者都是通过关注用户需求，进而提供服务，最终实现有利的交换，只不过公共文化服务所实现的主要是以无偿形式进行的文化信息的交换。值得一提的是，图书馆信息服务作为公共数字文化服务发展过程中的重要一环，早已成功实现了其对服务营销理论的实践与应用，不失为服务营销理论适用于公共数字文化服务的有力佐证。因而，公共数字文化服务与 7Ps 服务营销理论有着内在的契合性。具体而言，7Ps 服务营销理论对于公共数字文化服务的指导作用体现在以下几个方面。

（1）公共数字文化资源即产品，是开展服务营销活动的基础。如果公共数字文化资源没有达到一定的规模，质量也就无从谈起。社会经济的快速发展使得人们在拥有富足物质生活之余，对公共文化服务的需求日益多样化、个性化。在信息数量激增且质量良莠不齐、信息获取来源扩大的环境下，如何突出"内容为王"，以"人无我有，人有我优，人优我特，人特我专"作为资源建设导向，不断创新，满足用户需求，提升用户体验，最终培育忠诚用户群体，成为公共数字文化服务营销的首要问题。

（2）公共数字文化服务营销在价格上具有天然优势。价格是消费者识别及判定服务的一项重要依据。公共数字文化服务在价格上的公益性，使得其在开展营销活动时具有先天的亲民性。表现为：第一，由于公共数字文化资源是为充分实现文化共享而生产、组织与传播的，不需要支付任何费用（在需要支付通信费用和上网费用的情况下，忽略不计通信费用和上网费用）而获取的、内容面向大众的文化类数字资源。因此，从用户的角度来说，公共数字文化资源可以并且应该免费获取。但从资源提供方的角度来看，其生产和提供资源的过程都需要大量的经费支持。所以，"免费"只是相对于用户而

❶　安贺新，张宏彦. 服务营销［M］. 北京：清华大学出版社，2015：8-13.

❷　公共文化服务［EB/OL］.［2019-01-12］. https://baike.so.com/doc/5380594-5616868.html.

言的。第二，公共数字文化服务的提供不能以盈利为目的。此外，公共数字文化服务的最终目的在于传播先进文化，提高民族文化创造力，构建和谐社会，其收益主要体现为社会效益。但是，尽管"免费"对于大众而言具备一定的吸引力，公共数字文化服务主体也不能以此作为开展相关服务工作的资本，而不注重资源，即产品的内在价值性。

（3）在公共数字文化服务营销的过程中，要特别注意促销形式的多样性。促销从实质上来说，是服务主体增加产品销售量的行为。换言之，促销是吸引广大消费者关注产品及服务，进而激发其获取行为的入口。以开展公共数字文化活动为例，如何让用户知晓并对该活动产生兴趣，是值得服务主体关注的话题。注重采取线上线下相结合的形式进行活动宣传，以精神奖励与物质奖励并行等方式吸引广大群众参与，以增进用户对无形服务的印象等，是可采取的一些促销方式。

（4）公共数字文化服务营销渠道选择具有多样性。公共数字文化资源与服务的可达性，依赖于信息基础设施、互联网及服务终端设备的建设状况。在融媒体时代来临之际，信息及服务传播渠道呈现多元化、融合化等发展趋势。公共数字文化服务营销渠道主要有新闻报道、广播电视、培训讲座、门户网站、新媒体推广等多种渠道，前几种是目前公共文化机构利用的主流营销媒介，新媒体如微信、微博、移动图书馆等则是新型的营销渠道。❶ 实践证明，随着我国互联网普及率的迅速提升（2018 年 12 月达到 59.6%❷），基于微信、移动图书馆、微博等平台的新媒体推广方式在公共数字文化服务营销渠道中占有越来越重要的地位。手机、电视、平板等终端成为大众获取各类文化资源及服务的主要载体，网站、App 等成为公共数字文化服务营销的主流阵地。

（5）公共数字文化服务人员的专业素养、服务态度、服务技能是决定服务营销成败的重要因素。与传统服务不同，公共数字文化服务人员较少与服务对象直接接触，其服务往往与产品（即资源）具有高度融合性。即用户对服务的直接体验大多在获取公共数字文化资源的过程中体现。因而，公共数字文化资源的选择、采集、加工、组织、提供、利用以及依托资源

---

❶ 韦楠华，吴高. 公共数字文化服务营销推广现状、问题及对策研究［J］. 图书馆学研究，2018（17）：61-67.

❷ 《2019 年第 43 次中国互联网络发展状况统计报告》［R/OL］.［2019-04-26］. http://www.199it.com/archives/839540.html.

与用户互动交流的过程，均体现了服务人员的专业素质、服务态度与服务技能。从营销管理的层面而言，从人员聘用、培养、考核，到薪酬待遇、激励机制等，人员管理贯彻服务营销过程的始终。同时，用户与用户之间的关系也应引起重视，因为一位用户对于一项公共数字文化服务质量的认知，很可能受到其他用户的影响。所谓"病毒式"营销，就是这种关系所带来的典型结果。

（6）公共数字文化服务的递送过程同样重要。服务环节的精细化、个性化以及延展性成为公共数字文化服务营销追求的理想目标。在商业领域，服务企业对服务过程的管理手段值得借鉴。譬如，精明的服务商会在你对一款网上游戏欲罢不能时，安排"弹出窗口"来问候你，是否需要购买更先进的游戏装备。一些杀毒软件在消费者免费下载使用一段时间后，自动停用，并提示消费者到官方网站购买正版软件等。旅行社会在游客结束一段旅程后的某个时间节点，安排客服人员拨打顾客电话，询问顾客旅游体验，征求顾客意见等。

（7）将公共数字文化服务进行有形化展示，可以有效传达服务内容，显示服务特色。由于服务具有无形性特征，所以有形展示就显得格外重要，因为它可以使用户获得公共数字文化服务的直观体验，这种体验将直接影响服务主体与用户之间持久关系的建立。对于有形展示的内容、形式等的思索，将贯穿于服务主体提供服务的全过程。比如，良好的界面展示可以通过刺激用户感官来强化用户体验。如果服务主体将其所服务的内容以多样化、特色化、个性化的形式在用户面前予以呈现，必然会吸引用户积极探索和踊跃参与。公共数字文化服务的有形展示同样可以借鉴企业的做法，对一些特殊的数字文化资源，可以借助游戏或者任务以分阶段的形式展示给用户，增加用户获取信息的趣味性[1]，丰富公共数字文化服务的形式。

2.2　用户体验理论

2.2.1　用户体验及其特征

诚如前文所述，用户体验发生在用户与环境、他人、系统及产品交互的

---

[1]　戴艳清，陶则宇. 英国公共数字文化服务营销及启示——以"文化在线"项目为例［J］. 图书与情报，2016（5）：76-80，75.

过程中，因而无处不在，其概念界定亦未达成共识。本书同意以下观点：用户体验是用户在受到一定内、外在需求和动机的驱使下，与产品或系统交互而产生的全部体验❶，其涵盖的范围包括系统或产品的可用性设计、外观设计以及在此基础上衍生的用户心理（包括认知、期望、动机等）和情感因素（包括情绪、喜好等）。根据这个定义，可以发现用户体验具有如下特性：（1）主观性。用户体验具有强烈的主体性或主观性，存在于用户心中，与产品、系统等是否符合用户期望及使用目的等联系在一起。（2）差异性。正因为用户体验存在于每个用户的心中，因而，其体验是独一无二的，很难达到一致性。（3）互动性。用户体验发生在其与产品及系统的交互过程中，没有用户参与，体验就不可能发生。（4）价值性。用户体验的过程其实就是用户价值形成的过程。正如主客体关系论所认为的，价值是客体满足主体需要的关系。（5）感知性。用户体验是用户对产品、服务等客观事物的感知，是一种心理反应行为和过程。（6）动态性。用户体验并非永恒不变，而是处于不断变化之中，主要表现为用户在选择、使用、放弃等一系列体验过程中发生的变化。（7）整体性。表现为服务是一个系统，由一系列活动组成。用户在对这一系列活动进行体验之后，会在心中形成对该服务的整体印象。（8）情感性。用户在产品和服务消费过程中会经历一系列情感，如愉快、兴奋、满足等正面情感，或失望、伤心、内疚等负面情感。

目前，在用户体验相关描述模型中最著名的是 Peter Morville 总结的用户体验蜂窝模型，该模型也是目前最受认可的用户体验概念模型，见图 2-1。该模型以价值实现为核心，由有用性、可用性、满意度、可达性、可获得性和可靠性 6 个用户体验特性构成，它不仅揭示了用户超越可用性的更多体验内容，同时也明确了好的产品和服务应该满足的用户体验目标。❷

---

❶ 李小青. 基于普遍心理分层理论的 Web 用户体验模型设计 [J]. 情报资料工作，2010（1）：62-65，81.

❷ 焦婧，杜建萍. 基于用户体验的网络体验模型的构建与应用研究 [J]. 北京联合大学学报，2014，28（1）：22-25.

图 2-1　用户体验要素蜂窝图❶

　　需要强调的是，用户体验要以用户需求作为基础，因为只有在用户需求的基础上，各种诱因才会对用户产生激励作用。而有了用户需求，用户还需要有效地从实际生活中获得相应的产品或服务，才能获得各种感知。所以说用户体验需要具备两个基本要求：其一是用户需求；其二是在与产品或系统进行交互的过程中获得各种感知。

2.2.2　用户体验同时是公共数字文化服务营销的出发点和归宿

　　（1）用户体验是公共数字文化服务营销的出发点之一。用户体验在商业领域被称为顾客体验。该概念自被提出就成为学术界关注的焦点。体验营销中的感官营销、情感营销等战略模块在企业营销实践中的应用也日益广泛。无论是体验营销还是感官营销等，无不突出了服务营销应从用户体验或用户情感等出发的特点。一方面，从营销战略的实施步骤来看，首先是识别用户需求，以细分目标用户，此时用户对原有服务的体验反馈就十分重要，它是识别用户需求的核心环节；其次是对目标用户进行评估和定位；最终配置相应资源以实现营销计划，因此用户体验具有十分重要的意义。另一方面，用户体验是制定营销组合的核心。根据 7Ps 营销理论，其营销组合要素包括产品、价值、渠道、促销、人员、过程及有形展示。服务主体在开展营销活动的过程中，应对这些要素进行灵活组配，以满足目

---

　　❶　Peter Morville, Paula Sullenger. Ambient Findability：Libraries, Serials, and the Internet of Things [J]. The Serials Librarian, 2010（4）：33-38.

标用户群的需要。具体来说，用户体验是营销产品开发、价格制定、渠道选择的基础，用户体验贯穿服务营销的整个过程。

事实上，用户对公共数字文化产品或服务本身的需求中也包含体验诉求。体验诉求主要指用户在使用公共数字文化产品或接受其服务时所体验到的愉悦和满足程度，这种诉求是否得到满足是维持和巩固服务主体与用户关系的关键要素。因此，公共数字文化服务营销的基础是考察目标用户当前的服务体验，在此基础上探寻关键用户，确定其用户类型，并有的放矢地开发公共数字文化资源，选择合适的营销渠道和手段，更好地满足用户需求。

（2）提升用户体验又是公共数字文化服务营销的归宿。用户满意是评价一切服务的终极标准。在用户接受服务前，一般会对服务过程有最低限度的期待值，这些期待值也可以称为用户期待，也是用户对服务体验的评价标准，影响用户的满意程度。为了提高用户满意度，使公共数字文化资源最大限度地发挥作用，必须采取一切可行及合理的措施，提升用户体验。公共数字文化服务营销的目标，就是以提升资源利用率和服务品质为手段，通过对产品、渠道、促销、有形展示等活动设计，引发用户情感或用户价值上的共鸣，实现用户体验的提升。

此外，用户在获取相关文化资源和服务时，通常希望以最低的价格（或者免费），花最少的时间，满足自身在工作、学习及生活方面的需求，并获得良好的感官及情感体验。因此，真正的营销理念是使机构或组织主动提供适合用户的产品和服务，而不是让用户来适合该产品或服务。具体来说，任何一种公共数字文化资源都有其自身的特点，对该资源进行充分理解是营销的重要前提。了解该资源是什么，为什么类型的用户服务，以怎样的形式来呈现，以及为用户创造何种价值或解决什么问题，均是公共数字文化服务营销的重要任务。由于公共数字文化服务的对象是社会公众，其所提供的公共数字文化资源类型多样，因此，如何真正贯彻实施营销理念，将公共数字文化产品有针对性地提供给用户，以提升用户体验，是值得深入探讨的命题。

2.3　供求关系理论❶

2.3.1　供求关系及其特性

从 19 世纪法国"供给自动创造需求"的相关研究开始，在经济学领域，供求关系的研究已有近 200 年历史。而与此相对应的是以马克思劳动价值论为基础的供求理论主线。无论是前者还是后者，都产生了非常丰富的理论研究成果，借鉴和吸收两种供求理论的精华，对于公共数字文化服务供求关系的理解，有着十分有益的作用。

（1）供求的层次性。西方经济学对于供求关系的研究经历了一个长期的过程。从以马歇尔为代表的古典供求理论，到凯恩斯的有效需求理论，再到非均衡学派的有效供给理论，反映了西方经济学对供给与需求及其相互关系认识的不断深化。总体来说，供求是一个动态的过程。在这个过程的不同阶段，供求关系的表现形态各有差异。因此，研究供给与需求的层次结构，分析不同层次间的内在转换关系，就显得非常必要且有意义。

从供给来看，大致可以分解为以下几个层次。第一，潜在供给。潜在供给是一种处于边界状态的供给，指受限于一定的制度及技术条件，利用现有资源可能生产出的最大产量。这类资源的供给可替代性小，比如，原材料、能源和交通运输等行业，是制约潜在供给量的"瓶颈"部门。第二，现实供给。与潜在供给主要在生产过程中完成相比，现实供给则是在流通过程中才得以完成，是一种实实在在的供给。第三，有效供给。在进入流通领域的供给中，有一部分是与商品购买者的意愿相一致的，有一部分则是消费者被迫修改最初意愿性需求后实现的。后者虽然被卖出，但不属于有效供给。有效供给是那些与相应支付能力的意愿性需求相一致的供给。第四，已实现的供给。有效供给是一个事前概念，已实现的供给则是事后概念。其关系在于，前者是后者的组成部分。总的来说，已实现的供给包括有效供给和与买者意愿性需求不一致的强制性供给。在短缺经济条件下，强制性供给占有相当的比重。

与供给的不同层次相对应，需求也可以进行层次性分析。第一，潜在需求。

❶　王晓东. 供求关系与买方市场［M］. 北京：高等教育出版社，2001：1-30.

与潜在供给相对应，潜在需求是消费者有明确意识的欲望，但由于各种原因仍未明确显示出来的需求。第二，现实需求。现实需求指借助于货币形式，对社会生产产品进行再分配所形成的需求，表现为消费者既有购买欲望，又有一定的货币支付能力。事实上，现实需求与潜在需求恰好相等的情况相当少见，经常出现的现象是现实需求大于或小于潜在需求。第三，有效需求。通常情况下，单位需求量增长会带来单位供给量的增加，这种状态下的需求就是有效需求。从潜在需求与有效需求的关系来看，小于潜在需求的现实需求，是有效需求。而大于潜在需求的现实需求，在有效供给范围内的需求是现实需求，超出有效供给范围的需求则属于无效需求。第四，已实现的需求。在现实需求中，有一部分需求由于没有有效供给而不得不沉淀下来。除去这一部分沉淀需求的现实需求就属于已经实现的需求，是需求运动的终点。它包括按照购买者意愿性需求之上实现的现实需求以及通过强制性替代实现的那部分现实需求。前者代表资源的实际利用效果，后者则反映了产品的短缺程度。

（2）供求关系的均衡与非均衡性。均衡与非均衡的概念最初来自于力学，后被西方经济学所引用，用于描述经济活动中各行为主体的相互联系及各经济变量的相互关联。当社会生产与社会消费相互适应时，体现为供给与需求的均衡关系，否则为非均衡关系。"供求实际上从来不会一致，如果它们达到一致，那也只是偶然现象，所以在科学上等于零，可以看作没有发生过的事情。"❶ 这一思想，充分体现了均衡是相对的，非均衡才是绝对的。在马克思看来，均衡和非均衡是一对矛盾体，可保持均衡状态下的市场供求每时每刻的平衡是可望而不可即的，但在非均衡条件下，可以通过某些手段使市场供求暂时达成相对平衡是可能的。例如，在供不应求时，通过强制替代等手段来实现购买或抵制需求；在供大于求时，通过囤积产品、等待和寻找等手段来避免市场波动的发生，从而达到供求相对平衡。要说明的是，这绝不是目标状态下的均衡，而仅仅是一种"短边平衡"。因为强制替代不能掩盖商品的短缺，而囤积等待也不能掩盖商品的过剩。在现实经济中，供求总是在均衡与非均衡之间徘徊，表现为"虽然在任何一定的场合供求都是不一致的，但是它们的不平衡会这样连接发生，而且偏离到一个方向的结果，会引起另一个方向相反的偏离，以致就一个或短或长的时期的整体来看，供求总是一致

---

❶ 马克思. 资本论（第3卷）［M］. 北京：人民出版社，1975：211.

的；不过这种一致只是作为过去的变动的平均，并且只是作为它们的矛盾的不断运动的结果"❶。

2.3.2　公共数字文化服务营销是探索供给效益的一种实践表现

（1）供求关系的层次性是公共数字文化服务营销的实践基点。参考西方经济学供求关系理论中对需求层次的解构，可以对用户数字文化需求进行分析，见图 2-2 所示。

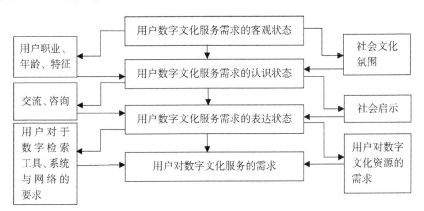

图 2-2　用户的数字文化需求结构与状态（来源：笔者绘制）

用户对于公共数字文化服务的潜在需求表现为两个不同的阶段：一是用户数字文化服务需求的客观状态，表现为用户有被挖掘现实需求的可能，但在未被充分发掘的条件下，处于休眠状态；二是受用户自身职业、年龄等特征的内在影响及一定社会文化氛围的外在影响，用户认识到自身有何种数字文化服务需求。事实上，这种认识状态几乎仅处于用户的潜意识中。公共数字文化服务需求的潜在性由以下因素决定：第一，文化需求建立在生存需求之上，因而需要一定的激发才会被用户意识到；第二，文化需求，尤其是数字文化需求对用户有着较高的知识水平和信息素养的要求。从总体来看，文化需求是人们的一种广泛需要，但在这种需求未发展到一定水平之前，用户无法产生这种满足需求的行为。

用户在与周围环境进行互动的过程中，通过交流、咨询等方式，将自身的文化需求通过一定的方式表达出来，进而借助一定的媒介实现自身需求，

---

❶　马克思恩格斯全集（25 卷）[M]. 北京：人民出版社，1975：212.

表现为用户对于公共数字文化服务的现实需求。一般而言，用户对于公共数字文化服务的现实需求可能会大于或者小于其潜在需求。如果用户受社会环境的影响，通过交流、咨询等启发自身思考，并意识到需求极可能被满足，从而衍生更多关联性需求，此时其现实需求将大于潜在需求。反之，则现实需求小于潜在需求。公共数字文化服务现实需求对于服务主体的启示在于，服务人员应主动出击，有效挖掘用户的潜在需求，进而放大其需求，并帮助用户实现需求。

在市场经济条件下，单位需求量增长会带来单位供给量的增加，而这种状态下的需求被称为有效需求。通常，公共数字文化服务需求量的增长也必然带来供给量的增加。然而，在很大程度上，数字文化资源及服务的供给主体主要是政府，而政府的无差别数字文化供给又存在着政府失灵的弊端。因此，公共数字文化服务的有效需求往往大打折扣。此时，公共数字文化服务机构或组织以贴近公众生活、专业的文化服务队伍以及免费或廉价的优势深受人民群众的喜爱，可以利用这些天然优势，为用户打造符合其有效需求的公共数字文化服务产品。

用户在识别并表达自身需求的同时，往往通过实际的获取行为，如借助于可用的工具或手段获得所需资源，这部分已通过所获资源满足自身行为的需求，是已实现的需求。然而，在用户对于公共数字文化服务的现实需求中，往往有一部分需求会由于公共数字文化服务机构或组织没有有效供给而不得不沉淀下来，即无法实现。从另一个角度而言，在公共数字文化服务领域，资源的过剩与短缺现象并存，即除去一部分资源可以满足用户的部分需求外，另一部分资源的实际利用效果堪忧，从侧面反映了资源的短缺。供求关系的层次性对于公共数字文化服务营销的指导作用在于，精准识别用户需求，生产及推广符合用户需求的资源，提高用户需求实现的比率。

（2）供求关系的均衡是公共数字文化服务营销永远追求的目标。事实上，正如供求关系理论中"非均衡状态是绝对的"观点，公共文化服务兴起至今，其供求一直处于非均衡状态。一方面，其表现为所提供的公共文化资源及服务不是用户所喜欢的，用户所喜欢的公共文化资源及服务不存在或未被充分发掘；在大部分基层图书馆或农家书屋常见的文献中，有一部分图书的借阅率非常低。究其主要原因，是老百姓对这部分图书研究的对象完全不了解，因而无法产生阅读兴趣❶。另一方面，表现为用户需要的公共文化资源或服务无法获得，或是不知道哪里有，或是不知道如何获取。近年来，创新"互联网+"环境下公共文化服务方式及手段，促进公共文化的社会化发展等，使得我国在识别公共文化服务供求脱节症结、促进公共文化服务供求平衡方面取得了一定的成效。

基于用户体验的公共数字文化服务营销，其实质是通过一定的营销手段，来实现用户需求及公共数字文化服务供给之间的有效对接，以取得最大的经济效益和社会效益。从传统层面来看，供给与需求一般通过市场进行调节进而达到相对均衡。然而在公共数字文化服务领域，公共数字文化资源及服务的公共物品属性使得市场的力量变得难以找寻，供求关系往往以强制性的法律制度以及政府行政干预等手段来实现平衡。但这些手段的实施倾向于关注公共数字文化服务的单方面"供给"而非"需求"，导致公共数字文化资源的数量上升了，供求关系呈现出相对平衡的假象。基于用户体验的公共数字文化服务营销关注如何通过有效的方式，实现供给和需求的匹配，进而达到公共数字文化服务供求关系的相对均衡状态。首先，公共数字文化服务主体要准确把握用户需求。通过定期开展用户体验测评，对所收集的数据进行综合诊断，准确把握用户需求较大的服务资源内容及类型，了解用户偏好的公共数字文化服务的形式和工具。其次，在服务供给层面，通过增加资源的可获取性、优化系统的可用性、拓展服务渠道等方式，主动、精准地向用户提供服务。通过用户需求与公共数字文化服务主体供给的有效对接，使供求关系达到相对平衡。

2.4　系统论

2.4.1　系统论思想理论内核

系统科学是伴随科学技术发展，社会物质生产、社会生活系统、社会管理和科学研究的发展和变化而产生的，其主要表征是一般系统论、控制论和信息论、系统工程的诞生。因而，系统科学代表了 20 世纪科学技术发展的新

---

❶ 李国新. 提高服务效能是构建现代公共文化服务体系的重点任务［EB/OL］.［2019-04-17］. http://lib.notefirst.com/booklife/19826/default.aspx.

方向，也是人们认识具有组织性、复杂性、非线性特征问题的新起点。总体而言，整体性、有序性、目的性、开放性、稳定性、突变性、动态性和相似性，是种种系统的 8 种基本特征，每种基本特性构成系统的一个基本方面。❶ 笔者选择与本书有密切关系的几个特性进行分析。

（1）"整体"或"统一体"是人们对"系统"最为明确的认识。因而，整体性是系统的最基本特性之一。钱学森指出，系统就是由许多部分所组成的整体，所以系统的概念就是要强调整体，强调整体是由相互关联、相互制约的各个部分组成的。❷ 他的观点强调了系统整体性的重要性。一般系统论的创始人贝塔朗菲认为，"亚里士多德的论点'整体大于它的各个部分的总和'是基本的系统问题的一种表述，至今仍然正确"❸。这种观点则强调了系统整体性的实践意义。

（2）系统具有有序性，即层次性。系统的有序性是指组成系统的诸要素及其结合方式存在差异，从而使系统组织在地位与作用、结构与功能上表现出等级秩序性❹。在开放系统中，有序性有赖于系统环境。究其原因，主要有两个方面。首先，外部环境是有序性产生的外部条件，即在开放条件下，系统状态参量会随时间变化而变化，使得系统的某些因素发生对称性破缺，这种非平衡态会导致有序性❺。其次，环境是系统的有序性稳定下来的外部条件，即开放系统"在一定条件下不可能达到一种独立于时间的状态——20 年前我把它叫作稳定状态。在稳定状态下，尽管不断有成分的交换，系统的组成是不变的"❻。这种稳定性保证了系统的完整与统一。

（3）系统的开放性。它是指系统处于一定的外界环境中，并具有不断与其进行物质、能量、信息交换的特性和功能，只有系统向外界环境开放时，系统才得以不断发展，并保持自身稳定。我们所面对的世界是由形形色色的系统组成的，因此，任何系统都是相对的，其存在是具有环境条件的，因而必须在一定的程度上向环境做某种开放。自然科学领域曾在 19 世纪开展相关

❶ 魏宏森，曾国屏. 系统论 [M]. 北京：清华大学出版社，1995：201-286.

❷ 钱学森，等. 论系统工程 [M]. 长沙：湖南科学技术出版社，1982：204.

❸ 贝塔朗菲. 普通系统论的历史和现状·科学学译文集 [C]. 北京：科学出版社，1980：309.

❹ 魏宏森，曾国屏. 系统论 [M]. 北京：清华大学出版社，1995：213-223.

❺ 贝塔朗菲. 一般系统论 [M]. 北京：社会科学文献出版社，1955：132.

❻ 贝塔朗菲. 一般系统论 [M]. 北京：社会科学文献出版社，1955：132.

的研究，证明一个系统如果与外界全然没有任何交换，那么这个系统就只会自发地走向混乱无序，或迟或早总会走向"死亡"。❶

（4）系统的目的性。一方面，系统在与环境的相互作用中表现出与其交互及发生能量交换的特点；另一方面，系统在一定的范围内又坚持表现出某种趋向预先确定的状态的特性，这种特性称为系统的目的性❷。系统的目的性与系统的开放性相关联。系统的目的即预先确定的目标，引导着系统行为，系统行为转而保证系统目的的实现。表现为：一方面，当系统已达到或处于所需要的状态时，会力图保持系统原状态的稳定；另一方面，当系统不处于所需要的状态时，则引导系统由现有的状态稳定地变到一种看来是预期的状态。

（5）系统的动态性。系统的动态性是指，一切实际系统在内外两方面因素的相互作用下，内部要素偏离系统稳定状态，使系统内部表现出更大范围或更长时间的自相关性，从而实现系统从无序到有序、从低级有序到高级有序。换言之，系统的存在从本质上来说就是一个动态的发展过程，系统结构则是这一动态过程的外部表象。可以说，任何现实的系统都处在自我运动、自发形成组织结构、自发深化之中，不断在无序与有序、平衡与非平衡中的相互转化。

2.4.2　系统论思想为公共数字文化服务营销提供了指导性原则

公共文化服务体系建设是一个系统工程，它由若干子系统按一定的方式组合而成，如图书馆、博物馆及一些信息机构或组织，且各子系统间存在一定的相互关系；从管理的角度来看，它包括构建互联互通的公共数字文化服务网络，打造特色鲜明的公共数字文化资源库群，推进相应的公共文化数字支撑平台建设等❸。公共数字文化服务营销依赖于系统论的指导性原则，主要目标在于通过对用户公共数字文化服务需求的把握，针对产品、价格、促销、渠道、人员、过程及有形展示几个营销要素采取联动策略，加强用户需求与公共数字文化服务主体间的对接，提升公共数字文化服务效能。具体来看，

---

❶　魏宏森，曾国屏. 系统论［M］. 北京：清华大学出版社，1995：225.

❷　魏宏森，曾国屏. 系统论［M］. 北京：清华大学出版社，1995：234.

❸　文化部：2020 年基本建成公共数字文化服务体系［EB/OL］.［2019-04-29］. http://www.xin-huanet.com//culture/2017-08/10/c_1121431864.htm.

系统论的思想提供了开展服务营销工作的原则。

（1）整体性原则是公共数字文化服务营销的立足点。基于用户体验的公共数字文化服务营销，其最终目标是要通过营销体系的建立，提升公共数字文化服务的整体效能，因此，整体性原则是该营销体系建立的立足点。亚里士多德"整体大于它的各个部分的总和"的论点表明，公共数字文化服务营销要从资源、价格、活动宣传、渠道、服务人员、服务过程及有形展示等方面建立起完善的营销体系，各个要素间相互促进、相互制约，形成整体合力，推动公共数字文化服务效能的整体性提升。

（2）有序性原则是开展公共数字文化服务营销活动的客观需要。影响公共数字文化服务营销效果的因素十分多样，但这些因素之间并不是各自独立的关系，而是存在一定的有序关联。如7Ps服务营销组合要素，即产品、价格、促销、渠道、过程、人员及有形展示之间的关联，通常是从产品开始的，产品质量的高低对促销效果形成直接影响，产品的形式又对营销渠道、营销过程及有形展示产生影响，进而影响用户对公共数字文化服务的体验感。反过来，促销形式和营销渠道的选择，营销过程的精细化管理程度，人员的服务态度、水平以及有形展示的内容和方法等，又会对用户的产品体验造成直接影响。因此，在开展公共数字文化服务营销的过程中，不但需要对营销的整体效果进行评估，还应对各个营销要素实施有序控制，使服务营销活动"有章可循"，以便发现影响公共数字文化服务用户体验的关键问题。

（3）系统的开放性和目的性原则是公共数字文化服务营销的内在要求。公共数字文化服务的终极目标，需要通过一系列营销活动来实现。在这个过程中，服务效能和用户体验的提升是公共数字文化服务营销的目标，它引导着营销组合要素的存在形态和方式。总体来看，公共数字文化服务的目的性，又与公共数字文化服务体系的开放性相联系。一方面，我国受世界范围内公共数字文化服务的影响，对其服务经验做出适合我国国情的调整，使自身的发展潜力得以体现出来，从更大程度上提升服务效能，这反过来又会影响国际公共数字文化服务水平；另一方面，公共数字文化服务体系需要对用户的使用体验做出反应，表现为资源在数量、质量方面的增长和提升，促销方式、营销渠道和过程、服务人员以及有形展示的内容和形式等的变革，并把这一系统的反应输出给用户。在这周而复始的开放和交换中，公共数字文化服务体系的作用和潜力得以表现，系统的目的性也就体现于其中了。

（4）系统的动态性原则是公共数字文化服务营销的保障。公共数字文化服务营销应从两个方面遵循动态性原则以确保其适用性并发挥应有的作用。首先，公共数字文化服务营销体系要在各组合要素间、该体系与用户间以及国际公共数字文化服务环境间发生信息及能量的"交换"活动，因此公共数字文化服务营销的内容、方式方法不是一成不变的，而是需要反映国际公共数字文化服务环境、体系本身及用户间的各种变化要素，不断推陈出新，使新的公共数字文化服务资源及新的营销方式方法等能够适应用户需求及国际相关环境的发展变化。其次，公共数字文化服务营销组合要素的结合方式等，要根据实际状况进行调整，面向各组合要素中实际存在的问题，有针对性地开展营销活动。

2.5　信息资源配置理论

2.5.1　信息资源配置理论的内涵

资源配置，本意是指一定的社会主体根据宏观经济发展的内在要求，将生产资料、劳动力、资金等各种生产要素按一定的比例关系在社会生产各部门进行分配的一种经济行为。❶ 因而，资源配置是一个经济学概念，它主要是从社会经济效率的视角对一项经济制度、一种经济体制或一组经济运行机制给出一个基本的价值判断标准，以评价其经济效果。❷

信息资源的配置无疑也属于资源配置的范畴。信息资源配置通常以人们对于信息资源的需求为依据，以提升其利用的效率和效果为指针，调整社会的信息资源分布和分配预期。❸ 从国家或地区层面来看，信息资源配置的因素取决于：（1）该国家或地区人们的信息需求，即信息资源配置的社会参数；（2）信息资源配置的效率，即经济参数；（3）信息资源配置的效果，即政治参数❹。

---

❶ 屈炳祥. 论《资本论》及马克思的资源配置理论 [J]. 经济评论, 1999 (4)：8-11.

❷ 李纲. 信息资源配置的理论问题探讨 [J]. 情报学报, 1999 (4)：333-339.

❸ 肖希明，等. 信息资源共享系统绩效评估研究 [M]. 北京：学习出版社, 2013：49.

❹ 黄长著，周文骏，袁名敦. 中国图书情报网络化研究 [M]. 北京：北京图书馆出版社, 2002：145.

从信息资源配置的实际过程来看，由于它是在一定的时间和空间范围内进行的，因而需要考虑时间和空间两个矢量。首先，信息资源配置的时间矢量是非常重要的，主要原因在于，同其他资源相比，信息的时效性更强。它表现为一条及时的信息可能价值连城，而一条过时的信息则可能一文不值。考虑信息资源的时效性问题，其配置要着眼于时间序列，而在一定空间中表现为信息资源随着时间推移而发生量的扩张和质的飞跃，以及结构上的完善。❶ 其次，信息资源配置的空间矢量是资源配置要解决的主要问题。信息资源空间配置的主要任务，是寻求一种最佳方式来影响权重及排列组合，以使信息网络中信息资源的开发利用取得最佳的效益❷，它主要通过集中、扩散、交换等方式来推动信息资源的流动❸。具体来说，信息资源的空间配置需要在一定时间范围内使信息资源随着空间变迁而发生量与质的转移、交换等，形成信息资源的流动。

2.5.2 公共数字文化服务营销是信息资源优化配置的体现

在公共数字文化服务过程中，相对于用户需求，投入和资源始终是有限且稀缺的。因此，需要通过相关政策杠杆、技术手段和营销策略，将有限的资源进行增值性开发。同时，对有限的资源采取多样的促销手段，应用各种营销渠道等，可有效避免资源的短缺和闲置，从另一层面而言则增加了资源的可获取性。公共数字文化服务营销旨在通过一定的方式实现资源的互通和流动，进而实现信息资源优化配置，表现在以下几个方面。

（1）从公共数字文化资源配置的社会参数来看，基于用户体验的公共数字文化服务营销，主要是从用户需求出发，考察公共数字文化服务对于用户的满足程度。通过各类营销组合要素，突出目标用户体验，解决公共数字文化服务中存在的问题，使用户需求得到较大程度的满足。从一定意义上说，这是一个周而复始、不断循环上升的过程。

（2）从公共数字文化资源配置的经济参数来看，世界各国均通过设立公共数字文化服务项目，使各地区、各类型的文化资源通过协调开发的方式实

---

❶ 周毅. 信息资源宏观配置管理研究［M］. 北京：中国档案出版社，2002：80-84.

❷ 贾晋. 信息资源配置的理论研究［D］. 武汉：华中师范大学，2010：12-13.

❸ 何振，邓春林，等. 电子政务信息资源共享模式选择与优化［M］. 北京：高等教育出版社，2014：43.

现互补，以最大限度地避免资源重复建设带来的经费浪费。近年来我国公共数字文化服务体系建设的经费投入在逐年增长。然而，其经费总量毕竟是有限的。即使是发达国家，其对公共数字文化建设投入经费的增长，也难以赶上资源数量增长和价格上涨的速度。因此，从经济学视角而言，如何利用现有经费提升资源利用效率是需要重点考虑的问题。而把握公共数字文化服务营销的内在规律，可以帮助公共数字文化服务主体了解并掌握用户需求，优化服务营销策略，以加大用户需求强烈的服务资源供给力度，并帮助用户更加便捷地找到所需的内容，提高资源的利用率。

（3）从公共数字文化资源配置的政治参数来看，公共数字文化服务属于公共服务的有效组成部分，是国家按照公益性、基本性、均等性和便利性等要求，重点开展文化资源建设和服务推广，以促进基本公共文化服务标准化、均等化，更好地满足广大人民群众快速增长的数字文化需求。❶ 因而，公共文化资源配置是否达到了普及化、均等化及标准化的效果，是政府关注的重要方面。公共数字文化服务营销，通过营销渠道和营销过程的优化，使公共数字文化资源的可获取性大大提升，从而到达更多民众的手中，加快实现公共数字文化服务的均等化进程。

此外，从公共数字文化资源配置的时间矢量和空间矢量来看，公共数字文化服务营销，正是依托于各类互联网技术及通信技术，建立起高效的营销渠道，以多样化的促销方式，突破时空的局限，将数字化、分布式的公共文化资源传递到世界上任何地方，从而实现资源的有效传递，缩短公共数字文化服务主体与用户之间的距离。

2.6　新公共服务理论

2.6.1　新公共服务理论的发展及内涵

新公共服务理论，是以美国著名的公共管理学家罗伯特·登哈特为代表的一批公共管理学者基于对新公共管理理论的反思，该理论特别针对作为新公共管理理论之精髓的企业家政府理论缺陷进行了批判，旨在改变公共行政

---

❶ 文化部发布《"十三五"时期公共数字文化建设规划》[EB/OL]．[2019-05-08]．http://www.ndcnc.gov.cn/zixun/xinwen/201709/t20170915_1356861.htm.

在治理系统所扮演的角色。新公共服务理论认为，公共管理者正从集中于控制官僚机构和提供服务，向在管理公共组织或执行公共政策时集中于承担为公民服务和向公民放权的职责。❶ 即公共管理者的重要作用并不体现在对社会的控制或驾驭上，而在于帮助公民表达和实现他们的共同利益。❷ 简而言之，作为一种新理论，新公共服务理论是建立在民主、责任和服务的基础上的，具体来说，主要包括以下几个方面的基本内容❸。

（1）政府的职能是服务而不是掌舵。新公共服务理论家认为，尽管过去政府在为社会"掌舵"方面扮演着重要的作用，但随着大部分重要的公共政策已演变为一系列复杂的因素相互作用过程的结果，如今政府的作用在于，与一些营利或非营利性的组织一起，为社会发展所面临的问题谋求解决办法，让其朝着新的方向发展。总的来说，政府应在公民表达并满足其公共利益的需求方面最大限度地提供"服务"。从实质上看，政府作为公共利益的主导者，其权力的核心价值在于权力的行使者与权力行使的客体之间在追求公共利益和个人私益中寻求一种关系的平衡。❹ 而在此过程中，政府必须重新定位自己在治理过程中的角色。换言之，政府的角色已从控制转变为协调等，如调停者、中介人或裁判员。

（2）公共利益是目标而非副产品。新公共服务理论认为，在建立社会远景目标的过程中，政府更多的是把人们集合在一种允许其就社会应该的发展方向的真诚对话环境中，而非仅委托给民选的政治领袖或政府，并确保这一过程完全符合公平、正义标准，在实质和程序上都要符合公共利益。❺ 因此，公共管理官员须克服在个人选择的驱使下寻找解决问题的方案，而应树立集体的、共享的观念，努力创造共享利益和共同责任。将这种理念贯彻在确立社会远景目标或发展方向的行为当中时，表现为尽可能广泛地开展公众对话

---

❶ 新公共服务理论 ［EB/OL］. ［2011-09-25］. http://wenku.baidu.com/view/5b2d48ed0975f46527d3e1bf.html.

❷ 珍妮特·V.登哈特，罗伯特·B.登哈特. 新公共服务——服务，而不是掌舵 ［M］. 丁煌，译. 北京：中国人民大学出版社，2004：75-79.

❸ 段溢波. 新公共服务理论：缘起、内涵及启迪 ［J］. 湖南财经高等专科学校学报，2009（2）：3-7.

❹ 张文松. 论公众共用物语境下政府角色的法律定位 ［J］. 江汉学术，2016，35（3）：20-27.

❺ 珍妮特·V.登哈特，罗伯特·B.登哈特. 新公共服务——服务，而不是掌舵 ［M］. 丁煌，译. 北京：中国人民大学出版社，2004：63-66.

和协商。此外，政府还有责任经由这些程序而产生的解决方案完全符合公正和公平的规范，确保公共利益被置于主导地位。

（3）为公民服务而不是为顾客服务。抛去新公共管理理论中的"企业家精神"，新公共服务理论认为，公务员不是对"顾客"的要求做出回应，而要集中精力与公民以及在公民之间建立起信任和合作的关系，即公共利益并非个人自我利益聚焦而成，它更应该是基于一种共同的价值观的集合。公务员对服务委托人和公民给予优先权，而支撑这种优先权的是高标准的表现和责任以及对服务质量的持续重视。

（4）责任并不简单。公务员作为政府服务人员，不仅需要关注市场，还需要关注宪法、法律、社群价值观、政治规范、职业标准以及公民利益等一系列因素。因此，这并不是一种简单的责任，它所涉及的范围广泛而复杂。复杂的外部控制网络对政府官员形成一系列的约束，使之必须坚持法律、道德和责任，在政策制定阶段就对公民负责，始终贯彻和遵守相关法律规范。该理论认为，只有这样，政府才能在真正意义上为公民提供公平、公正的服务，进而无阻碍地开展服务，充分体现政府对责任的重视。❶

（5）重视人而不只是重视生产率。在传统的公共管理理论及新公共管理理论中，人们往往通过生产力改进系统等视为设计管理系统的工具。但新公共服务理论认为，从长远来看，这种做法将可能因无法持续关注组织成员的价值和利益而失败。因此，如果要求公务员善待公民，那么公务员本身必须受到公共机构管理者的善待。管理者可鼓励组织中所有成员参与管理，以提高组织的质量和生产力。而高层领导则通过授权给整个组织中（自己的管理领域内）的个人而使自身变得完整。

2.6.2　新公共服务理论对公共数字文化服务营销的指导作用

公共数字文化服务是公共文化服务在现代信息技术环境下表现出的新形态，它也是公共服务的有效组成部分，因而它受新公共服务理论的指导。可以说，新公共服务理论为基于用户体验的公共数字文化服务营销提供了坚实的理论基础。

---

❶ 肖希明，曾粤亮. 新公共服务理论与公共数字文化服务资源整合［J］. 图书馆建设，2015（8）：38-43.

（1）新公共服务理论对政府的角色进行了重新定位——服务。对于政府来说，在公共数字文化服务营销实践过程中，最重要的是关注公众实际的数字文化服务需求，通过大量的资金投入、人员队伍建设等方式，来提升用户体验，并进一步满足公众对公共数字文化资源和服务的需求。而对于在实际工作中代表政府实施公共数字文化服务营销的服务人员来说，其主要的职责则是通过各种形式，帮助公众准确表达需求，与他们进行交流，保障公众在公共数字文化服务获取方面的共同利益。

（2）新公共服务理论对公共利益极其重视，指出公共利益是目标而非副产品。新公共服务理论认为，公民是政府这条船的拥有者，因而政府工作人员必须乐意倾听公民的心声，并且把公民的需要和价值放在第一位。同时，新公共服务理论指出，公共利益并非个人利益的聚集，而是一些公民认可的共同利益。同样，公共数字文化服务是一项为实现公民共享文化的共同利益的活动，政府应重视并把公众的文化需要和价值放在第一位，努力为公民实现共享数字文化的基本权益而奋斗。因此，政府的作用更多地体现在为人们创设文化创作和文化交流以及文化信息获取的环境，确保人们共同的文化利益处于主导地位。

（3）新公共服务理论指出，公共服务的消费者不仅仅是"顾客"，更重要的是"公民"。这种观点的提出使得政府将更多精力放在与公民以及在公民之间建立信任与合作关系上。在我国文化大发展大繁荣等发展理念的指导下，公共文化的发展不仅依赖于服务本身，而且更强调和谐文化创作氛围的建设，这需要政府的正确引导。另外，政府不仅应服务于直接的顾客，这些顾客是直接的服务消费者，但等待服务的人，那些没有积极寻求服务的人，也都是服务的消费者。公共数字文化服务营销也是基于这样的一种理念，将所有现实用户和潜在的用户作为营销对象，积极探索和研究现实用户与潜在用户的数字文化需求，力图将潜在用户转化为现实用户，并以用户喜好的服务方式和手段提供符合其实际需求的数字文化服务。

（4）承认责任并不简单。政府应为公民提供一种多数人都想要的服务或产品，而鉴于这种产品或服务的购买常常是通过税收付费而不具有自愿性，因此，政府所承担的特殊责任即它不仅要使其提供公民所需要的服务，更应使其直接的顾客满意。这种理念贯彻在公共数字文化服务营销中，即强调政府应承担起使公众对其提供的数字文化服务满意的责任，并以高效率的方式提供公众所需要的数字文化服务。

（5）重视人，而不是只重视生产率。新公共服务理论的这种价值观使得公共服务必须建立在一些特殊的动机基础之上，诸如忠诚、责任、公民权、公平、机会以及公正等这样的价值观。在公共数字文化建设过程中，政府和管理者应该通过使公共数字文化服务营销动机和价值成为组织身份和组织文化的一个重要组成部分，以鼓励这种动机和价值。同时，把公共数字文化服务营销人员当作伙伴来对待，增进他们的工作满足感，提高其生产与服务的积极性，以培养出一支具有奉献精神、团结协作、公平、公正、富有责任的专业人才队伍。

综上，7Ps 服务营销理论、用户体验理论、供求关系理论、系统论、信息资源配置理论及新公共文化服务理论等，为本书提供了坚实的理论基础。其中，7Ps 服务营销组合要素是本研究的基石和核心，用户体验理论为公共数字文化服务营销提供重要的方法论和目标导向，供求关系的层次性和均衡性特征是公共数字文化服务营销的起点，系统论则贯穿于公共数字文化服务营销的全过程中，其整体性、有序性等原则亦为构建完善的公共数字文化服务营销体系提供指导，信息资源配置是公共数字文化服务营销的实质所在，并内于化各类服务营销活动中。此外，新公共服务理论为政府在公共数字文化服务营销中提供理念及角色上的指导。

第3章

基于用户体验的公共数字文化
服务营销驱动力及维度

近年来，政府颁布了一系列法律法规及政策，积极推进公共数字文化建设并提升其效能。在此期间，需求导向和用户体验的理念得到广泛认同，各地也纷纷进行相关实践探索，为公共数字文化服务的用户体验研究奠定了基础。本章着重分析基于用户体验的公共数字文化服务营销的驱动力，从用户、平台、资源三个角度对其营销维度进行划分，以期明晰其动力机制和服务营销的重要方面，并为下一步的调研提供理论依据。

3.1 基于用户体验的公共数字文化服务营销驱动力

公共数字文化服务营销离不开来自内外部各种因素的推动，这些因素共同构成了其动力系统。从该动力系统的构成来看，主要包括用户需求、立法政策、新兴技术、机构合作与社会力量。

3.1.1 需求驱动：用户对公共数字文化服务需求的升级

公众对公共数字文化服务需求的升级是公共数字文化服务营销的根本动力。在生产力不断提高、人类物质财富不断增加、物质生活需求得到进一步满足的背景下，读书看报，观看电视、电影，欣赏文物、艺术品，参与文化活动等精神生活需求更加凸显。● 而技术的发展日益深刻地影响着人们的生产生活，数字技术、信息技术、网络技术为文化资源的广泛传播与获取提供了便捷条件。文化共享工程、数字农家书屋工程、城乡电子阅报屏等文化惠民

● 肖希明，唐义. 公共数字文化资源整合动力机制研究 [J]. 图书馆建设，2014（7）：1-5.

项目的实施，极大地便利了公众对公共数字文化服务的获取，公众对公共数字文化服务的需求日益增长、转变与升级，呈现出了一些新的特征。

（1）集成化与高效化。网络环境下，公众对数字文化服务的需求日趋显示出集成化与高效化的特征，过去单个文化机构提供的数字文化服务由于分散、无序，已经无法满足公众高效、便捷地获取文化信息的需求。公众迫切期望将公共图书馆、档案馆、博物馆、文化馆等不同系统的文化资源整合到一起，通过一个统一的门户网站"一站式"获取所需的大部分文化资源。

（2）多样化与个性化。在文化需求日益增长的背景下，公共数字文化服务的用户群体更加多元。一方面，公众获取文化信息的意愿普遍增强，使得公共数字文化服务用户的整体规模扩大，进而使用户需求表现出更加多样化的特征；另一方面，公众对公共数字文化供给内容与服务方式的要求更高，呈现出多元化和个性化的趋势。性别、年龄、城乡、区域、受教育程度、收入等不同的人群对公共数字文化服务有不同的需求。其需求内容广泛、类型多样，既有获取影视作品、戏曲小品、流行歌曲等文化信息满足休闲娱乐、增加人际交往的需求，又有获取新闻时政与教育培训知识，开阔眼界、提升自身技能的需求。公众自身的差异与需求的多样化决定了需求的个性化。这就要求公共数字文化服务提供主体从不同群体的需求特点出发，提供包括专题资源或专题数据库、个性化检索、个性化界面设置、个性化定制与推荐等个性化服务，提高服务的针对性和专业性，从而更好地满足公众的个性化文化需求。

（3）交互性与体验性。当前社交媒体、新媒体和移动智能终端广泛普及，体验经济持续发展，公众对公共数字文化服务的需求体现出交互性与体验性的特征。第一，公众不再满足于通过平台网站浏览查询文化信息、接收信息推送，而是希望参与文化资源与产品的创造、传播；第二，希望以自身喜爱与习惯的方式融入工作、生活环境中，为自身的生活、学习、工作、科研等带来实用价值；第三，希望与其他用户及时讨论分享，与其他用户相互配合共同完成体验式活动，与服务人员互动交流，使服务人员能及时了解并满足自身的需求；第四，希望提供舒适愉悦的虚拟与实体环境，在场景展示中激发思维和兴趣，如参加图书馆、博物馆等机构开展的基于情境的展览、游戏、竞赛、制作等体验性活动。因此，为取得良好的服务效果，使公众获得满意的服务体验，服务提供者需要从公众需求出发，融入体验元素，设计形式多样的体验活动，让公众在主动参与中激发对文化的兴趣，加深对文化的理解。

（4）高质量。公众获取公共数字文化服务的积极性日益高涨，也对公共数字文化服务的质量提出了更高要求。在资源方面，公众需要获取能满足其需求的专题资源、特色资源，并及时更新补充；在资源获取的渠道方面，公众希望能够通过自己熟悉的渠道获取资源，而对于年轻的公共数字文化用户群体而言，则更期望通过一些更新更快的渠道等获取自己需要的资源；在服务设施与环境方面，公众要求更友好的查询界面、更高的资源传输率、更快的响应速度；此外，高质量要求还体现在其要求服务人员具有相应的知识、技能以及积极友善的服务态度上。

然而，公共数字文化服务领域现有研究成果对公共数字文化服务需求与使用的调查显示，在资源建设方面，数字文化资源整合度低，表现为各单位各自建设网站发布自有资源，用户需要不断在各个单位网站之间跳转检索来寻找所需资源，易用性不高等❶；同时类型较少，内容不够丰富，更新速度较慢❷，数字资源建设针对性不强。在服务平台方面，一是网站的维护工作差，用户互动性不够，未能做到简洁易用，服务功能有限；二是服务比较单一，在公共数字文化服务站点难以找到需要的资源，检索易用性不足❸；三是平台运行速度慢、网页渲染连连出错，滥用"炫酷"的展现技术，缺乏人性化设计、系统维护与技术管理不足、链接失效、错误❶。此外，人才队伍建设也未能跟上网站建设的实际需求。可见当前的公共数字文化服务尚无法满足公众高效率、高质量、多样化、个性化的需求。用户需求的变化、升级给公共数字文化服务带来了新的挑战和契机，从而成为基于用户体验的公共数字文化服务营销的动力。

3.1.2　政策驱动：国家公共文化立法政策的支撑

2002 年，党的十六大报告提出政府职能的重新定位，将"公共服务"作

---

❶ 汝萌，李岱. 我国公共数字文化服务使用情况调查研究［J］. 图书馆建设，2017（2）：84-89.

❷ 戴艳清. 全国文化共享工程省级分中心网站建设现状的调查分析［J］. 图书馆理论与实践，2014（9）：25-29.

❸ 韦景竹，陈虹旵，唐川，等. 公共数字文化服务需求调查［J］. 图书馆论坛，2015（11）：41-46.

❶ 华方园，陈思任，余安琪. 国内公共数字文化服务平台建设现状调查分析［J］. 图书馆研究，2018（1）：37-45.

为政府的一项重要职能，之后我国政府又陆续出台了一系列促进公共服务发展的法律法规及政策，充分重视数字化对于促进文化资源快速传播与广泛共享的作用，为公共数字文化服务建设及其效能提升提供了宏观指导和有力支撑。

2006 年，我国发布第一个中央层面的文化建设中长期规划《国家"十一五"时期文化发展规划纲要》，指出"适应人民群众多方面、多层次、多样化的文化需求，拓宽服务领域，创新服务方式，提高服务质量"。此后我国公共文化建设进入快速发展阶段。至 2011 年，全国文化信息资源共享工程实施已满十年，文化数字化建设进展迅速。同年 10 月，党的第十七届中央委员会第六次全体会议提出"完善国家数字图书馆建设。整合有线电视网络，组建国家级广播电视网络公司。推进电信网、广电网、互联网三网融合，建设国家新媒体集成播控平台，创新业务形态，发挥各类信息网络设施的文化传播作用，实现互联互通、有序运行"。为加强公共数字文化建设，协调正在实施的若干全国性的公共数字文化工程，同年 11 月，文化部、财政部印发《进一步加强公共数字文化建设的指导意见》，这是我国第一个针对公共数字文化建设的专门政策，明确了公共数字文化建设的指导思想、建设原则和目标任务。在国家政策的推动下，各项设施网络逐步建立，但距基本建成的目标仍有差距。2015 年 1 月，中共中央办公厅、国务院办公厅印发《关于加快构建现代公共文化服务体系的意见》，包括统筹推进均衡发展、增强发展动力、加强产品和服务供给、推进公共文化服务与科技融合发展等内容，要求"提高资源供给能力，科学规划公共数字文化资源建设，建设分布式资源库群，鼓励各地整合中华优秀文化资源，开发特色数字文化产品"。加快构建现代公共文化服务体系仅依靠政府的力量是不够的，还需要社会主体多元化参与，以丰富供给内容与方式，解决政府失灵问题。同年，国务院办公厅转发文化部、财政部、新闻出版广电总局、体育总局《做好政府向社会力量购买公共文化服务工作的意见》，明确了购买服务的范围，要求"立足群众需求，创新购买方式"，这是政府首次以政策的形式支持公共文化领域引入市场机制，以提升服务效能。2017 年，文化部印发《"十三五"时期公共数字文化建设规划》，明确了六项重点任务，其中之一是"依托国家公共数字文化服务云平台，实现线上线下互动式服务模式广泛应用，菜单式、点单式服务实现普及，数字文化服务与群众文化需求有效对接"，以提升服务效能，保障文化权益。

2013 年，第十二届全国人大常委会成立后，我国政府开始加强文化领域的立法工作，并先后审议通过了《公共文化服务保障法》《公共图书馆法》等，见表 3-1。2014 年，第十二届全国人大常委会将《公共文化服务保障法》列入本届五年立法规划。2016 年 12 月 25 日，第十二届全国人大常委会第二十五次会议表决通过《公共文化服务保障法》，其中，第三十三条规定"国家统筹规划公共数字文化建设，构建标准统一、互联互通的公共数字文化服务网络，建设公共文化信息资源库，实现基层网络服务共建共享"。该法将公共数字文化服务点纳入公共文化设施范畴，要求根据不同地区不同人群的需求提供具有针对性的服务。在各类型的公共文化机构中，目前只有公共图书馆实现了六级全覆盖，建立该领域的专门性法律规范能够促进公共文化服务供给水平的大大提高。2017 年，第十二届全国人民代表大会常务委员会第三十次会议通过《公共图书馆法》，第四十条规定"国家构建标准统一、互联互通的公共图书馆数字服务网络，支持数字阅读产品开发和数字资源保存技术研究，推动公共图书馆利用数字化、网络化技术向社会公众提供便捷服务。政府设立的公共图书馆应当加强数字资源建设、配备相应的设施设备，建立线上线下相结合的文献信息共享平台，为社会公众提供优质服务"。要求公共图书馆应根据特殊群体的特点开展专门服务，要求听取读者意见，完善反馈机制。

通过对以上公共文化立法政策的梳理，可以发现关于公共数字文化服务效能提升的内容主要集中于以下方面：一是数字文化设施网络与资源的整合、互联。两部法律和多部政策中都有涉及，要求推进电信网、广电网、互联网三网融合，实现三大数字文化惠民工程的互联互通，提高整体服务能力，构建覆盖城乡、便捷高效的数字文化服务网；二是考虑公众需求的特点，针对不同人群的需求，提供多样化、个性化、针对性的服务，注重保障服务效果和质量；三是对基层的关注，强调基层政府文化职能的履行，加强基层公共文化设施的数字化和网络建设，满足基层群众获取文化信息和参与文化活动的需求；四是对社会参与、文化志愿服务的鼓励支持，将其作为政府提供服务的补充。可见，公共文化政策体系的建立与完善目标直指公共数字文化效能的提升，同时为基于用户体验的公共数字文化服务营销指明了方向。

表 3-1　相关立法政策中有关公共数字文化服务效能提升的内容

文件名称	出台时间	要点
党的十九大报告	2018 年	完善公共文化服务体系，深入实施文化惠民工程，丰富群众性文化活动。
公共图书馆法	2017 年	国家鼓励和支持发挥科技在公共图书馆建设、管理和服务中的作用，推动运用现代信息技术和传播技术，提高公共图书馆的服务效能。政府设立的公共图书馆应当加强数字资源建设、配备相应的设施设备，建立线上线下相结合的文献信息共享平台，为社会公众提供优质服务。
"十三五"时期公共数字文化建设规划	2017 年	公共数字文化服务效能显著提升。依托国家公共数字文化服务云平台，实现线上线下互动式服务模式广泛应用，菜单式、点单式服务实现普及，数字文化服务与群众文化需求有效对接，成为保障人民群众基本文化权益的重要方式。
公共文化服务保障法	2016 年	加强公共文化设施建设，完善公共文化服务体系，提高公共文化服务效能。地方各级人民政府应当加强基层公共文化设施的数字化和网络建设，提高数字化和网络服务能力。
国民经济与社会发展"十三五"规划纲要	2016 年	加快公共数字文化建设。加强文化产品、惠民服务与群众文化需求对接。
关于加快构建现代公共文化服务体系的意见	2015 年	提升公共文化服务效能。丰富优秀公共文化产品供给。提高资源供给能力，科学规划公共数字文化资源建设，建设分布式资源库群，鼓励各地整合中华优秀文化资源，开发特色数字文化产品。
做好政府向社会力量购买公共文化服务工作的意见	2015 年	立足群众需求，创新购买方式。以满足人民群众基本公共文化需求为目标，突出公共性和公益性，不断创新政府向社会力量购买公共文化服务模式，建立"自下而上、以需定供"的互动式、菜单式服务方式，推动公共文化服务供给与人民群众文化需求有效对接。
中共中央关于全面深化改革若干重大问题的决定	2013 年	建立公共文化服务体系建设协调机制，统筹服务设施网络建设，促进基本公共文化服务标准化、均等化。建立群众评价和反馈机制，推动文化惠民项目与群众文化需求有效对接。
"十二五"时期公共文化服务体系建设实施纲要	2013 年	在继续加强公共文化设施建设的同时，更加注重现代科学技术和信息手段应用，更加注重产品供给、服务能力、队伍建设、资源共享、制度标准建设，努力提高公共文化服务效能。
党的十八大报告	2012 年	加强重大公共文化工程和文化项目建设，完善公共文化服务体系，提高服务效能。

续表

文件名称	出台时间	要点
关于进一步加强公共数字文化建设的指导意见	2011 年	坚持需求主导、服务为先的原则，了解群众对公共数字文化的需求，建设丰富适用的数字资源，加强公共数字文化的惠民服务。加强统筹，协调发展，提升三大公共数字文化惠民工程的整体效能。
中共中央关于深化文化体制改革、推动社会主义文化大发展大繁荣若干重大问题的决定	2011 年	整合有线电视网络，组建国家级广播电视网络公司。推进电信网、广电网、互联网三网融合，建设国家新媒体集成播控平台，创新业务形态，发挥各类信息网络设施的文化传播作用，实现互联互通、有序运行。
2006—2020 年国家信息化发展战略	2006 年	加快文化信息资源整合，加强公益性文化信息基础设施建设，完善公共文化信息服务体系，将文化产品送到千家万户，丰富基层群众文化生活。
国家"十一五"时期文化发展规划纲要	2006 年	适应人民群众多方面、多层次、多样化的文化需求，拓宽服务领域，创新服务方式，提高服务质量。

3.1.3 技术驱动：新媒体环境与新技术的应用

在现代信息技术的支撑下，公共数字文化服务得以通过互联网、广播电视网等渠道广泛传播，公众利用电脑、手机、数字电视等电子终端设备即可方便快捷地获取文化资源。近年来，新媒体、云计算、大数据等新技术的发展更是推动了公共数字文化服务的实践创新，使得公共文化机构可以利用新技术优化文化服务产品，更好地提升用户体验。

随着互联网技术的发展和移动智能终端的普及，微信、微博、移动终端、互动式数字电视等新媒体开始得到广泛应用，新媒体以其及时性、交互性、个性化的特征，在公共数字文化服务领域得以广泛应用。如公共图书馆里设置的数字阅读器，可以将传统媒介如纸质报纸等传播的资源转换为数字形式，其超大的屏幕和高清显示为到馆用户提供全新的阅读空间和阅读体验。新媒体的应用为公共数字文化服务传播提供了超越时空的可能，使得公共数字文化资源在互联网中的传播途径更加多元、传播速度更为及时，公众使用新媒体可以随时随地获取文化资源、表达个人见解，与他人互动交流，弥补了传统公共文化服务中用户体验的不足。公共文化机构利用新媒体可以更好地开展服务营销，如不少的公共图书馆、博物馆等纷纷开通微信平台、微博平台，用于宣传、推广与展示公共数字文化服务，以提升其社会影响力；同时还利用新媒体发布最新的文化资讯与动态，提供资源导航与检索功能，开展新媒体服务活动，使服务方式更加泛在化、个性化，进而使公众的体验需求与满意度得到提升。新媒体的应用搭建了服务提供者与公众之间、公众与公众之间沟通交流的平台，使其可以实时互动与交流，有助于服务提供者快速准确地收集、了解公众的需求与反馈，并根据公众需求进行跟踪服务，提供定制化的文化信息推送服务，从而促进供需对接。

新技术发展为基于用户体验的公共数字文化服务营销提供了技术条件，如云计算、大数据、虚拟现实等技术的应用，能够识别用户需求，为公共数字文化服务提供的主体与客体之间搭建起资源输送的桥梁，实现营销的高效化。云计算具有超大规模、通用性、扩展性、按需服务等特征，为公共数字文化服务建设提供了一个的全新思路。利用云计算技术，可将分散在不同物理空间的公共数字文化资源集中起来，为分布在不同地理位置的用户提供更加便捷和精准的服务，解决区域间、区域内以及城乡失衡和公共数字文化资源跨区域跨部门的整合、集成、共享等问题，在服务理念、服务模式、服务内容、服务方式及服务手段等方面进行全方位全要素的创新❶。目前文化和旅游部全国公共文化发展中心已经建成了"国家公共文化云"，不少地方或建设了公共数字文化云平台，或实现地方公共文化机构服务平台与"国家公共文化云"平台的对接，提供基于云的公共数字文化服务，如"上海文化云""辽宁文化云"、文化共享工程太原支中心云服务模式等。大数据技术能够实时或离线采集、存储和关联分析数量巨大、来源分散、格式多样的数据，从中发现新知识、创造新价值、提升新能力，从而有助于洞察文化需求、精准靶向用户、扩大服务范围和提高服务质量等。❷ 在公共数字文化服务营销的过程中，可利用大数据技术分析资源数据、服务运行数据、用户数据、用户行为数据，将分析结果应用于信息系统，提供智能检索、个性化推荐与智慧服务，改善传统检索的相关性，通过分析用户兴趣，进行在线资源与活动的推送。❸

❶　李文川，陈承，胡雅文. 公共数字文化云资源服务创新研究 [J]. 图书馆，2017 (2)：18-23.

❷　刘炜，张奇，张喆昱. 大数据创新公共文化服务研究 [J]. 图书馆建设，2016 (3)：4-8, 12.

❸　嵇婷，吴政. 公共文化服务大数据的来源、采集与分析研究 [J]. 图书馆建设，2015 (11)：21-24.

3.1.4 主体驱动：公共文化机构合作及社会力量的加入

如果说需求的驱动、新技术的应用以及国家立法政策的支撑对基于用户体验的公共数字文化服务营销起到了推动作用，那么公共数字文化服务供给主体则对其发展程度与营销水平起到决定作用，因为供给主体负责公共数字文化产品与服务的生产、提供，直接决定着用户体验效果的好坏。随着国家出台政策鼓励社会力量参与公共文化服务，供给主体不再限于公共图书馆、博物馆、档案馆、美术馆、文化馆、群众艺术馆等公共文化机构，企业、社会团体、公民个人都是参与或供给主体。

一方面，面对用户期望改变、财政压力增加以及数字环境带来的新机遇，作为传统的也是最重要的供给主体——公共文化机构提供数字化服务以适应网络环境下公众信息获取方式的变化，通过改善它们的服务和项目，并更好地满足多样化用户的需求，是自身承担文化服务职能的需要❶。19世纪90年代开始，国外图书馆、档案馆、博物馆等机构开始通过设施共用、合作规划、合作举办展览、整合共享资源、共建网络平台等方式，推动数字文化遗产资源的整合与共享，实现不同机构间的数字服务融合。我国文化共享工程、数字图书馆推广工程及区域性数字服务项目实施过程中，开展各级公共图书馆、博物馆、文化馆、美术馆等机构的跨地区、跨部门、跨领域、跨系统的合作，建立管理与协调机制，使公共文化机构之间的联系日趋紧密，服务日趋融合。通过合作不仅有效整合了地理位置分散、来源、格式、类型各异的资源，实现了资源共建共享与高效利用，提高了服务效能，也成为创新服务方式、提升用户体验的新动力。

另一方面，我国过去的公共文化服务由政府作为唯一的供给主体，由于政府的资源与能力有限以及自上而下的供给方式，导致公共数字文化服务存在"政府失灵"问题，因此需要社会力量参与，形成政府、市场、其他组织与个人的多元主体供给机制❷。2015年1月，中共中央办公厅、国务院办公厅印发《关于加快构建现代公共文化服务体系的意见》，提出"吸引社会资本投入公共文化领域，建立健全政府向社会力量购买公共文化服务机制"。2015

---

❶ 郑燃. 公共图书馆博物馆数字文化服务融合策略研究 [J]. 图书馆研究与工作, 2017 (1)：34-37.

❷ 完颜邓邓. 公共数字文化服务中的社会合作研究 [J]. 图书与情报, 2016 (3)：55-60.

年5月，国务院办公厅转发文化部、财政部等部门制定的《关于做好政府向社会力量购买公共文化服务工作的意见》，列出了5大类共48项服务，明确了购买服务的范围，鼓励采用向社会购买、租赁、委托、特许经营、管理、捐助、投资等多种方式吸纳社会参与。国家级的公共数字文化工程、地方公共文化机构均已经开始探索实践与社会力量的合作。例如，国家数字文化网、数字图书馆推广工程在资源数字化加工外包、网站系统建设、服务宣传推广等业务上与社会力量开展合作；成都市建立"公共文化服务超市"，现场展示及交易公共文化服务项目和产品，在政府（采购方）、社会力量（采购对象提供方）、群众（受惠方）三者之间搭建一个高效、便捷、规范的采购服务平台。❶ 主体合作为公共数字文化服务营销注入了更多活力。通过广泛吸纳社会力量参与，引入专业化的组织和竞争机制，能够有效整合资源以丰富服务供给，创新服务营销的形式，并将公众点单、活动预约、参与评价引入服务营销的过程，促进服务质量和效率的提升，更好地回应公众需求，大大提高用户体验的满意度。

3.2 公共数字文化服务营销维度分析

公共数字文化服务营销的效果，可以分别从用户体验及服务供给两个角度加以考量。一方面，尽管目前在市场营销领域，存在生产导向、销售导向、产品导向及需求导向等多种营销模式，然而，生产导向、销售导向及产品导向等均未充分考虑顾客需求，无法达到良好的营销效果。因此，以用户体验为公共数字文化服务营销导向是当前最恰当的选择。另一方面，从服务供给方面考虑，公共数字文化资源，即产品是吸引用户的最为核心的要素。换言之，公共数字文化资源的内容及质量是提升用户体验及服务营销效果的根基，所谓"内容为王"即是这样的道理。而作为公共数字文化服务营销的主渠道，各类公共数字文化服务平台的作用也不容小觑。当前我国已有的各类公共数字文化服务平台，如网站、App、微信公众号等，不同的服务平台其服务对象存在区别，服务营销的效果亦有差异。

---

❶ 肖希明，完颜邓邓. 治理理论与公共数字文化服务的社会参与［J］. 图书馆论坛，2016（7）：18-23.

综上所述，用户、平台、资源是公共数字文化服务营销中最为重要的三个要素。现有的服务营销实践也多从这三个维度展开。

3.2.1 用户维度

公共数字文化服务营销的对象是用户，提供服务的过程即是与用户交互的过程，只有服务营销围绕用户进行，才能满足用户的体验需求。开展用户维度的服务营销，需要了解用户的需求和特征，据此制定有针对性的服务营销方式。

（1）基于用户需求的服务营销

第一，参与式营销。参与式营销即公众参与到公共数字文化服务的过程之中，包括参与供给决策、参与需求征询、参与管理、参与贡献资源与资金、参与志愿服务、参与质量评价和绩效评价等。公众参与有助于弥补政府资源与能力的不足，参与式营销有助于改进公共数字文化服务，促进供需有效对接，提升用户体验。国家发布的多个政策中已经明确表示支持公众参与公共文化服务，国家公共数字文化工程及地方公共文化机构正在探索建立公共数字文化服务的公众参与机制，开展公众参与式营销。例如，国家数字文化网网站提供预约点单、参与投票功能，公众可以给喜欢的栏目投票，可以选择感兴趣或喜欢的资源，提交结果后网站会及时更新公众点单的内容。国家公共文化云提供活动预约、服务点单功能，公众可以按照类型、地域、机构进行检索筛选感兴趣的内容，可以对感兴趣的活动进行预约报名。成都市文广新局研发了"文化e管家——成都市公共文化服务绩效管理平台"，其中，在服务对象的反馈数据方面，需要根据每一次活动的规模实施一定比例的问卷调查，群众现场用手机扫码填写问卷；在社会舆论评价数据方面，通过舆情监测系统，采集各类媒体的宣传推广数据，通过舆情分析来反映社会评价。❶

第二，推送式营销。推送式营销是根据用户需求特征，分析用户的兴趣、偏好与使用习惯，收集、组织、整合用户所需的数字文化资源，及时主动地推送给用户，实现公共数字文化服务的个性化与精准化。在新技术与新媒体发展的推动下，公共文化机构纷纷利用移动图书馆拓展精准推送服务、开通

---

❶ 四川成都：文化e管家破解公共文化监管难题［EB/OL］.［2018-12-25］. http://www.ndcnc.gov.cn/zthd/2017zt/ggwhfwbzf/news/201712/t20171220_1367860.htm.

微信公众号及时推送文化信息。例如，已在多地应用的"文化 e 管家"提供数字资源导航服务和推送服务，包括推送各类数字资源，同时提供详尽的数据挖掘和数据分析服务，能够实现基本信息查询、资源和服务使用情况统计，还可以根据对每位用户的兴趣、爱好、习惯及特点的分析，有针对性地主动推送服务。❶ 广东省立中山图书馆推出了手机图书馆，具备手机预约图书、图书存放位置呈现、预约主动推送等功能，还应用"珠江三角洲数字图书馆联盟"联合目录平台，提供在线查询和资源传递到桌面的服务。❷

第三，导向式营销。导向式营销是根据用户群体需求或公共文化机构的某一目的，有针对性地建设资源、举办活动，提供实现目标为导向的服务。例如，针对老年人、农民工等群体数字素养不高的问题，利用公共电子阅览室的场地和电脑、网络等设备，为他们免费开展电脑知识培训活动，使其具备利用电子设备上网获取公共数字文化服务的技能。印度贫困地区的孩子们接触计算机的机会较少、知识水平不高，渴望获取知识和计算机操作能力，"墙上之窗"项目针对这一群体的需求，为他们搭建起自由学习的窗口，使更多的孩子掌握计算机操作技能，自主快乐地学习。❸ 东莞的外来人口较多，根据这一情况，东莞采取线上线下相结合的形式开展形式多样的文化活动，组织实施"百场培训、千场演出、万场电影"进基层村（社区）、企业活动，丰富基层群众的文化生活，保障广大新莞人的文化权益。

（2）基于用户特征的服务营销

第一，年龄型营销。年龄型营销是根据不同的年龄阶段、考虑不同年龄阶段的需求差异开展的服务营销，属于常用的用户细分方式之一，是国内外公共文化机构应用较为普遍的一种文化服务营销方式。例如，南京图书馆少儿馆为 0~3、4~6、7~15 岁三个年龄段的儿童建设了少儿室，运用多种创意阅读载体，举办亲子共读、故事创作、手工涂鸦、多媒体欣赏、玩具体验等服务活动，使用 PAD、触摸大屏，通过视频、音频、多媒体动画等形式展示

❶　打造新型公益数字文化服务的新型连锁店 ［EB/OL］. ［2018-12-25］. http://www.ndcnc.gov.cn/zixun/yaowen/201302/t20130227_579427.htm.

❷　广东公共文化场馆推出文化惠民新举措 ［EB/OL］. ［2018-12-25］.］ http://www.ndcnc.gov.cn/zixun/xinwen/201301/t20130131_550175.htm.

❸　戴艳清, 孙颖博. 印度公共数字文化项目服务营销探析 ［J］. 图书馆建设, 2017（1）：67-72.

数字资源，以吸引少儿读者的注意力。❶ 南京博物馆非遗馆积极创新非遗传承保护方式，邀请非遗传承人和手工艺人现场教学，采取"讲座+体验"的形式，让每个年龄层的观众都能在活动中有所收获。还根据不同年龄人群的兴趣举办活动，例如，5 岁至 13 岁儿童——茶文化体验活动，8 岁至 15 岁——风筝体验，18 岁至 40 岁——雨花茶炒制体验，30 岁至 50 岁——香包制作。❷

第二，性别型营销。性别型营销是依据性别差异、针对不同性别人群的需求与特点开展的服务营销方式，尤其是面向女性的服务营销较为常见。广东省立中山图书馆在三八妇女节之际，为女性举办专场系列讲座——心理系列讲座主要教女性如何活出自信与美丽，健康系列讲座主要向女性介绍如何预防妇科疾病、生二孩等问题；妇女节当天举办"读者一日游"活动（女性读者专场）。安徽省芜湖市无为县的泥汊镇综合文化站联合镇妇联定期在各村居农家书屋提供优质服务，积极引导留守妇女在农闲或无事时到农家书屋读书看报、学习知识，要求各村居农家书屋、阅览室每周一至周日全天开放，并将其打造成农村留守妇女的"加油站"，让她们在农闲空余之时增加文化知识，提高工作和生活技能。❸

第三，地域型营销。我国地域辽阔，不同地域的人文地理情况、基础设施、文化发展差异较大，有必要根据不同地域的实际和当地居民的需求，开展地域型服务营销。我国各地已经探索了不同形式的地域型营销服务。例如，为解决内蒙古自治区很少有网络覆盖、近 1000 万逐水草而居的牧民几乎没有网络信息和相关知识获取途径的难题，文化共享工程内蒙古分中心结合当地人文地理环境实施"数字文化走进蒙古包"项目，利用互联网、无线网和 3G 网络，通过设备及资源流动的方式提供服务，广大基层农牧民可以使用智能手机、平板电脑、笔记本电脑等终端，获取不受时空制约、24 小时、免费、蒙汉双语的公共数字文化服务。❹ 海疆地理位置比较偏僻，交通不便，自然环境较恶劣，现代公共文化服务体系尚未覆盖这些地区。"海疆万里数字文化长

---

❶ 王兵. 南京图书馆云端学习与阅读服务新貌［J］. 新世纪图书馆，2018（3）：7-11.

❷ "活态传承" 别样精彩——江苏省南京博物院非遗馆创新发展纪实［EB/OL］.［2018-12-25］. http://www.ndcnc.gov.cn/zixun/xinwen/201807/t20180710_1388980.htm.

❸ 无为县泥汊镇农家妇女"农家书屋"读书忙［EB/OL］.［2018-12-25］. http://www.ahnw.gov.cn/nwkx/content/ec04dce6-76f1-4fb7-82d1-b7a7f5615d53.

❹ 齐迎春. 创新型数字文化服务模式探析——以"数字文化走进蒙古包"［J］. 图书馆研究与工作，2015（4）：37-40.

廊"项目，通过探索适合海疆的服务方式，服务于所驻海陆空军、海警、武警边防官兵和海疆地区的居民。❶

第四，兴趣型营销。兴趣型营销是公共文化服务机构开展某一主题的资源推送或服务活动，吸引对此感兴趣的群体，满足兴趣需求或激发兴趣，如戏曲欣赏、动漫资源、网络知识竞赛等。例如，2018 年，第二届全国花鼓戏优秀剧目展演由湖南省委宣传部、文化和旅游厅主办，共来自湘鄂豫皖等地的 12 家花鼓戏院团参演，通过 6 台大戏、10 台小戏的同台展演，呈现出不同流派花鼓艺术的魅力，吸引了广大戏迷前来观看。❷ 2015 年，红色历史动漫项目由文化部公共文化发展中心启动，共制作了 24 部红色历史动漫作品，采用青少年的视角，通过生动的人物形象和故事来展示党带领人民走过的光辉历程以及取得的辉煌成就，使青少年观众喜闻乐见，在愉悦的观赏中潜移默化地接受革命传统教育。❸ 广东省立中山图书馆在 2017 年暑假期间举办"小小足球迷'视界杯'知识竞赛——'知识视界'带你玩转足球"，吸引足球迷参加，观看与足球有关的视频后答题、发表评论。

3.2.2　平台维度

公共数字文化服务需要依托网络平台进行，网络平台是公共数字文化资源的展示渠道，也是公众获取公共数字文化资源与服务的重要途径。因此，公共数字文化服务营销需要不断完善平台的功能模块，以此拓展服务营销方式，还应考虑到平台的类型，依托不同类型的平台开展服务营销，以满足用户需求。

（1）基于平台功能的服务营销

第一，浏览检索型服务营销。公共数字文化资源具有复杂性、多样性及用户属性复杂等特点，这就要求公共数字文化服务网站具备多种浏览检索方

---

❶ 徐益波，王淑红，宫昌俊."海疆万里数字文化长廊"的服务对象、内容与方式 [J].图书馆论坛，2016（1）：15-18.

❷ 经典荟萃来湘聚——记第二届全国花鼓戏优秀剧目展演 [EB/OL].［2018-12-26］. http://www.ndcnc.gov.cn/zixun/yaowen/201811/t20181119_1397927.htm.

❸ 红色历史动漫：让孩子们更好地了解历史 [EB/OL].［2018-12-26］. https://news.artron.net/20160106/n807867.html.

式、多种字段限定检索功能、提供浏览检索相关服务与功能。❶ 完善浏览检索功能能够使平台更好地展示资源，满足用户快速了解和查找获取资源的需求，提升用户体验。国外数字文化服务网站的浏览检索功能较为完善。例如，用户在美国数字公共图书馆中搜索"莎士比亚"（Shakespeare），会有 3 种方式查看相关信息：第一种是内容相关性的方式，提供包括日期、语言、相关主题、文献地点等比普通搜索引擎更为详细的内容信息；第二种是按地理位置展示信息，包括关于莎士比亚的内容、展品和文献所在地；第三种是按时间线排列信息，内容分布清晰直观地排列在时间线上。❷ 加拿大国家图书档案馆"图书馆资源检索"页面的一般检索和高级检索均提供 7 个字段的检索，包括作者、标题、主题、注释、ISSN、ISBN、加拿大所有图书馆目录清单的编号；"档案馆资源检索"页面的一般检索提供的字段有资源类型（电影和录像、邮票和邮政材料、地图和制图材料、建筑和技术图纸等）、等级层次（卷宗、全宗、系列）等；高级检索提供的字段有档案文献编号、名称、标题、微缩胶卷卷号、文件号、卷/盒号等，并提供 3 个字段的布尔逻辑检索。这种根据资源特点、提供突出资源特征且实用性强的字段，便于用户获取更准确、更符合需求的检索结果。❸

第二，互动交流型服务营销。互动交流是 Web 2.0 环境下网络平台的重要功能之一，也是公共数字文化服务平台满足用户交流需求、改进和完善服务方式、提升用户体验的重要举措。由于用户在使用网站时，无法与后台服务人员有直接的语言交流，难免产生沟通障碍。但网站可以通过信息互动来接收用户反馈，维持用户关系。信息互动栏是"国家数字文化网"在导航栏目中专门设置的，是用户与服务人员之间沟通的桥梁，包括留言板、投稿方式介绍、在线调查（即近期文化热点话题的讨论）三方面内容，在收集用户反馈信息后进行不断地调整与再反馈，已成为网站的服务常态，大大提升了

---

❶ 完颜邓邓，肖希明. 公共数字文化资源整合网站浏览检索功能研究 [J]. 图书馆建设，2015（4）：61-65.

❷ 戴艳清，孙颖博. 美国大型公共数字文化项目服务营销探略 [J]. 图书馆论坛，2018（2）：135-140.

❸ 完颜邓邓，肖希明. 公共数字文化资源整合网站浏览检索功能研究 [J]. 图书馆建设，2015（4）：61-65.

用户在服务利用过程中的体验。❶ 美国国家文化遗产网络项目设立专门的服务社区供使用者发布意见或评论；佛罗里达档案馆、图书馆和博物馆材料出版项目也设立了"意见收集"栏，有针对性地改进服务质量，提升用户体验。❷ 英国"文化在线"项目的主页上及其各子项目的网页上都设有用户咨询服务的功能界面，方便用户提出建议或进行反馈，以便及时了解用户需求，并针对反馈意见进行服务补救和服务完善。❸

第三，多终端兼容功能服务营销。智能手机、平板电脑、电子阅读器等移动终端的广泛普及，改变了通过电脑这一单一终端访问平台的现状，公众对多终端访问的需求越来越迫切❹。提供多终端兼容功能，用户可以使用电脑、手机、电子阅读器、电视或机顶盒等各种终端设备访问公共数字文化服务平台，能够开拓服务渠道，提升用户在不同终端下的服务体验。目前，国内很多公共文化机构的平台都开发了多终端兼容功能。2009 年，国家图书馆通过"掌上国图"的品牌打包推出了移动服务，根据用户需求，采用合作共建、终端定制等模式，借助 WAP、短信、应用程序等技术手段，把图片、音视频、特藏图书等资源，以移动终端适用的格式展现给用户。❺ 安徽省数字农家书屋平台开发了 PC 端网站、移动端网站及安卓版 App、苹果版 App、微信订阅号等满足多种终端的阅读软件系统，支持 PC 在线浏览、手机 App、微信订阅号等多种阅读方式。❻

（2）基于平台类型的服务营销

第一，网站平台服务营销。网站平台服务营销是指公共文化机构通过互联网站这一平台发布新闻动态及活动资讯、展示资源与用户沟通等，开展服

---

❶ 戴艳清，王璐. "国家数字文化网"服务营销策略研究——基于 7Ps 营销理论视角［J］. 2018（3）：23-29.

❷ 戴艳清，孙颖博. 美国大型公共数字文化项目服务营销探略［J］. 图书馆论坛，2018（2）：135-140.

❸ 戴艳清，陶则宇. 英国公共数字文化服务营销及启示——以"文化在线"项目为例［J］. 图书与情报，2016（5）：76-80，75.

❹ 完颜邓邓. Web3.0 环境下的公共数字文化资源整合平台建设研究［J］. 图书馆学研究 2015（23）：20-25.

❺ 我国数字文化建设已初见成效［EB/OL］.［2018-12-26］. http://www.ndcnc.gov.cn/zixun/yao-wen/201301/t20130130_548499.htm.

❻ 关于开展数字农家书屋建设的通知［EB/OL］.［2018-12-26］. http://www.ahsnjsw.com/daily/dtl/7979.html.

务营销活动。网站信息服务具有及时性、高效性、便捷性等特点，用户通过互动功能模块、资源展示模块等播放站内视频、浏览站内文化资讯，实现与服务主体间的互动。在此过程中，用户体验和用户满意度无疑受到网站内容、功能的影响。❶ 目前，我国经济发达地区、市级以上的公共文化机构基本上都开通了网站，便于其开展服务营销活动，但中西部地区的基层公共文化机构网站开通率亟待提升。

第二，新媒体平台服务营销。随着微博、微信以及智能手机、平板电脑等移动设备的普及，公共文化机构纷纷建立了自己的 App 平台、微博账号、微信公众号，通过新媒体平台构建泛在服务体系。我国 31 个省级（不含港澳台）公共图书馆开通了 32 个微信公众号（浙江图书馆有服务号和订阅号两个账号），其中订阅号 17 个，服务号 15 个，提供资讯推送、延伸服务、个性化服务、自定义功能。❷ 国家数字文化网已提供了多样化的服务渠道，包括数字学习港安卓版和苹果版的 App、文化共享手机报等，并开通了官方微信和微博。美国数字公共图书馆开放 API 和 App 开发平台，为公众提供更多接触优质信息的渠道；AML 移动图书馆项目通过 Twitter 积极开拓移动市场，用户可接收直接推送到手机上的图书馆新闻动态的短信提示。❸ 通过新媒体平台开展服务营销活动，用户服务更加直接和具有针对性，用户更容易拥有获得感和满足感。

第三，云平台服务营销。云计算、虚拟化、面向服务技术等新兴技术的发展，催生了公共数字文化服务的新模式——公共数字文化云服务，云服务推动公共数字文化服务理念、服务模式、服务内容、服务方式及服务手段等方面进行全方位全要素的创新，能够实现面向用户、协同按需、智能个性。❹ 云平台服务由此成为一种重要的营销渠道。2017 年 11 月，国家公共文化云正式上线，统筹整合了国家数字文化网、数字图书馆推广工程、公共电子阅览室建设计划三大惠民工程，具有 7 项核心功能——服务点单、资源点播、共

---

❶ 戴艳清，王璐. "国家数字文化网"服务营销策略研究——基于 7Ps 营销理论视角 [J]. 国家图书馆学刊，2018，27（3）：23-29.

❷ 唐义，王丹雪. 国家数字文化网微信公众平台构建研究 [J]. 图书馆，2017（7）：102-107.

❸ 戴艳清，孙颖博. 美国大型公共数字文化项目服务营销探略 [J]. 图书馆论坛，2018（2）：135-140.

❹ 李文川，陈承，胡雅文. 公共数字文化云资源服务创新研究 [J]. 图书馆，2017（2）：18-23.

享直播、场馆导航、活动预约、大数据分析、特色应用，公众使用手机 App、微信、公共文化一体机、电脑等终端即可获取一站式公共数字文化服务。各地也在加强公共文化服务云平台建设，北京、上海、重庆、天津、安徽、河北、陕西、山西、山东等 20 多个省市已经陆续推出省、市或县级的公共文化云服务，其他一些地方也正在积极建设公共文化云平台。❶ 作为一种新型的公共数字文化服务平台，云平台服务营销效果有望进一步提升。

3.2.3　资源维度

公共数字文化资源是公共数字文化服务营销的产品和内容，亦是开展公共数字文化服务的前提和基础。由于资源有不同的类型、格式和服务形式，针对资源开展丰富多样的服务营销活动，才能为资源找到其合适的用户，满足特定人群的需求。

（1）基于资源类型的服务营销

第一，不同格式资源的服务营销。公共数字文化资源来自公共图书馆、档案馆、博物馆、文化馆等机构，内容丰富，种类多样，格式各异，包括图文、视频、音频等。针对不同格式的资源，采用不同的服务营销方式，有助于实现服务精准化和个性化，提升用户体验。许多公共文化服务机构分别对书籍、杂志、照片、电影、视频、录音等资源开展了营销服务。例如，以免费视频分享网站作为营销引擎可以构建公共文化服务网站资源和服务推广营销的新平台。上海青浦区图书馆以会员名义在优酷网站开设专门频道，共上传了 45 部影片，内容从交通指南、办证指南，到图书馆举办的各类活动录影、数据库使用培训等。其中影片《青浦图书馆自助借还书机》以动画方式进行知识讲解，这种生动活泼的形式比过去单调的文字说明更容易使用户领悟和接受图书馆的服务。❷ 顺德北滘图书馆为满足公众对"听书"这一阅读方式的需求，在数字阅读版块提供有声听书阅读服务，读者使用手机扫描二维码，可以免流量高速下载精品图书、听书等资源，实现移动阅读，同时在

---

❶　陈则谦，刘昱杉，聂曲晗. 我国公共文化云的服务内容与特征分析［J］. 图书馆，2018（8）：27-31.

❷　朱咫渝. 利用视频分享网站构建图书馆营销新平台［J］. 图书馆，2012（2）：108-110.

图书馆官方微信公众号设置听书功能，提供有声图书的收听。❶

第二，地方特色资源服务营销。地方特色资源是全国公共文化发展中心支持建设的一种重要资源类型，有利于丰富资源量，保护和传承地方优秀文化遗产。许多省、市等地方机构建设了地方特色文化资源数据库，并通过多种渠道进行展示和宣传，开展服务营销。例如，湖南省图书馆建设了《湖南地方戏剧资源库》，开设了自媒体微信官方公众号——"湖南地方戏剧网"，以微信为入口链接湖南地方戏剧网，为了解、利用湖南地方戏剧资源库提供了新通道，同时开展戏剧进校园、进社区活动，已为大学生和大、中、小学学校的音乐教师举办多场地方戏剧知识讲座培训或教学讲座培训。❷ 辽宁地方特色专题片主要是通过辽宁文化共享频道这一覆盖全省的广播电视终端直接推送服务，此外还利用辽宁文化共享网站、微信公众号、手机 App 等自主建设的宣传与服务平台，为特定人群提供数据库检索与专题片点播服务。❸ 美国记忆计划推出两大特色栏目，栏目内容可根据实际需要随时调整，为公众带去更多最新信息。如"林肯收藏库"在林肯纪念日前后推出，为公众提供有关林肯的各种史料，以便参考和掌握。"历史上的今天"则推出曾发生在历史上当日的一些重要历史事件，通过充分挖掘馆藏信息，使公众更深刻地了解美国的历史发展。❶

第三，特殊群体资源服务营销。国家数字文化网、数字图书馆推广工程及地方公共文化服务机构针对少年儿童、老年人、残疾人、农民工、农村留守人群、少数民族等特殊群体的需求，建设了一批数字资源，包括心声音频馆、残疾人数字图书馆、盲人数字图书馆、少儿数字图书馆、进城务工专题资源等，并开展了面向特定群体的服务营销。例如，山东省盲人数字图书馆"光明之家"引进和开发一批适用的盲人数字资源，通过送书上门、"一对一"结对帮扶、"保姆式"服务等方式和举办多种活动，最大限度满足盲人的

❶ 魏海燕，姚照丰. 数字时代"听书"视阈下图书馆阅读推广服务研究 [J]. 四川图书馆学报，2018（4）：57-60.

❷ 杨敏. 省级公共图书馆地方特色资源建设研究——以湖南地方戏剧资源库建设为例 [J]. 高校图书馆工作，2017，37（182）：52-54.

❸ 王芳. 论地方特色资源的建用结合与可持续发展——以辽宁省地方特色资源建设为例 [J]. 图书馆学刊，2017（4）：40-44.

❶ 戴艳清，孙颖博. 美国大型公共数字文化项目服务营销探略 [J]. 图书馆论坛，2018（2）：135-140.

阅读需求。东莞图书馆为外来人口建设了新莞人技能培训中心，重点以加工制造业所需求的行业技能，如机械加工、汽车维修、交通运输、工业设计、机电技术以及生活服务方面的教学视频为主，让用户体验数字化时代全新的学习方式，享受完全免费的最优资源。

（2）基于资源服务形式的营销

第一，展示型服务营销。展示型服务营销是将数字文化资源以一定形式展示于网络平台上，通过吸引用户观摩、参观展览等方式进行服务营销。例如，东莞图书馆建设了知识性数字展览资源库，由6大类400多个展览、30000多幅展板组成，其内容包含社会生活、建筑名胜、艺术收藏、自然地理、军事科技、历史人物等六大类别，用户登录数字展览平台即可在线观看展览。甘肃省博物馆为文物、展厅设置了二维码，5大主题展厅全部可以采用带有语音解说的网上三维动漫展示，提供手机语音导览服务和数字博物馆展示的方式，每个展厅有10余件重点文物可通过直接点击文物即弹出"图片+文字"的详细介绍，而铜奔马、鲵鱼纹彩陶瓶等10余件国宝级文物，则采用"图片+文字+声音"的形式进行全方位展示。❶

第二，授课型服务营销。授课型服务营销即通过在线讲座、在线课堂等，以讲课的方式进行服务营销。这种方式集资源与服务于一体，将录制的课程或讲座视频资源发布到网络平台，用户即可在线观看、学习。例如，国家图书馆的"在线讲座"以国图的馆藏为基础，邀请国内外著名专家学者莅馆开讲，面向公众推出精选的国图讲座视频资源。东莞图书馆网站的"市民学习中心"有"课程"和"公益课堂"模块，"课程"模块提供大学教育和职业教育的专业课程，包括农学、医学、哲学、文学、工程技术、经济管理等学科门类，用户可选择课程进行在线学习；"公益课堂"以馆内公共数字文化体验区内学习中心区域的数字教室、研讨室、演播室等空间为阵地，陆续开设了新概念英语、中英双语名著导读、摄影基础、粤语基础、信息素养、声光色影读经典等近20门课程。Educator Development Network（EDN）是南非教师教育信息化的缩影，积极利用全国优秀教师分组交流共享的机会，开发优秀教育资源供教师群体使用，在进行教师培训的过程中，采用远程学习的方

---

❶　甘肃省博物馆创新公共文化服务模式［EB/OL］.［2018-12-26］. http://www.ndcnc.gov.cn/zixun/xinwen/201305/t20130517_645924.htm.

式，利用光盘对教师进行培训，并支持开放学习原则、经验学习方式、行动学习及面对面的入门培训。

第三，竞赛游戏型服务营销。即通过开展网络知识竞赛、提供益智电子游戏等形式进行公共数字文化服务营销，增强服务的趣味性，集娱、教于一体。例如，首都图书馆专门针对 0~7 岁的幼儿读者开发了互动型数字阅读资源库，是一种把互动型有声故事和益智游戏结合起来的全新形式，在原汁原味的故事里，添加了互动环节、真人配音，每本书后还附有眼保健操、随堂练习题、益智电子小游戏等，形式丰富而精彩，其中中少绘本库包括 5 个子库——童话绘本库、益智绘本库、安全绘本库、情商绘本库、国学绘本库，每个绘本库下面还有细分的知识、故事、游戏等，让小读者在游戏中学习，在快乐中成长。❶ 印度"墙上之窗"教育项目在学习站设置游戏、视频，同时创立特色学习模块——"基于活动的学习"，孩子们可自行选择下载感兴趣的游戏或模拟活动，在游戏和活动过程中进行无意识的学习，这些举措迎合了孩子们乐于探索的兴趣特点，在活动中激发了其求知欲。❷

---

❶ 首图开通中少电子绘本库 ［EB/OL］. ［2018-12-26］. http://www.ndcnc.gov.cn/zixun/xinwen/201604/t20160406_1208005.htm.

❷ 戴艳清，孙颖博. 印度公共数字文化项目服务营销探析 ［J］. 图书馆建设，2017（1）：67-72.

第4章

基于用户体验的公共数字文化服务营销现状

为了使研究对象具有代表性，本书在一系列网络调查的基础上，最终分别在欧洲、美洲、亚洲及非洲各选取一个代表性国家，即英国、美国、印度及南非。旨在通过分析以上四国在公共数字文化服务营销方面的理念及实践举措，对比分析我国现状，为公共数字文化服务用户体验的提升及营销策略优化提供参考。

4.1 国外基于用户体验的公共数字文化服务营销现状

4.1.1 国外代表性公共数字文化服务项目简介[1][2][3]

从世界范围来看，各国公共数字文化项目的数量多寡不同，启动的时间早晚不一，但均开展了一些较具有影响力的文化惠民项目。本书在英国、美国、印度及南非各选取了两个较具有影响力的项目开展深入探讨。

（1）英国"文化在线"项目（Culture Online）

"文化在线"项目启动于2002年，由英国政府主办，旨在有机融合数字化技术与文化资源[4]，同时为公众提供平台和机会以充分发展其文化艺术才能，进而促进终身学习，提高社会凝聚力；该项目利用数字技术促成创新性

---

[1] 陶则宇. 英国公共数字文化服务营销研究 [D]. 湘潭：湘潭大学，2018：13-16.

[2] 戴艳清，孙颖博. 美国大型公共数字文化项目服务营销探略 [J]. 图书馆论坛，2018（2）：135-141.

[3] 戴艳清，孙颖博. 印度公共数字文化项目服务营销探析 [J]. 图书馆建设，2017（1）：67-72.

[4] 邵燕，石慧. 国外公益性数字文化建设实践解析及对我国建设的启示 [J]. 图书馆理论与实践，2014（5）：6-7.

项目，扩展新技术和构建 IT 技能，以促进对国家文化遗产的开发与利用。❶在项目发展过程中，"文化在线"致力于建立一座数字学习和文化发展的桥梁，通过其网站的发展和推广计划的实施，参与人数已超过 1550 万。❷该项目一方面与其他机构组织合作，通过技术革新等满足用户需求，吸引更广泛的受众群体参与和加入。另一方面，通过建立大规模的公众参与网站，允许用户上传自己的艺术作品等，使得"文化在线"项目内容得以充盈和丰富。总体来说，英国"文化在线"项目包括 20 个子项目，其中包括 ArtisanCam、Film Street、My Art Space、Icons 等，每个项目宗旨不同，特点各异。❸本书主要选取工匠营（ArtisanCam）、电影街（Film Street）、我的艺术空间（My Art Space）三个子项目进行网络调研，并分析其服务营销举措和特征。

（2）英国国家档案馆"信息公开"项目（Archives Reveal）

英国国家档案馆"信息公开"项目基于英国信息法制建设而建立，按照英国《信息自由法》的要求而编制，旨在满足用户对档案信息便捷获取的需求。该项目主要包括 7 大类信息：机构职能与结构、档案法规定与指引、地理位置和联络方式等；财政信息、采购、合约和财政审计；机构战略和计划、年度报告、绩效指标、审计、检查和评论；决策过程、相关记录以及高级会议的报告、论文及总结；机构相关政策法规、档案馆藏公开的方式、服务内容及标准等；档案局公开的目录与登记表；机构提供的各类具体服务。❹

（3）美国"数字公共图书馆"（Digital Public Library of America，DPLA）项目

该项目规划时间较晚，始于 2010 年 10 月在剑桥大学举办的一次会议，但经过几年的发展，已具有相当大的影响力。项目倡议来自图书馆界、基金会、学术界和技术机构的 40 名代表，他们认为应通过共同努力，利用图书馆、档案馆和博物馆创建"一个开放性、分布式在线网络文化资源"❺。经过

---

❶ 戴艳清，陶则宇. 英国公共数字文化服务营销及启示——以"文化在线"项目为例 [J]. 图书与情报，2016（5）：75-80.

❷ Graham Walton. Theory, research, and practice in library management 5：branding [J]. library Management, 2008, 34（3）：236-253.

❸ 戴艳清，陶则宇. 英国公共数字文化服务营销及启示——以"文化在线"项目为例 [J]. 图书与情报，2016（5）：75-80.

❹ Archives Reveal [EB/OL]. [2019-01-12]. http://www.nationalarchives.gov.uk/.

❺ DPLA [OL]. [2019-01-02]. http://dp.la/.

多方努力，数字公共图书馆于 2013 年 4 月 19 日正式上线，其总体目标是：在能提供公共使用的上千家私人或者公共档案馆、图书馆、博物馆、艺术画廊之间，建立起庞大的资源网络，在经过一定的筛选后，将优质资源内容免费对学生、教师、研究人员和社会公众开放。2015 年数字公共图书馆战略规划中指明，其未来三年的首要任务是要在全美范围内集成服务网络，让资源内容、资源类型和资源主题得到适当呈现。❶❷

（4）"美国记忆"计划（American Memory）

与美国"数字公共图书馆"项目相比，"美国记忆"计划的启动要早 20年。其最初的设想是将国会图书馆一些珍贵的有关国家历史的文件、照片、视频、音频等转化为数字化形式永久保存。❸ 同时，该项目作为一个探究性的研究项目得到美国国会图书馆的资助，因而除数字化保存的任务外，已数字化的资源还会通过网络向国会、学生、教育者以及国内外的公众开放。该项目受到大范围美国民众的欢迎，因而当前仍在不断增加在线的数字化内容，力争为大众建立一个可以全面展示美国历史和创造力的收藏体系。

（5）印度"墙上之窗"教育项目（Hole-in-the-Wall Education Project）

印度是世界第二人口大国，其大部分的人口仍直接或间接依靠农业维生，因而，农民和农村问题一直以来是印度政府工作的重中之重。随着互联网技术的发展与普及，印度在农村或贫困地区信息化建设及公共数字文化建设等领域进行了不少有益的尝试，给农村地区和农民生活带来了显著的变化。1982 年，印度国家信息学院（National Institute of Information Technology，NIIT）首席计算机专家 Sugata Mitra 博士产生了通过电脑促进孩子无监督学习的想法。不过，真正将该想法付诸实施则是在 1999 年，一台首次供人们自由使用的联网计算机被放置在新德里贫民窟，受到贫民窟居民尤其是孩子们的欢迎。这也成为"墙上之窗"项目正式实施的标志。随后，依托该项目成立了"墙上之窗"教育股份有限公司，该公司通过与一些公益性组织合作，为贫困地区的人们提供教育、培训、软件解决方案。其开创的微创教育方法使农村地区和农村孩子受益。2013 年，NIIT 提出扩大窗口规模，在印度建立起

---

❶ 美国数字公共图书馆（DPLA）2015—2017 年战略规划［J］. 国家图书馆学刊，2015（3）.

❷ 唐文玉. 美国记忆计划（AMMEN）［J］. 数字图书馆论坛，2005（3）：49-51.

❸ 美国国会图书馆［OL］.［2019-01-12］. http：//www.loc.gov.

100 多个学习站。[1]

（6）"数字印度"计划（Digital India Programme）

该项目是印度政府投资 1 130 000 亿卢比打造的一项雄心勃勃的计划，于 2015 年 7 月 1 日正式在首都新德里启动。该项目虽然启动时间较晚，但其目标十分宏大，旨在通过为每一位公民，尤其是贫困人群和无法接触网络的群体提供在线基础设施和互联网连接，最终塑造一个数字授权社会和知识经济时代。[2]

（7）南非"数字门"项目（Digital Doorway-Enriching your mind）

南非公共数字文化发展起步较晚，直到 20 世纪末期才逐渐步入正轨，有了较大程度的发展。作为非洲第一大经济实体，南非在 20 世纪 90 年代末开始实施"非洲复兴"的战略设想。"数字门"项目由南非科技部和 CSIR Meraka 研究所联合开发并共同推出，全称为"数字之门——充实你的大脑"（Digital Doorway-Enriching your mind）计划[3]，旨在让农村和偏远地区的人们，特别是儿童能够自由访问计算机设备及相关软件，帮助人们自学计算机知识和信息技能，为他们提供有关健康、教育和其他方面的信息，使农村和贫困地区的孩子在家门口就可以使用计算机，并通过计算机学习科学文化知识，提高信息能力，[4]推动南非公共数字文化传播与共享。

（8）南非"数字鼓"项目（Digital Drums）

南非的"数字鼓"项目是对南非"数字门"项目的创新与完善。"数字鼓"是一套以太阳能供电、独立的计算机系统，其硬件包括两个焊接在一起的普通坚固油桶、耐用键盘、太阳能板以及低耗电的平板电脑。而在软件方面，"数字鼓"以"数字门"为基础，从"数字门"标准套件中选取内容安装，并在两个工作站中运行。人们可通过"数字鼓"自学计算机知识和信息技能，获取有关健康、教育和其他方面的信息。而"数字鼓"也被《时代》杂志评为 2011 年 50 大发明之一。[5] 在"数字门"基础上实施的"数字鼓"

---

[1] Hole-in-the-Wall Education Project [EB/OL]. [2019-01-13]. http://www.hole-in-the-wall.com/index.html.

[2] Digital India [EB/OL]. [2019-01-13]. http://www.cmai.asia/digitalindia/.

[3] 苏超. "文化共享工程"可持续发展研究 [D]. 天津：南开大学，2014：202-203.

[4] 刘璇，徐珊，王萱. 国际视野下的"共享工程" [J] 图书馆建设，2008（2）：20-21.

[5] 中国科技网. 从"数字门"到"数字鼓"——南非实用发明助推信息技术普及 [J]. 黑龙江科技信息，2012（16）：10-11.

项目对南非公共数字文化传播与普及起到了至关重要的作用。

4.1.2　国外基于用户体验的公共数字文化服务营销举措及特征❶❷❸❹

国外公共数字文化项目的服务营销措施多样，取得了良好的营销效果。其主要有以下几个方面。

（1）丰富资源类型，提升产品质量

在数字信息环境下，丰富资源种类无疑是吸引用户"眼球"的重要方式之一。英、美等国在开展公共数字文化服务的过程中，将资源建设工作作为重点。以"美国记忆"计划为例，其展品数量十分庞大，类型多样。展品包括900多万件的收藏，如文件、胶片、照片等，其中还包含一些重要的个人收藏品。从收藏类型来看，包括手稿、相片、海报、地图、书籍、乐谱、音视频等各类型数字资源，这些藏品具体地又分为环境保护、政策法律、移民扩张、美国土著历史、音乐和艺术、文学和宗教等内容。在访问资源时，用户可自由选择年代、类型、主题、地点等四大浏览口，每个浏览口下的同一资源内容是相同的。提供不同浏览口主要是为了用户从多角度浏览，选择与其使用偏好或使用习惯相适应的浏览方式。当然，同一资源的展现形式有所区别，主要是由于数据库从不同角度对同一资源进行了重新排列组合。丰富的资源其来源也十分广泛。如"美国记忆"计划的资源一部分来自国会图书馆和其他机构的收藏，另一部分则来自历史事件、社会大众所产生的各种思想等，其组合在一起，形成了关于美国历史和创造力的较为全面的数字化资源。

在"数字印度"推行期间，印度政府推出数字锁和数字证书服务。数字锁主要用于网上储蓄，设置私人储物柜，存放隐私信息，包括重要证书及身份记录等，要读取相关信息，需要使用相应的数字锁。这种举措有效地保障了个人财产安全。而数字证书则应用于养老金数据的上传过程中，其最终目

---

❶ 戴艳清，孙颖博. 美国大型公共数字文化项目服务营销探略 [J]. 图书馆论坛，2018（2）：135-141.

❷ 陶则宇. 英国公共数字文化服务营销研究 [D]. 湘潭：湘潭大学，2018：13-17.

❸ 戴艳清，孙颖博. 印度公共数字文化项目服务营销探析 [J]. 图书馆建设，2017（1）：67-72.

❹ 戴艳清，陶则宇. 英国公共数字文化服务营销及启示——以"文化在线"项目为例 [J]. 图书与情报，2016（5）：75-80.

的是形成在线养老金支付机构。

（2）细分用户群体，优化用户体验

英国"文化在线"项目在优化用户体验方面的举措别具一格。以"电影街"子项目为例，其主要通过为用户提供安全的信息获取环境而获得了用户的青睐。具体表现为，一方面，该网站全体员工的工作都在犯罪记录局（CRB）的监督检查范围之内；另一方面，该网站上所有提交的内容都需要经过专门团队的手动检查才能获得发布权限，其内容包括用户创作的电影和商业电影预告。这样做的目的不仅在于保障网站作品版权，还在于增强其服务的可靠性，使用户在实践操作中更加放心。❶ 通过以上举措，"电影街"子项目大大地提升了用户忠诚度，口碑营销收效斐然。另如"我的艺术空间"子项目，通过博物馆、画廊、动物园、植物园等不同的艺术展示主体，积极引导学生进行艺术学习与创作。其提升用户体验的措施主要是对用户的研究与学习进行十分周详的安排，如在网站上提供每周具体将要进行的研讨活动，并预告下月将要进行的计划。此举帮助学生将艺术的现实世界与他们的自主学习世界彼此相连，进一步增强了用户黏性。❷

印度"墙上之窗"项目具有直接面向受众群体的特点，通过基础设施建设和网络资源提供，大胆开展体验式营销。所谓体验式营销，就是经营者通过设计，让消费者通过一系列的活动、情景、事件等产生深刻印象的过程。❸它的两个显著特点是：面向用户需求，注重情境设置。"信息亭"的设置事实上相当于一种网络资源获取的情境，在该情境中，用户可以忘却自我，通过电脑这个终端设备获取所需资源，从而满足用户日益增长的信息需求及情感需求。以该项目的两大用户群体而言，村民们可以使用学习站进行互动游戏、观看视频、浏览信息、查找有关的职业技能，扩大知识面等；而对于农村孩子来说，一方面，学习站设立的"基于活动的学习"特色模块可以供他们进行自由探索，这种活动超越了一般的课堂，成为他们快乐获取知识的来源；另一方面，学生在学习站的学习往往无成年人监管，这种情境和氛围使他们更加乐于使用学习站进行自主学习。此外，学生还可以从学习站获得与日常

❶❷ 戴艳清，陶则宇. 英国公共数字文化服务营销及启示——以"文化在线"项目为例［J］.图书与情报，2016（5）：75-80.

❸ 体验式营销［EB/OL］.［2019-01-14］. http://baike.so.com/doc/411562-435899.html.

生活有关的任务，如编制数据、准备相关报告等，当地社区将直接审核并对合格报告加以应用，增加学生的成就感。在该学习站中，老师的定期总结和优秀的学习报告等资源会定期更新和补充，供学生获取，从而提高学生的整体学习动力和积极性。

（3）综合利用各种信息技术及平台，丰富营销渠道

广泛的营销渠道可以拓宽受众面，为公共数字文化资源传播搭建桥梁。英国"文化在线"通过设立网站，使用户不但无须直接人际互动就可以了解和学习文化艺术及其创作过程，甚至还能亲自参与到文化艺术的创作过程中。一些子项目通过开设手机客户端来提供服务，如"我的艺术空间"通过建立手机客户端 OOKL App，使用户可以凭借该客户端的指引，进入到真实存在的博物馆、画廊之类的现场进行学习和创作。此外，该客户端还能够帮助用户发掘世界各地有趣的景点、画廊、展览馆，甚至包括发生在世界各地的趣事，让用户能够随时随地进行学习及体验文化艺术带来的乐趣。

美国"数字公共图书馆"项目擅长充分利用门户网站展示优质资源，主要表现在：其一，其门户网站提供了五种路径来检索网站中的资源，包括普通检索（Basic Search）、时间检索（By Date）、地点检索（By Place）、展览检索（By Exhibitions）和 App 检索（By App library）；其二，检索到的资源可以多维度呈现在用户面前，如通过关键词检索"莎士比亚"（Shakespeare），用户可以从三个维度来查看关于莎士比亚的图书馆信息：①内容相关。检索结果的左边栏目设计展示与检索主题相关的更为详细的内容信息，包括日期、语言、形式结构、文献的地点以及相关主题等。②地理位置相关。即关于莎士比亚的信息内容数量，分布在哪些展品以及美国的哪些区域等。③时间相关。将与检索结果相关的内容按照数量分布排列在时间轴上，十分清晰。

（4）开展品牌活动促销，推动用户口碑宣传

服务促销的形式十分多样，其中以品牌建设最为有效。因为品牌一旦塑造成功，就能激发顾客的消费欲望，并因此形成强大的口碑营销态势。英国"文化在线"项目采取的促销形式即以个性化服务推动形成品牌活动的形成，进而推动用户的口碑宣传。比如，"我的艺术空间"将广大的社会民众作为艺术创作主体，鼓励年轻人积极创作艺术作品，给予其管理自己虚拟画廊的权限，构建关于个人故事的展览；同时探索多样化的渠道，使用户与家人、朋

友和公众分享他们自身的故事。❶ 当然，该项目还涵盖了编织、绘画、陶瓷、雕塑及展览和丝网印刷等多种艺术主题类型用于满足用户的多元化需求，进一步推动用户口碑传播。

美国"数字公共图书馆"项目的品牌活动亦十分丰富，最有代表性的有：第一，社区代表项目（社区代表即项目志愿者的正式称谓）。其社区代表通过参与在图书馆、博物馆、档案馆、企业、科研机构和高校中开展的一系列公益活动，在内容和技术方面开发了许多实用的资源❷，这些资源一方面向项目总部提供，以帮助其更好地制订规划，另一方面则可面向社会大众提供及免费获取；第二，编程马拉松活动。由员工和社区代表合作举办，该活动主要目标是开发用于数据收集和处理的新型软件；第三，项目集会。集会从2015年开始在全美各地巡回举办，主要目的在于协助各地区展示当地特色资源。❸集会主要面向社区会员（包括图书馆员、档案管理员、馆长及文化遗产教授）、公众、教育工作者、学生以及各类对该项目感兴趣的人士，为大家提供交换知识和想法的空间；第四，邀请图书馆、博物馆、档案馆的专家学者共同探讨项目创新社区的发展趋势。

（5）广泛开展合作，实施嵌入式营销

美国"数字公共图书馆"项目一方面与公共图书馆开展广泛合作，通过创办多间公共图书馆员工作间，用于研发可以广泛使用的数字培训课程；另一方面则被自幼儿园起直至大学的教师采纳，嵌入课堂教学中，形成了良好的营销态势。

英国"文化在线"项目在实施过程中采取合伙战略，选择与公众参与度较高的网站或机构进行合作，比如，"我的艺术空间"就是与专门从事移动技术研究的机构——The Sea 进行合作，来完善服务体系，革新技术，以提供完备的服务。再比如，用户可以通过"电影街"官网及链接网站参与制作与学习。如"Culture Street"就是该网站进行合作补充的网站，网站上不仅有对视频制作的一些补充，还涉及许多文艺展览的相关信息，使用户在浏览和参与的过程中学到更多的知识。❶而英国"文化在线"与博物馆和剧院的合作，将有价值的展览和演出进行网络化传播，提高人们对各类文化活动参与的及时

---

❶❶ 戴艳清，陶则宇. 英国公共数字文化服务营销及启示——以"文化在线"项目为例［J］. 图书与情报，2016（5）：75–80.

❷❸ 黄文浩. 美国数字公共图书馆项目研究及启示［J］. 河北科技图苑，2016（3）：3–7.

性和资源获取的便捷性的同时，也降低了博物馆和剧院的制作成本，进而提高了文艺资源的利用效率。

（6）贯彻服务营销理念，细化过程管理

英国"文化在线"项目之子项目——"我的艺术空间"始终注重通过不同的艺术展示主体，如博物馆、画廊等，对学生艺术学习与创作的过程给予积极引导。此外，该项目还十分关注用户研究与学习时间的安排，其主要方式是在网站上明确提供每周具体将要进行的研讨活动安排表，并进行下月活动计划预告。这些详细的安排有利于引导用户持续学习的过程，进一步帮助其将艺术的现实世界与他们的自主学习世界彼此相连，持续激发用户对艺术的认知与学习兴趣，增强用户黏性。❶

在南非"数字门"项目实施过程中，政府等服务主体因探知到用户新的需求及问题，适时展开了"数字鼓"项目；南非教育信息化的"三步走"划分也是在过程管理与需求探知的情况下适时产生的。过程管理为项目开展添加了更富吸引力的元素。

（7）借助有形要素进行服务展示，吸引用户参与

英国公共数字文化服务项目擅长于借助丰富多样的资源展现形式吸引用户。如"文化在线"就特别注重服务提供的有形性和移情性，为鼓励年轻人去探索和获取文化艺术作品，其子项目"我的艺术空间"的用户一方面可以建立和管理属于他们自己的虚拟美术馆和虚拟画廊，另一方面还可以通过个人故事展览与家人、朋友和公众分享❷。

印度"墙上之窗"项目虽然以小小信息亭的形式开展服务工作，但依托于信息亭的计算机及互联网设备开创了数字信息服务有形展示的新模式。在"墙上之窗"所提供的客户端中，村民们可以通过网络与外界进行有意义的对话，获取解决实际生存问题的信息。对于孩子们而言，为数不多的电脑游戏软件使他们可以一起玩耍，接触新鲜事物。对于学生群体而言，不断更新的学习经验和教学视频等更像一块共享黑板，他们可以共同使用，表达自己的想法，探讨新的问题。

（8）注重专业营销人员培训

美国公共数字文化项目历来十分重视高素质专业人才的吸纳和培养，拓

---

❶❷　戴艳清，陶则宇. 英国公共数字文化服务营销及启示——以"文化在线"项目为例［J］. 图书与情报，2016（5）：75-80.

展其专业实践技能，以美国"数字公共图书馆"项目为例，项目工作人员一方面联合社区团体，充分利用其在数字图书馆和博物馆创新知识库的知识和经验来为图书馆、档案馆、博物馆的专家、研究人员及相关爱好者提供培训。另一方面，又反过来邀请以上人员共同探讨创新社区的发展路线。此外，如"美国记忆"计划邀请图书馆方面的专家为项目提供在线检索帮助服务，包括FAQ、表单咨询、网上实时咨询服务等，此举大大提升了用户体验，增强了用户黏性。

4.2 我国基于用户体验的公共数字文化服务营销现状❶

4.2.1 我国公共数字文化项目简介

（1）全国文化信息资源共享工程

全国文化信息资源共享工程（以下简称"共享工程"）是我国首个由国家政府主导实施的大型公共文化服务项目。目前，共享工程服务的主要阵地为"国家数字文化网"（http://www.ndcnc.gov.cn/），它是共享工程的综合性公共数字文化新媒体服务平台。网站包含资源服务、新闻资讯、专题活动、工作平台4大版块，32个频道页和21个专栏，集中体现了共享工程基层教育、文化传播和信息服务等一系列功能。❷ 同时，针对当前公共数字文化平台重复建设、资源不能充分聚拢、服务不能共享、功能不够完善等突出问题，文化部通过云技术针对基层人民群众的现状与公共文化需求，组织开展了"国家公共文化云"的建设工作，并于2017年11月29日正式开通。❸ 国家公共文化云以文化共享工程现有六级服务网络和国家公共文化数字支撑平台为基础，平台包括国家公共文化云网站（http://www.culturedc.cn/）、微信公众号和移动客户端，突出手机端服务的功能定制，具有共享直播、资源点播、活动预约、场馆导航、服务点单、特色应用、大数据分析七项核心功能，可

---

❶ 孙颖博. 中美大型公共数字文化项目服务营销比较研究［D］. 湘潭：湘潭大学，2018：12-15.

❷ 国家数字文化网［EB/OL］.［2019-07-01］. http://www.ndcnc.gov.cn/.

❸ 国家公共文化云正式开通［EB/OL］.［2019-07-01］. http://culture.people.com.cn/n1/2017/1130/c1013-29675970.html.

以通过电脑、手机、微信、公共文化一体机等终端获取，是一站式、集成式的数字公共文化服务平台。换言之，基层人民群众可通过访问国家公共文化云网站、手机 App、微信公众号，享受来自全国文化馆、图书馆、博物馆、美术馆、基层文化中心等场所的线上服务。

（2）公共电子阅览室建设计划

"公共电子阅览室建设计划"启动于"十二五"期间。该计划的主要服务对象是未成年人、老年人以及进城务工团体等弱势群体，依托于共享工程和国家数字图书馆网络数据库内的资源，旨在建立起覆盖城乡基层的公共电子阅览室，其主要特色是内容可靠、环境绿色、管理标准。❶ 公共电子阅览室建设计划建立之初，主要是采取试点建设的模式，选取北京、天津、上海、山东、安徽、浙江、广东、辽宁、陕西9个省市开展试点。❷ 试点省市的相关工作开展至今，取得了相对显著的成果，因此本书主要针对已开展试点工作的9个省市开展调研，分析其服务营销举措及特征。

4.2.2　我国基于用户体验的公共数字文化服务营销实践举措及特征

2017 年 6 月 10 日，课题组对文化部全国公共文化发展中心（以下简称"发展中心"）的部分工作人员进行了访谈，访谈紧密围绕"共享工程（国家数字文化网）服务营销的现状与建议"议题而展开，内容综合 7Ps 服务营销理论和实际因素，按照产品、价格、渠道、促销、人、过程六个部分设置相关问题（另附加两个开放式问题），具体内容见本书附录1。

国家数字文化网集"权威信息发布、特色资源推送、业界交流共建"等功能于一体，是全国公共文化数字服务综合平台，是共享工程数字文化资源传播的主要平台。❸ 网站包含新闻资讯、资源服务、专题活动、工作平台4大版块，32 个频道页和21 个专栏，是集中体现共享工程文化传播、社会教育和基层信息服务等功能的综合性公共数字文化新媒体服务平台。

通过对访谈结果全面分析，可发现目前共享工程的数字文化服务营销实

---

❶　公共电子阅览室建设试点工作方案［EB/OL］.［2019-03-23］. https://max.book118.com/html/2011/1227/911019.sthm.

❷　文化部关于全国文化信息资源共享工程暨公共电子阅览室建设试点工作督导情况的通报［EB/OL］.［2019-03-23］. http://www.doc88.com/p-3671627902090.html.

❸　国家数字文化网［EB/OL］.［2019-07-01］. http://www.ndcnc.gov.cn/.

践举措呈现如下。

（1）服务产品主题集中、类型丰富。国家数字文化网汇聚了全国范围内优质的文化资源。在资源主题的设置上，首先对用户群体进行了分类，比如陆续设置了面向少儿、少数民族、务工人员、农民群体、视障人群等的资源专题；其次是对海量数字资源进行集中归类，如开设经典剧场、快乐生活、文化共享大讲堂、心声音频馆等资源主题或产品，以最大限度地展示和盘活资源；最后是根据业务发展需要开展主题活动，组织专题资源。比如，"文化中国"微视频征集展播主题，六一期间开设"欢度童年　共享快乐"主题等。

（2）服务资源免费提供。共享工程是文化部、财政部共同组织实施的一项国家重大文化惠民工程，所需资金全部由国家财政支持，而国家数字文化网作为文化共享工程的重要组成部分，坚持公益性原则，其提供的服务一律免费，不向公众另行收取任何费用，包括国家数字文化网所发布的文化资源以及通过资源深加工所生产的资源产品❶（指近年来国家陆续发布的一批资源深加工产品系列，比如，音频馆、社区馆等，各类产品也都有相应的 App 应用）。

（3）服务渠道多元化。首先，国家公共文化云 App 与微信公众号同时上线，用户只需动动手指，就可以预订相关文化服务，获取相关文化资源。其次，文化共享超市作为共享工程推出的新型服务，可提供网站、手机、公共文化一体机等多终端服务，基层群众可免费点播数字文化资源、下载文化应用、收看文化共享直播、参与文化活动。此外，发展中心还开通了"中国文化手机报"，定期发布文化动态，介绍共享工程的数字文化资源。

（4）促销方式多样化。通过主题活动促进数字文化资源传播是共享工程常用的一种营销方式。比如，"文化中国"微视频征集展播活动、"小画笔·大世界"少儿图文征集活动等；其次，积极承接文化部和其他组织的重大活动。比如，承接文化部"群星奖"群众投票评选任务、中国文化馆协会的文化馆年会报名工作等对于拓展用户范围、增加网站访问量，效果斐然；最后，通过合作共建开展促销活动。如与武警政工网合作，通过在政工网开设"文化共享工程"专栏，方便部队官兵通过内网访问到公共数字文化资源。此外，还与中国文化传媒网和中国军网等在醒目位置互设网站链接，方便用户的同时也增加了网站的访问量。

---

❶　陈移兵. 构建全国文化信息资源共享工程资金保障体系 [J]. 图书馆建设, 2008 (2)：46-48.

（5）注重提升用户体验。第一，网站的易用性是影响用户使用网站服务的关键因素。国家数字网较为注重网站使用的易用性问题，通过优化网站栏目层级和内容的分类，使用户易于学习和使用；第二，优化网站代码及多媒体（图片、视频等），提高网站访问速度，大大节约用户时间；第三，国家数字文化网会定期通过搜索引擎优化及坏链排查，提高网站的访问率及访问质量；第四，共享工程的文化资源还可按照用户需求，提取信息包，刻制成光盘，提供服务。

（6）服务过程管理规范。服务过程管理规范主要体现在国家数字文化网自资源征集至提供服务的全过程的管理上。首先，国家数字文化网资源主要通过公开征集和自主建设两条途径采集，其资源建设的内容严格控制为已有清晰版权照片并获得网络传播权的资源。其次，在资源更新方面，依托于常设栏目显示的资源及依托不同主题展示的资源需要定期更新，当然，不同资源的更新频率会略有不同。最后，在资源发布方面，施行严格审核制度。其一是针对发布内容进行严格审核，确保上线资源意识形态和政治导向的正确性以及资源本身的合理、合法、合规性；其二是设定信息发布员，实行严格的审核程序，所有资源须经上级领导审核同意方可发布。

（7）交流互动公开及时。公众可以通过多种途径向发展中心提出建议或意见。第一，网站留言板。该留言板设置"信息互动"专区，公众可通过留言板留言，将个人建议或意见等快速反馈到国家数字文化网；第二，微博留言。国家数字文化网在新浪开设官方微博，用户可通过微博留言或以私信的方式提出意见；第三，在线调查。网站不定期开展在线调查，通过公共反馈的问卷数据获取公众文化需求；第四，数据分析。通过对用户访问国家数字文化网的数据进行分析，获取公众关于国家数字文化网的访问习惯，从而得知公众喜好；第五，专用邮箱。国家数字文化网主页公布了专用邮箱，公众可通过邮件的方式提出建议和进行投稿；第六，联系电话。根据信息公开条例的有关规定，网站设有联系电话并予以公示。公众可通过拨打电话提供建议或联系业务等；第七，QQ 工作群。发展中心是共享工程的国家中心，各省级图书馆是工程的省级分中心，各级工作人员成立 QQ 工作群，方便在工作群中提供建议或联系业务等；第八，其他途径。借助出差、会议等机会，征求公众的意见。除设置多种互动渠道外，发展中心亦十分注重信息处理的速度和质量，其对于通过电话提出的意见，一般会第一时间进行反馈并予以正面解答或经研究请示后予以回复。而对于公众在留言区提出的建议或意见，会进行定期收集、整理、研究，同时通过互动专区留言板予以公开回复。

4.3　国内外基于用户体验的公共数字文化服务营销比较❶

由于国内外开展的公共数字文化项目众多，且其在服务营销方面具有一定的共性，为便于比较，本书仅选取美国相关项目与我国进行对比研究。根据 7Ps 理论，本书主要从产品、渠道、促销、人员、有形展示及过程六个方面开展比较分析。由于公共数字文化服务具有公益性特征，因此价格不作为本章探讨的内容。

4.3.1　公共数字文化服务营销产品比较

产品质量和服务水平是项目是否具备核心竞争力的体现之一，应引起足够重视。总体来说，在产品质量和网站建设两个方面，中美两国存在以下异同之处：

（1）美国公共数字文化项目产品内容的有效性优于我国。本部分所探讨的产品内容有效性，主要基于各项目内容的可访问性及可下载性而言。通过访问美国"数字公共图书馆"项目网站，可发现其官网及从属页面的链接均能有效打开。而该项目在主页为社区代表提供的各类活动资料，包括办公文件、宣传海报、音频以及路线指南等，社区代表均可通过特定链接浏览和下载。社会大众则通过点击官网上活动列表的方式了解最新信息，也可参与社区的互动讨论获取消息。❷ 而通过访问我国国家数字文化网，则可发现存在部分栏目内容更新不及时、部分链接无效及部分网页信息过期等现象。如"农贸行情"子栏目的最新更新时间为 2015 年，"价格行情"子栏目则无法展示；此外，国家数字文化网上的资源缺乏独特性，例如，"中小学自主学习教学辅导课件"版块的内容与其他网站资源的同质性高，无法体现资源的"人无我有，人有我优，人优我特"等特征，因而对用户缺乏吸引力。❸

---

❶　孙颖博. 中美大型公共数字文化项目服务营销比较研究 ［D］. 湘潭：湘潭大学，2018：21-29.

❷　Digital Public Library of American ［EB/OL］. ［2019-03-23］. https://dp.la/.

❸　国家数字文化网 ［EB/OL］. ［2018-04-20］. http://www.ndcnc.gov.cn/.

（2）中美两国均重视特色资源建设。"美国记忆"项目在其网站的醒目位置设有一条"面向教师"（For Teachers）的链接，该链接专门为教师设置，旨在帮助教育工作者利用其收藏的资源传授知识。该项目还为教师提供每月一次的网上交流学习功能，大力支持教师参加在华盛顿特区举办的"美国记忆"学习活动，与当地教师一起共享"美国记忆"的经验。我国国家数字文化网所展示地方特色资源内容丰富，特色鲜明。各省市的特色文明资源均通过国家数字文化网进行展示，如黑龙江"龙江手工——木雕艺术""东北招幌"，云南各少数民族特色资源等，均可以通过网站栏目逐层点击获取。

通过上述比较来看，在产品质量方面，美国重视保持网站链接的有效性，其内容除文字解释以外，还配备有图像，甚至音视频等。而我国国家数字文化网作为共享工程的主要服务平台，仍存在空链接、死链接现象，且部分栏目内容空洞、缺乏色彩，仅有文字介绍，难以吸引大众，同时存在部分资源内容与其他网站重复的现象，说明内容还不够新颖；在网站建设方面，中美两国各有行动。美国不断推出受欢迎的特色版块，重视对用户的教育。我国各地公共电子阅览室通过利用第三方资源以不断丰富供给内容。中美两国都注重项目营销的可持续发展，一方面弥补自身的不足，另一方面继续挖掘新功能。

4.3.2　公共数字文化服务营销渠道比较

在服务营销渠道方面，中美两国均通过大力开展合作与研发移动平台等相结合的方式拓展渠道。

（1）中美两国均擅长通过合作拓展营销渠道。在美国，"数字公共图书馆"项目一是与公共图书馆合作，已在 4 个州拥有众多公共图书馆员工作间，同时积极开发数字培训课程以提供培训服务；二是其员工和社区代表（该项目资源的特殊用户，社区代表可以提供关于内容和新功能等方面的信息，帮助其更好地制定规划）合作举办了多场编程马拉松比赛，开发出一系列用于数据收集和处理的新型软件。我国共享工程省级分中心开展的各种合作活动丰富多彩，如山东省图书馆与省武警总队合作举办了"文化共享工程·公共电子阅览室"走进青少年宫和武警总队的活动，针对未成年人和武警部队无

偿开放公共电子阅览室。❶

（2）中美两国都大力开发移动平台。美国"数字公共图书馆"项目通过开放 API 接口和开发 App 工具，为公众提供更多接触优质信息的渠道。一是为了促进和推动其他机构的研发人员充分利用该平台所提供的资源，项目组开放了 API 接口，在上线不到一年的时间内，其点击量超过 900 万次。❷ 二是开发 App 工具，项目组充分利用 App 应用服务的开放性、共享性和可扩展特征，最大限度地挖掘和利用了数字文化遗产的价值，丰富了用户获取资源的方式。我国国家数字文化网为加大移动端的渗透和服务力度：第一，研发 App 客户端并于 2017 年上线。其资源在内容上经过了一定的优化和精选，在更新频率上与网站保持同步；第二，开通多个微信公众号，如"文化中国""大众音频馆""中国文化手机报"等，定期发布数字文化资源；第三，推出"文化共享超市"，致力于打造集客户端、移动端、公共文化一体机等多终端于一体的数字文化服务；第四，开通共享工程新媒体服务渠道——"中国文化网络电视"。❸

综上，我们可以看到中美两国都采用合作和开发移动平台的方式，在服务营销渠道方面有着相同的举措。除此之外，美国还善于组织专业力量，利用数字技术开展营销活动。

4.3.3 公共数字文化服务营销促销比较

（1）美国的促销手段主要有举办会议、发布信息及招募志愿者等。在促销手段上，美国主要通过以下三种方式进行宣传推广。一是举办会议。这是扩大项目影响力常用的方式之一。二是发布新资源和用户签到信息。这在美国移动图书馆项目中应用得尤为普及。三是广泛招募志愿者。如"数字公共图书馆"项目大力支持所有热爱开放和存取数字馆藏的社会人士加入志愿者的组织，并严格筛选志愿者。社区代表拥有多元化的人员结构，主要来自各

---

❶ 文化部关于全国文化信息资源共享工程暨公共电子阅览室建设试点工作督导情况的通报 [EB/OL]. [2018-03-23]. http://www.doc88.com/p-3671627902090.html.

❷ 黄文浩. 美国数字公共图书馆项目研究及启示 [J]. 河北科技图苑, 2016（3）：3-7.

❸ 好大一个"家", 共享数字阅读 [EB/OL]. [2018-03-23]. http://news.163.com/11/1220/06/7LMT70GJ00014AED.html.

高校、中小学、图书馆、研究所及普通家庭等。❶ 志愿者共同推动 "数字公共图书馆" 项目可持续健康发展，如组织项目群体交流年会 DPLAfest，针对那些可能从其项目馆藏中受益的人员展开推广，同时增加对重大事件或主题活动的举办数量，将常规集会打造成为具有影响力的大型活动。

（2）我国则通过举办、承接或合作举办各种活动开展促销。第一，自主举办主题活动。如国家数字文化网开展的 "我演我家" 家庭情景剧展播活动等。各地公共阅览室也积极举办专题培训讲座，如上海市公共电子阅览室开展 "百场讲座进社区" "万名农民工绿色网上行动" 以及电脑基础班、提高班、综合班等大量培训课程；第二，承接活动。如国家数字文化网积极承接文化部 "群星奖" 群众投票评选任务，承接中国文化馆协会的文化馆年会报名工作等，扩大项目的影响力；第三，合作举办活动。如安徽省公共电子阅览室和省妇女儿童活动中心合作举行了少儿网络寻 "宝" 比赛、少年网络绘画竞赛和 "阳光少年热爱党" 网络报刊设计比赛等系列活动，大大提高了用户参与文化活动的积极性。

通过以上分析可知，中美两国宣传手段各有不同。举办各类线上线下研讨会、发布新资源及用户签到信息、广泛招募志愿者是美国公共数字文化项目推广的重要手段；而我国则通过举办、承接或合作举办各种各样的活动来吸引更多的公众。今后，我国一方面需注意平衡资源推广力度，加大对 "冷资源" 的 "曝光率"，使资源推广全面合理；另一方面还应继续拓展宣传渠道，创造各种机会，使资源深入人心。

4.3.4　公共数字文化服务营销人员比较

（1）美国邀请专家提供指导并成立专业组织。美国公共数字文化项目较为重视高素质、高技能服务营销人才的吸纳和培养，如 "数字公共图书馆" 项目与社区团体充分合作，利用数字图书馆和博物馆里创新知识库的知识和经验来为图书馆、档案馆、博物馆的专家、研究人员及相关爱好者提供培训，其培训对于提高服务人员的专业技能和服务能力有帮助；此外，他们也十分注重成立专业组织为项目发展提供咨询。如美国数字公共图书馆项目成立相关理事会（分为五个专门委员会），其主要成员均为来自政府部门、教育部

---

❶ 黄文浩. 美国数字公共图书馆项目研究及启示 [J]. 河北科技图苑, 2016 (3)：3-7.

门、文化部门、企业等不同领域的杰出人士，加盟的成员均经过严格的层层选拔和专业的培训。

（2）我国缺乏专门的营销部门且服务人员分配不均。在我国，专业服务营销人员的培养往往被忽视。一方面，未设置专门的营销部门。通过对全国公共文化发展中心相关工作人员的访谈，可以发现目前主要由资源建设部设立资源服务推广岗位负责资源推广，而宣传活动部的网站管理专员则负责资源更新及网站的运行与维护。另一方面，服务人员分配不均。在公共电子阅览室建设计划中，只有北京、上海、天津、安徽、辽宁等地的市级公共电子阅览室配备有专门的工作人员以帮助读者上网、排除出现的不良操作问题。而大部分县级、乡镇级以下的公共电子阅览室缺乏专人管理，几乎出现"瘫痪"状态。❶

公共数字文化服务营销离不开懂创新、强执行、善沟通的专业服务营销人员。从以上中美两国服务营销人员对比来看，美国十分重视采纳专业组织和人员，在拥有先进管理经验的基础上，以高素质的营销人员为智力依托，通过建立长远的营销目标和完善的营销网络，形成结构完善的服务营销体系；而我国培养服务营销人员的意识还很薄弱，共享工程缺少专门的营销部门和高层次的专业人才，市级公共电子阅览室与县级（及以下）形成鲜明对比，县级以下公共电子阅览室缺乏专人管理和有效指导。

4.3.5 公共数字文化服务营销有形展示比较

（1）美国擅长创意化展示资源内容。公共数字文化服务营销建设离不开别具一格的有形展示。美国十分注重"创意营销"理念，通过开放创意社区，建立虚拟文化空间，开发数字培训课程与创新软件，利用技术手段吸引公众以及重视建设与推广特色资源的手段开展营销。一是开放创意社区，建立虚拟文化空间。美国数字公共图书馆以此营造虚拟的社区环境，更好地为使用者提供知识共享。移动图书馆项目中，加利福尼亚州圣荷西图书馆利用增强现实技术和图书馆馆藏中的海量资源，建立起虚拟游览地图；二是开发数字培训课程与创新软件。美国数字公共图书馆与公共图书馆合作开展专门的工

---

❶ 闫慧，林欢. 中国公共数字文化政策的评估研究——以公共电子阅览室建设计划为样本 [J]. 图书情报工作，2014（6）：54-59.

作间，用于开发数字培训课程。其员工和社区代表为了开发用于数据收集和处理的新型软件，举办多场编程马拉松比赛；三是利用技术手段如二维码，使用户能够便捷地获取所需资源。

（2）我国通过开展新型服务以全方位展示资源。以我国公共电子阅览室为例，首先，公共电子阅览室通过创设独立的物理空间及网络空间，向用户展示其特有的服务；其次，该项目还针对不同群体开展特色服务。如面对未成年人、老年人、进城务工群体设置各具特色的教育培训内容，面对社会大众开展形式多样的网络阅读使用培训，利用公共电子阅览室的网络传播性和资源广泛性，各地区因地制宜，推出符合本地实际情况的服务，如留守儿童能够在公共电子阅览室里与远方父母视频通话、村（社）区居民可以在公共电子阅览室共同学习各种各样的网络技能等。

综上可知，中美两国都在提高服务创新度方面有一定措施，但方式不同。美国善于将"创意营销"理念融入项目建设中；我国公共电子阅览室则通过开展新型服务的方式以全方位展示资源。在未来，我国应继续重视创新性的融入，提供更多富有新意的服务。

4.3.6 公共数字文化服务营销过程比较

对于服务营销而言，当同时提供生产和服务活动时，过程管理可以确保质量的稳定性和结果的可获得性，由于服务无法储存，所以必须寻求尽可能多地满足不同用户的不同需求的方法。

（1）美国公共数字文化服务营销过程管理细致。在美国，"数字公共图书馆"项目，首先，整合了包含档案馆、图书馆、博物馆、文化遗产中心等全美范围内的丰富馆藏，便于用户一站式检索；其次，多维度呈现门户网站信息。例如，用户在美国数字公共图书馆中搜索"莎士比亚"，就有三种不同的方式查看相关的信息；最后，不断招募和更新志愿者以满足服务营销广泛性和多样性的需求，从而挖掘和适应其在用户教育方面的价值。"美国记忆"计划收录的资源多而庞杂，用户寻找资源费时费力，项目网站正努力构建一个综合、全面的在线自助学习教程帮助读者快速找到资源。

（2）我国公共数字文化服务营销过程管理规范且细致。诚如前文所述，我国共享工程对公共数字文化服务营销过程管理较为规范，表现为在资源采集、更新等发布方面遵循严格的程序。同时，我国公共数字文化服务营销过程管理亦十分细致。如通过优化网站栏目层级和内容的分类，提高网站的易用性；优化网站代码及多媒体（图片、视频等），提高网站访问速度；通过搜索引擎优化及坏链排查，提高网站的到达率等。

通过以上分析可知，中美两国在满足用户需求和服务过程管理两个方面有着相同的举措，即都为不同群体设置不同资源以及注重整合资源，实现资源的共建共享。总的来说，这些举措都是为了给用户提供更好的服务。但同时美国移动图书馆还通过准确定位自身性质，明确所要面对的用户群体，着重发展适当的移动服务类型，最大限度地满足用户需求。实施服务营销应贯彻"以人为本"的思想，我国应继续加强服务用户的针对性，以提供更加完善、精准的服务，使服务效率最大化，达到事半功倍的效果。

4.4　我国公共数字文化服务营销可能存在的问题

4.4.1　资源内容不够新颖

以全国文化信息资源共享工程主站点"国家数字文化网"为例，一方面，国家数字文化网上的资源缺乏独特性，例如，版块名称为"中小学自主学习教学辅导课件"，其对于学生的课堂辅导内容，与其他网站资源严重同质化。国家数字文化网资源内容新颖度不足，导致其对用户缺乏强烈的吸引力。另一方面，国家数字文化网单方面通过开展活动、积极承接文化部重大活动，以及开展合作共建等手段促进数字文化资源的传播，同时又利用手机 App、微博、微信公众号、文化共享超市等方式开展服务，传播手段多样，服务方式丰富。也就是说，共享工程在媒介曝光上投入颇多，然而公众上门寻求服务的主动性还不足。

4.4.2　用户细分尚不到位

国家数字文化网对不同主题的资源推广尚不均衡。例如，国家数字文化网专门设立共享工程少年版，提出建立"青少年的网上家园"，网页色彩鲜艳明快，从少年儿童活泼好玩、好奇心旺盛、求知欲强的特点出发，专门设立了成语故事、少年心语、科普之窗、开心游戏等栏目，内容平易浅近。换言之，儿童类资源的数量和内容丰富，更新发布及时，宣传比较充分，起到了良好的社会效应。然而其他部分资源缺少专门栏目进行集中，在网站上的内容较为分散，如企业资源大多分散于"服务案例""新闻推荐"等版块中，再加上推广不够，社会公众不易关注。

4.4.3 有形展示仍需创新

以共享工程主站点"国家数字文化网"为例，其有形展示仍存在以下问题：（1）部分栏目内容更新发布不及时以及部分链接无效，部分网页信息过期。如目前"监测预警"和"农贸行情"子栏目的最新更新时间为2015年，"价格行情"子栏目则无法展示；（2）有些资源的数量虽然逐年增加但质量不高。有的栏目仅有概括性文字进行介绍，缺乏图片或视频等生动性的资源内容，如"文化新闻"，有的甚至只提供检索页面，用户无法了解数据库的详细信息，如"我们的中国梦文化志愿服务基层行动"这一版块中的"各省（地方）开展主题活动"，"更多"一栏无法显示❶。

4.4.4 服务营销人员缺乏

共享工程的数字文化服务营销建设，离不开懂创新、强执行、善沟通的专业服务营销人员，然而，发展中心没有专门的营销部门，一些部门及岗位承担了服务推广职能。如发展中心宣传活动部负责国家数字文化网的内容更新及运维，对应的岗位为网站管理专员，其部分功能类似于营销但又并不完全等同于营销；资源建设部设立了资源服务推广岗位，负责对资源进行推广，使资源有更多的受众。当前，专业服务营销人才的缺乏已经成为制约共享工程普及与推广的重要原因，表现为不仅高层次专业人才匮乏，而且缺乏完善的人才培养机制。

---

❶ 国家数字文化网 ［EB/OL］. ［2018-03-23］. http://www.ndcnc.gov.cn/.

第5章

服务营销视角下公共数字文化项目用户体验测评 [●]

服务营销活动通常是基于对顾客需求的充分认识而开展的。一般而言，企业的营销对象具有多元、广泛及复杂的特点，其购买服务的动机和目的各异。此外，服务购买者的个体需求也处于动态发展的过程中，因而给企业服务营销带来了极大的挑战。近年来，体验经济得以快速发展，这使得各类企业，尤其是服务型企业不得不将注意力集中在与服务购买者的各类交互活动中，以通过持续有效的交互使顾客主观感受得以显露，从而获取其真正的内在需求，为顾客提供满意的个性化服务。可见，用户体验与服务营销之间存在一种逻辑关系，即服务主体对用户体验的充分认识，有利于服务营销目标的达成；而服务营销活动的有效开展，又有利于用户体验的提升。两者之间相互依存，相互促进。

用户体验一词最早由 Norman D. A.（1994）提出。^❷ 当前，学界对用户体验一词并未达成一致意见，但从总体上根据体验深度将体验划分为三个层次。第一层次是一种下意识的体验，表现为人脑组织接收到持续不断的信息流，用户确认体验已经发生；^❸ 第二层次是体验完成，指用户感受到了特别之处或满足^❹；第三层次的用户体验已然被作为一种经历，在结合特定的情境下，帮

---

❶ 戴艳清，戴柏清. 我国公共数字文化网站互联网影响力研究 [J]. 图书馆建设，2019（5）：1-14.

❷ Norman D，Miller J & Henderson A. What you see, some of what's in the future, and how we go about doing it: HI at Apple Computer. Conference companion on Human factors in computing systems, Massachusetts, ACM, 1994, 155.

❸ Forlizzi J, Ford S. The building blocks of experience: An early framework for interaction designers [J]. Proceedings of the DIS 2000 Seminar. communications of the ACM, 2000: 419-423.

❹ Dewey J. Artas Experience. New York: Perigee, (reprint) 1980: 355.

助用户与设计团队之间共享及发现❶。具体而言，用户体验发生在操作或使用一项服务或一件产品时，表现为用户的所做、所思、所感，具体涉及通过服务和产品提供给用户的理性价值和感性体验。❷ 也有学者指出，用户体验是在受到一定用户需求和动机的驱使下，与产品或系统交互而产生的全部体验，其内涵已从单纯的系统或产品的可用性设计深入到对交互过程中用户心理（包括认知、期望、动机等）和情感因素（包括情绪、喜好等）的研究。❸ 比较而言，后者对于用户体验的本质特征及内容进行了更充分的揭示，因而本书更认同该观点。由此可见，用户体验是用户在接受产品和服务的过程中，不断累积的纯主观感受，它包括对服务环境产生的感知信息、用户情感和期望等内容。由于是一种纯主观感受，因而用户体验的过程不但受到用户自身的影响，也受到产品、社会因素、文化因素和环境等多方面的影响。

进入 21 世纪以来，用户体验评价已引起政府和各类文化机构的日益关注。数字环境中用户体验性质与实体服务有很大不同，可以用来解释在线用户寻求信息的意图，适用于数字平台和用户。❹❺ 同时，公共数字文化线上服务平台不断增加，通过整体概念化和评估系统与用户之间的动态信息交互，可以为信息行为提供新方向，并制定更加契合用户需求的服务方针，提高潜在用户对数字文化的接受程度。❻❼ 平台项目设计和用户体验需要良好的平衡，用户体验的加入凸显了平台重新设计的必要性，且需要不同利益相关者的咨询和评估，实现从理论—实践—理论的研究方法，不断探索

---

❶ Forlizzi J, Ford S. The building blocks of experience：An early framework for interaction designers [J]. Proceedings of the DIS 2000 Seminar. communications of the ACM, 2000：419-423.

❷ 赵惟. 从用户接受到用户体验的图书馆信息服务 [J]. 图书馆工作与研究, 2014 (9)：114-116.

❸ 李小青. 基于普遍心理分层理论的 Web 用户体验模型设计 [J]. 情报资料工作, 2010 (1)：62-65，81.

❹ Duff, W. M, Dryden J, Limkilde C. Archivists' Views of User-based Evaluation：Benefits, Barriers, and Requirements [J]. American Archivist, 2008, 71 (1)：144-166.

❺ Chiao-Chen Chang and Chia-Yen Lin. Predicting information-seeking intention in academic digital libraries [J]. The Electronic Library, 2009, 27 (3) 448-460.

❻ O'Brien, H. L. New Directions in InformationBehaviour (Library and Information Science, Vol. 1) [M]. Bingley：Emerald Group Publishing Limited, 2011：69-92.

❼ Yoon Y H. User Acceptance of Mobile Library Applications in Academic Libraries：An Application of the Technology Acceptance Model [J]. Journal of Academic Librarianship, 2016, 42 (6)：687-693.

新的用户体验内涵。❶

5.1 公共数字文化服务用户体验评价模型及方法

通过文献调研发现，目前学界从大型公共数字文化资源整合项目视角探讨用户体验评价的相关研究较少，大多数观点涵盖在公共文化机构服务绩效评估相关研究中，或是夹杂在用户体验信息服务系统建设的相关文献中。本书仅选取相关的两个方面进行归纳与总结。

5.1.1 公共数字文化用户体验评价模型

根据国内外学者对公共数字文化评价的作用来划分，可分为体验维度评价模型和体验效果评价模型❷❸。其中，体验维度评价模型是以 HEART 模型、APEC 模型、战略体验模型和普遍体验分层理论等经典评价模型为基础构建的。每个评价模型具有不同的评价侧重点。例如，HEART 模型同时从宏观和微观的角度考察了用户体验，每个字母代表一种用户体验测量标准，其中有Happiness（愉悦感）、Engagement（参与度）、Adoption（接受度）、Retention（留存率）、Task Success（任务完成率）❹。APEC 模型即审美（Aesthetic）、实用（Practical）、情感（Emotional）和认知（Congnitive）模型，该模型以交互为核心，以用户通过系统完成任务产生的交流过程中，同时产生的用户行为、系统特征和系统反馈为基础，从审美、实用、情感和认知四方面构建了用户体验框架。❺ Schmitt 认为体验与刺激有关，提出体验是"顾客的一种主观感受，是其针对刺激而做出的反应"，战略体验模型将消费者体验按照其总体特

❶ Schmidt, Aaron. User experience (UX) design for libraries (The Tech Set series, 18) [M]. Chicago: Neal-Schuman Publishers, 2012.

❷ 丁一，郭伏，胡名彩，等. 用户体验国内外研究综述 [J]. 工业工程与管理，2014, 19 (4): 92-97, 114.

❸ 李艺亭，张洁. 国内外移动图书馆用户体验测评研究综述 [J]. 国家图书馆学刊，2018, 27 (5): 54-64.

❹ Rodden K, Hutchinson H, Fu X. Veasuring the user experience on a large scale: user-centered metrics for web applications: Proceedings of the 28th internationd conferenco on Human factors in camputing system 2010 [C]. 2010.

❺ Vyas D, Veer G C V D. APEC: a framework for designing experience [EB/OL]. [2019-03-01]. http://www.researchgate.net/publication/251990033_APEC_A_Framework_For_Designing_Experience.

性分为感官、情感、思考、行动和关联五个模块。❶❷ 普遍体验分层理论从认知心理学的角度解释了人的体验变化经历三个层次：本能层、行为层和反思层。本能层与第一反应有关，视觉、听觉等生理特征起主导作用；行为层与使用有关，注重功能的实现；反思层是体验的最高层，与整体印象有关，涉及记忆、自我满足等。❸ 上述经典评价模型涉及了经典信息系统模型及心理学和管理学等学科的相关理论模型，由于每个模型的理论支撑存在一定差异，所以评价角度也是各有差异。当前许多学者都尝试以一种或多种经典模型交叉分析构建用户体验模型。例如，常赵鑫就借鉴 HEART 模型，分析国内外移动图书馆用户体验研究现状，提出移动图书馆用户体验内涵是用户同移动图书馆交互后产生的复杂而整体的心理感受，包含主观感受和可用性，主观感受指用户在感官、交互、情感、游览、信任以及功能和技术方面的体验。❹ 崔竞烽等人融合 B. H. Schmitt 和 Norman 思想，提出用户体验评价的五个维度：感官接受度包括平台界面美观和导航设计等界面美观性指标；内容吸引度包括信息资源的吸引力、更新速度和推送频率等内容服务层面指标；服务完成度包括平台实现功能、响应速度等技术服务层面的指标；信息愉悦度包括用户对平台使用的整体感受和安全需求层面的指标；使用收益度包括用户在使用平台后产生的价值层面的指标。❺ 体验效果评价模型主要有 Finstad K. 从用户角度构建的用户体验可用性度量模型，其围绕有效性、高效性和满意度三个维度而展开，从候选项目中组装出一个试验版本，然后在可用性测试期间，与系统可用性量表一起进行测试。❻ 魏群义将数字图书馆测量指标分为可理解

❶ Schmitt B H. 体验营销：如何增强公司和品牌的亲和力 [M]. 刘银娜，等译. 北京：清华大学出版社，2004：60-65.

❷ Schmitt B. Experiential marketing：How to get customers to sense，feel，think，act，relate to tour company and brands [M]. New York：The Free Press，1999：271.

❸ Norman，D. A. Emotional design：Why we love（or hate）everyday things [M]. New York：Basic books，2014，57（1）21-22.

❹ 常赵鑫. 移动图书馆用户体验指标体系研究与实践 [D]. 重庆：重庆大学，2017.

❺ 崔竞烽，郑德俊，孙钰越，等. 用户体验视角下的图书馆微信公众平台满意度研究 [J]. 图书馆论坛，2018，38（3）：133-140.

❻ Finstad K. The usability metric for user experience [J]. Interacting with computers，2010，22（5）：323-327.

性、清晰度、易用性、高效性、有用性和满意度。❶ 体验效果评价模型中可用性度量非常明确，可以作为应用更广泛的用户体验度量中的可用性模块。

通过分析可以发现，体验效果模型更加注重用户在体验过程中完成任务的有效性、成功率等体验以及用户通过使用平台实现的价值需求。体验维度模型更加注重用户在平台不同维度体验过程中产生的主观情感。两种评价模型侧重点不同，但同时个别指标有所交叉。综上所述，目前公共数字文化用户体验的评价指标命名不统一且概念交叉，并未形成规范统一的评价模型。

5.1.2 公共数字文化用户体验评价方法

通过文献调研可以发现，目前公共数字文化平台的评价方法可以分为直接评价法、启发式评价法和综合评价法。❷❸ 第一，直接评价法。直接评价法主要是通过问卷调查法、访谈法等对公共数字文化平台进行直接评价。Luo 和 Buer 通过 1000 份调查问卷从使用者的角度来大规模参考评估研究图书馆服务。❹ Fletcher S B 等在艺术博物馆图书馆通过调查和访谈收集用户体验数据，以全面了解不同用户对连续出版物的打印和数字访问偏好。❺ Tobias C 等通过 Web 分析、事务日志分析和虚拟参考文本的定性分析识别的模式评估数字图书馆服务。第二，启发式评价法。启发式评价法主要采用实验室测试和实地研究两种方法，主要是现场完成测试任务并根据使用体验完成问卷，即任务后评分。❻ Edward

---

❶ 魏群义，侯桂楠，霍然. 移动图书馆理论研究与实践应用综述 [J]. 图书情报知识，2017 (1)：80-85.

❷ Blake M，Majewicz K，Tickner A，Lam J. Usability Analysis of the Big Ten Academic Alliance Geoportal：Findings and Recommendations for Improvement of the User Experience [J]. Code4Lib Journal，2017，(38)：1.

❸ 魏群义，李艺亭，姚嫒. 移动图书馆用户体验研究综述与展望 [J]. 图书情报工作，2018，62 (10)：126-135.

❹ Luo L，Buer V B. Reference service evaluation at an African academic library：the user perspective [J]. Library Review，2015，64 (8/9)：552-566.

❺ Fletcher S B，Stafford K. Evaluating User Experience and Access Data to Reveal Patrons' Print and Digital Serials Preferences [J]. Serials Librarian，2018，74 (1-4)：156-162.

❻ Tobias C，Blair A. Listen to What You Cannot Hear，Observe What You Cannot See：An Introduction to Evidence-Based Methods for Evaluating and Enhancing the User Experience in Distance Library Services [J]. Journal of Library & Information Services In Distance Learning，2015，9 (1)：148-156.

Mensah Borteye 从 Manhyia 档案馆提供的搜索者机票申请表中收集数据进行对比分析。❶ Rousi A M 等通过二维码将数字图书馆资源链接到图书馆学习环境中所产生的用户体验的理论差异进行启发式评价。第三，综合评价法。综合评价法是一种主客观结合的方法，可以测量不同层次用户之间的体验差距。❷ Miller R 等评估项目首先使用了自我完成问卷，然后通过预先确定的场景和评分表，进行用户体验现场测评实验，两个调查项目的结果被用来制定全组织的服务改进计划。❸ Sarah Guay 等讨论了从用户体验角度，进行面向任务的可用性测试，衡量用户习惯和期望，从而确定平台有待改进的问题。❹ 就三种评价方法而言，直接评价法时效性较强，时间地域不受限制，能在较短时间内发现问题，但主观性较强。启发式评价和综合评价法均需在特定环境的实验室内进行测评，能够反映用户使用公共数字文化平台的即时感受和真实体验，但综合评价法更加强调用户的体验差异。

综上所述，国内外学者已经对公共数字文化服务平台用户体验的内涵、模型与评价方法展开研究，但内容不够全面深入，研究对象单一，研究成果较为分散。第一，研究局限于图书馆、档案馆、博物馆等单个文化机构评估的个案研究，对公共数字文化服务项目用户体验的评价研究还未展开。第二，当前针对公共数字文化服务用户体验的评价方法大多为直接发放问卷进行评价，或者进行平台的可用性测试，虽能及时获得用户的体验感受，但调研结果不够深入，无法反映用户整个过程的体验差异。因此本书选择公共数字文化项目服务主站点为研究对象，构建公共数字文化服务项目平台用户体验评价模型，对用户体验过程的心理感知进行量化，以有效掌握用户对公共数字文化的认知和接受情况，在此基础上提出公共数字文化精准化服务营销策略。

---

❶　Borteye E, Porres Maaseg, M. User studies in archives: the case of the Manhyia Archives of the Institute of African Studies, Kumasi, Ghana [J]. Archival Science, 2013, 13 (1): 45-54.

❷　Rousi A M, Fosmire M, Maijala R. Reorganizing the relationship of digital library resources and library-as-place through mobile devices and QR-codes-preliminary examination of user experience latitude through an user experience framework [J]. IATUL Annual Conference Proceedings, 2014, (35): 1-10.

❸　Miller R, Hong Xu, Xiuying Zou. Global Document Delivery, User Studies, and Service Evaluation: The Gateway Experience [J]. Journal of Academic Librarianship, 2008, 34 (4): 314-321.

❹　Sarah Guay, Lola Rudin, Sue Reynolds. Testing: a usability case study at University of Toronto Scarborough Library [J]. Library Management, 2019, 40 (1/2): 88-97.

5.2 公共数字文化项目用户体验实验设计及过程

所谓公共数字文化项目，是指在政府部门的主导下，以公益性、基本性、均等性、便利性为原则，由若干公共文化服务机构或组织合作开展，以创建及整合优秀数字文化资源、提供数字文化信息，保障人民群众基本文化权益为目的的一系列独特、复杂且相互关联的活动。自 20 世纪末以来，我国相继发起众多大大小小的公共文化惠民项目，在全国范围内普遍实施的如全国文化信息资源共享工程、数字图书馆推广工程、公共电子阅览室建设计划等，均采用数字化的形式提供各类文化服务。随着以上公共文化服务项目的深入开展，项目绩效问题凸显，表现为：一方面，各公共文化服务项目在建设之初一般以资源建设为导向，将公共文化体系建设重点放在各类优秀文化资源的征集、选择、加工以及数字化等流程上，而对服务质量未给予充分关注；另一方面，各服务主体在开展公共文化服务的过程中，较少对用户体验问题进行量化研究，因而未深层次掌握公众的实际需求和利用公共数字文化服务的真实感受。在研究开展期间，恰逢中国文化部印发《文化部"十三五"时期公共数字文化建设规划》（2017 年 7 月），其中要求加强绩效考核评价，建立以效能为导向的公共数字文化服务绩效考核机制；同时，提出以群众文化需求为导向，研究制定公共数字文化服务群众满意度指标，建立和完善"第三方"评价机制，加大群众满意度测评方式的应用。因而，本书选取全国文化信息资源共享工程作为公共数字文化项目用户体验研究的样本，也恰巧是对该《规划》在一定程度上的回应。

公共数字文化项目的用户体验主要来自用户与平台之间的交互过程。用户体验存在很强的主观性，需要采取一定的研究方法进行量化才可展开分析。结合用户体验文献评价来看，单纯的问卷调查法或访谈法并不适用于用户体验评价，无法反映用户使用过程的体验差异和真实的主观感受。基于此，本书提出重点从用户感知视角关注平台与用户的潜在互动，即选择综合评价法对公共数字文化项目用户体验进行评价。首先，利用控制实验法准确观测用户体验反应过程；其次，通过问卷调查法和访谈提纲深入调查用户心理感受和体验过程中平台的可用性程度。公共数字文化项目用户体验实证研究具体步骤如下：（1）首先构建公共数字文化服务平台用户体验评价模型，然后以实验法为主，以追踪访谈和调查问卷作为辅助进行实验并收集数据，从而对用户的心理感知进行量化；（2）在实验结束并获得大量的用户体验数据以后，利用因子分析、聚类分析、判别分析等数据方法对数据进行处理、过滤和挖掘，为服务营销策略优化做数据支撑。具体做法是，将得到的样本数据进行降维，并提取公因子，再以选取的公因子作为市场细分的维度进行市场聚类。为保证因子分析和聚类分析结果的合理性，通过判别分析法对市场细分的方案进行验证，选取分类成功率最高的用户细分方案作为目标细分市场，以有效认知不同类型用户对公共数字文化的认知和接受程度。（3）根据细分市场的用户体验现状和用户属性特征探讨用户体验提升路径。具体研究思路如图5-1 所示。

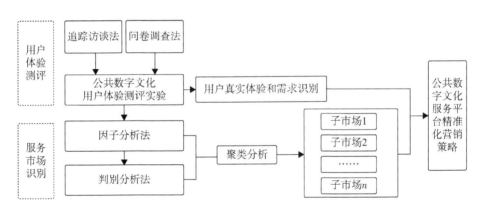

图 5-1　公共数字文化服务平台服务体验研究思路（笔者绘制）

5.2.1　实验样本及实验对象选取

目前，我国全国文化信息资源共享工程以文化部全国公共文化发展中心主办的国家数字文化网作为服务主站，承担省级分中心各级信息服务网点的牵头和组织协调工作。同时，国家数字文化网也是文化资源数字化推荐及提供相应服务的主要站点。本书选取全国文化信息资源共享工程的服务主站——国家数字文化网作为实验样本。对于实验样本的选取基于以下考虑：第一，当前国内外相关用户体验研究均立足于具体的公共文化服务机构，如数字图书馆❶❷、档案馆❸与博物馆❹等，而较少从大型公共数字文化资源整合项目视角展开；第二，当前的研究成果多集中于对平台资源、政策❺、设施❻、内部管理❼❽等的评价，缺乏对平台服务用户体验的探讨；第三，全国文化信息资源共享工程作为国家级公共数字文化资源整合项目，受到了政府政策和资金的支持，分设的行政隶属项目目前也初具规模❾，但对于公共数字文化服务是否能实现平台与用户文化需求的有效对接，实现政府及文化机构预期结果还有待探讨。

在实验对象选择方面，根据维茨、尼尔森以及弗克纳的统计结论，认为 5 名用户就能发现网站中约 80% 的可用性问题，而测试 10 名用户就可发现 95% 的可用性问题，测试样本数量的增加并不能发现更多的可用性问题，但可使测试结果更加可靠。❿ 此外，其他关于用户体验测评研究，实验人数分别有

❶ Tidal J. Tidal, J. Creating a user-centered library homepage: a case study [J]. OCLC Systems & Services, 2012, 28 (2): 90-100.

❷ Ke P, Su F. Mediating effects of user experience usability [J]. Electronic Library, 2018, 36 (5): 892-909.

❸ Feliciati P, Alfier A. From Access to Use: Premises for a User-Centered Quality Model for the Development of Archives Online. In: Bolikowski, Casarosa V, Goodale P, Houssos N, Manghi P, Schirrwagen J [M]. (eds) Theory and Practice of Digital Libraries-TPDL 2013 Selected Workshops. TPDL 2013. communications in Computer and Information Science, vol 416. Springer, Cham.

❹ Kiersten F. L. Museum object as document: Using Buckland's information concepts to understand museum experiences [J], 2012, 68 (1): 45-71.

❺ 闫慧，林欢. 中国公共数字文化政策的评估研究——以公共电子阅览室建设计划为样本 [J]. 图书情报工作, 2014, 58 (11): 54-59.

❻ 曹树金，古婷骅，王志红. 我国公共数字文化建设与服务研究进展及特征分析 [J]. 图书馆论坛, 2015, 35 (11): 2-9.

❼ 胡唐明，魏大威，郑建明. 公共数字文化评价指标体系构建研究 [J]. 图书馆论坛, 2014, 34 (12): 20-24.

❽ Fleming-May R, Mays R, Walke T. Experience assessment: designing an innovative curriculum for assessment and UX professionals [J]. Performance Measurement & Metrics, 2018, 19 (1): 30-39.

❾ Ximing X, Dengdeng Wanyan, Fangyuan Zhang. Role Expectations in Public Digital Cultural Resources Integration Projects [J]. Libri: International Journal of Libraries & Information Services, 2016, 66 (2): 113-124.

❿ 常赵鑫. 移动图书馆用户体验指标体系研究与实践 [D]. 重庆：重庆大学, 2017.

10 人[1]、12 人[2]、30 人[3]等，测试对象样本量均未超过 30 人。综上所述，研究决定扩大用户体验研究现有样本量进行国家数字文化网用户体验评价实验，并选择在相对自然的条件下，有目的、有计划地进行实验对象的搜索选择。本实验于 2018 年 11 月 8 日开始采取判断抽样的方式，考虑到国家数字文化网站的用户群体面向全体大众，不同性别、职业、使用时间长短等不同类型用户在与国家数字文化网交互过程中的体验感受存在差异，研究以不同职业为抽样依据，招募到 25 名测试对象，然后采取滚雪球抽样的方式，由已选对象推荐 1~2 名测试对象，邀请 76 名测试者。最终结合样本职业相关特征分布，筛选留下 60 名测试者，并以 "是否使用过国家数字文化网" 作为分类依据和标准，把测试对象分为两类，其中 30 人为新用户、30 人为老用户，并对所有实验对象进行编号，分别为 Q_1、Q_2、Q_3……Q_{59}、Q_{60}。

5.2.2　实验流程

本实验于 2018 年 11 月 8 日至 12 月 10 日进行，由于实验抽样选择的是滚雪球抽样，条件受限，所有实验对象无法集中在同一实验室，实验环境根据用户所处环境而定，多为办公室、教室等无打扰的环境，并由实验人员采用一对一指导的方式进行，实验工具统一使用 Windows 10 系统电脑。具体实验流程如下：

（1）实验前——用户使用自带的电脑，从 IE 浏览器（使用同样浏览器是为了保障实验的统一性）访问国家数字文化网（http://www.ndcnc.gov.cn）后参加测试。

（2）实验中——用户自行记录任务开始时间。按照测试要求进行网站浏览并完成指定任务。实验过程中要求用户集中时间完成，不可分多次进行。完成后自行记录完成任务的具体时间。

（3）实验后——完成测试任务后，用户需根据自己的真实感受填写调查问卷（问卷以链接形式附于具体的实验任务后）。

---

[1]　黄晓斌，付跃安. 基于用户体验的移动阅读终端可用性评价 [J]. 图书馆论坛，2011（4）：6-9.

[2]　李融. 基于用户体验的老年教育网站可用性测试与评价 [J]. 计算机光盘软件与应用，2015，18（2）：76-78.

[3]　吴丹，冉爱华. 移动阅读应用的用户体验比较研究 [J]. 现代图书情报技术，2015（Z1）：73-79.

实验问卷主要包括两部分：一是用户的基本信息（性别、学历、网站基本使用情况等），二是用户对国家数字文化网用户体验测评表的题项进行打分。调查问卷采用封闭式答题和李克特5级量表相结合的方式（有"完全不同意1分""不同意2分""不确定3分""同意4分""完全同意5分"五级）。首次访谈为实验后立即进行，访谈对象为所有实验对象，记录用户在完成每个任务后的反馈。访谈提纲总共8个问题，皆为文字形式。在2018年12月下旬分别对国家数字文化网体验较深的对象进行了二次深度访谈，并形成分析资料。

5.2.3　实验任务

考虑到国家数字文化网的用户为一般网络用户，实验设置的操作任务不能过于复杂。为达到有效测试的目的，测试任务的选取应该兼顾国家数字文化网服务的每个部分，并依据评价指标体验维度进行设计，让用户在完成该任务的过程中对每一维度有所思考和体验。因此，选取以下任务让用户完成：

（1）查询最新一条文化资讯，阅读后使用微信平台进行分享操作。

（2）通过浏览网页查找，或在网页搜索框中检索特定主题的专题活动"我们的中国梦·文化进万家"，了解文化活动动态并找到"视频报道"观看视频一分钟。

（3）查询并浏览国家公共文化云，找到国家公共文化云公众号二维码链接并扫码关注。然后找到"活动预约"菜单界面，不需要进行实际的"活动预约"操作。

（4）选择"在线培训"模块，找到"慕课学堂"栏目并选择"书法密码"，完成预约。

（5）了解网页"视听空间"模块，选取"建国69周年主题专题"，试听一分钟。

（6）找到网站留言板，并结合自己浏览网站的体验，把遇到的问题记录在该留言板上并提交。

5.2.4　国家数字文化网用户体验量表构建

研究人员对用户体验影响因素维度划分是存在差异的，但普遍侧重于产品、服务和用户的主观感受。Bernd H. Schmitt 认为消费者体验包括用户消费前、消费时、消费后的整个过程连续体验，是感性与理性相结合的，并通过特定体验媒介形成体验方式。笔者认为国家数字文化网的用户体验是用户在公共数字文化需求的驱动下，与平台交互过程前后形成的完整连续性体验，包括对公共数字文化产品内容、Web 平台的可用性以及情感和价值的认知。这与 Bernd H. Schmitt 所提出的观点是十分契合的。Bernd H. Schmitt 将用户体验分为感官、情感、思考、行动、关联 5 个体验形式，体验的过程复杂多样，但各个体验模块又可拆分为独特的结构和过程，也就是所说的体验杂型理论。

本书考虑到 Bernd H. Schmitt 体验之轮模型的优势（面向用户、实用性强、适用范围大、可用性测试、适用于服务营销研究），以体验之轮模型和体验杂型理论为基础，修改并扩充体验之轮模型，并结合国家数字文化网的服务内容和特点，最终构建出适用性强的公共数字文化项目用户体验评价指标。即以 Bernd H. Schmitt 的体验之轮模型为基础，将行动体验细化为功能体验和服务体验，将思考体验和关联体验统一为价值体验，结合国家数字文化网提供多样性数字文化资源的特征，笔者提出以下 6 个维度的用户体验评价模型：（1）感官体验，该指标主要测量国家数字文化网对用户视觉层面的吸引力，即界面提供给用户的愉悦感和满意度。这种情感体验越正面，平台对用户的吸引力越大。要提升公共数字文化平台界面对用户的吸引力，要突出界面色彩、导航和整体布局。因此设置三个与之相关的描述性题项量化吸引性。（2）内容体验，考察平台信息资源提供的程度和表现。国家数字文化网的主要服务是以权威信息发布为主导，推送国内外最新文化动态和公共文化服务领域的相关资讯。所以设置了资源的种类、时效和全面性三个描述性题项量化内容体验。（3）功能体验，评价国家数字文化网在性能和效率上的表现。国家数字文化网登载了音频资源、电子图书、多媒体课件以及益智互动游戏等多种多媒体类型的文化信息，因此要满足用户的交互操作，首先要保证平台的稳定性和可用性。因此设置网页性能相关的四个有关平台功能的描述性题项量化平台功能体验。（4）服务体验，评价平台自身个性化的实现程度。国家数字文化网建设在搭建群众文化活动的综合性交流平台，针对不同的服务对象设计不同的资源服务方案。因此，设置四个描述性题项测量平台系统能否提供给用户个性化的服务，包括能否推荐符合用户当前兴趣的信息以及用户与平台之间的交流与共享等方面。（5）价值体验，测评用户使用国家数字文化网产生的实际效益。国家数字文化网界面设计共 30 多个频道页，拥有海量的数字文化信息资源，用户能否从中精准获取所需信息是用户体验的关键。本书以此为基础设置了三个相关的测量题项。（6）情感体验，测评国家数字文化网站及其服务对用户情感造成的影响，体现了平台的友好性，包括隐私、个人满意度和个人推荐三个方面。最终形成公共数字文化平台用户体验评价指标，如表 5-1 所示。

国家数字文化网以文化资源整合为基础，为用户提供优质的文化服务，因此其用户体验应涉及平台的资源、服务、性能等各个方面。为了让国家数字文化网的用户体验评价更具有可操作性，在构建用户体验的测量量表时，从感官体验、内容体验、功能体验、服务体验、价值体验、情感体验 6 个评价维度出发，并在每一体验维度下，构建 3~4 个正面描述性题项，得分越高，说明用户的认可度高，具体如表 5-1 所示。问卷主要题项根据测评模型进行设置，并在完成实验操作后发放至所有研究对象。

表 5-1　国家数字文化网用户体验测量题项

体验维度	评价题项	编号
感官体验 A	网站界面色彩搭配美观	A1
	网站导航栏目层级清晰	A2
	网站整体界面布局合理	A3
内容体验 B	网站多媒体文化资源种类丰富（图片、音频、视频等）	B1
	网站文化信息资源更新及时	B2
	网站文化信息资源内容全面	B3
功能体验 C	网站搜索功能健全	C1
	网站平台响应迅速	C2
	网站平台没有出现链接错误或无法打开的现象	C3
	用户能自行完成文化资讯的查询、浏览等相关操作	C4
服务体验 D	网站能快速检索我所需要的信息	D1
	网站可依据个人喜好提供个性化页面和推送服务	D2
	网站服务项目满足我的使用需求	D3
	有问题可以方便地与管理人员进行沟通	D4

续表

体验维度	评价题项	编号
价值体验 E	网站提供的文化资源对个人很有用	E1
	网站能激发我对文化学习的积极性	E2
	网站平台有利于提升我的文化素养	E3
情感体验 F	网站对个人隐私有保障	F1
	使用网站过程总体感觉是满意的	F2
	我会向其他人推荐使用	F3

5.2.5　国家数字文化网用户体验测评数据分析

（1）描述性统计分析。本部分的数据样本均来自问卷调查。在 60 位用户体验测试对象中，研究对象职业范围为学生、企业员工、事业编制（公务员等）、专业技术人员（教师、医生、科研人员等）及其他职业（个体户、自由职业者、离退休人员）。被测用户的基本信息统计如表 5-2 所示。从调研对象的身份属性来看，研究生数量比较多，多为学生、公共文化机构负责人员和科研学者，且都集中于老用户，使用时间较长，对平台的功能认知和操作方式都较为敏感，对国家数字文化网的用户体验营销测评具有较好的基础。

表 5-2　被测用户基本信息统计

性别分布		年龄分布			职业分布
男性	女性	18 岁以下~25 岁	26~30 岁	30 岁以上	学生 21 人（35%）
32%（19 人）	68%（41 人）	38%（23 人）	17%（10 人）	45%（27 人）	企业员工 7 人（12%）
学历分布		老用户使用频率			事业编制 11 人（18%）
本科生及以下	研究生及以上	每周使用	每月使用	需要时才使用	专业技术人员 17 人（28%）
17（28%）	43（72%）	10%（3 人）	27%（8 人）	63%（19 人）	其他 4 人（7%）

（2）信度与效度分析。信度与效度主要用来评估问卷的可靠程度，是对后续数据样本统计分析的基础。根据经典的 L. J. Cronbach 的 α 系数，α 系数值大于 0.65 说明问卷属于比较可信的范围。利用 SPSS 21.0 数据分析软件，检验国家数字文化网 20 个测评题项的一致性程度，测得总体 α 系

数为 0.844，每组题项的 α 系数均大于 0.65，因此问卷具备良好的信度，见表5-3。

表 5-3　变量信度检验结果

Cronbach Alpha	*N* of Items
0.844	60

对样本数据进行 KMO 和 Bartlett 球体检验，若 KMO 检验系数大于 0.5，Bartlett 球体检验的显著性概念小于 0.05，说明问卷具有较好的结构效度。本样本结构数据分析中，KMO 系数为 0.822，且显著性小于 0.05，说明用户体验模型的数据样本具有代表性，见表 5-4。

表 5-4　变量效度检验结果

Kaiser-Meyer-Olkin 测量取样适当性		0.822
Bartlett 的球形检验	大约卡方	848.175
	df	190
	显著性	0.000

（3）因子分析。用户细分可以描绘出符合用户特点的标签，形成多样化的信息需求群体，并根据不同群体呈现的特点与偏好，提高信息服务的精准度，因此，本书选取因子分析法进行用户群细分。因子分析可以通过主成分分析法从变量群中提取共性因子，将本质相同的数个变量归入一个主因子。通过因子分析将国家数字文化网的用户进行市场细分，并了解每个细分市场用户的特征和体验现状，有利于国家数字文化网正确把握用户需求导向，进而能够实现精准化的用户服务。根据信效度检验结果显示，题项可能存在潜在因子，适合做因子分析。通过 SPSS 21.0 对所有问卷获取的样本数据进行主成分分析，运用最大方差法进行因子旋转，结果如表 5-5 所示。其中，提取特征根大于 1 的因子后，因子累计方差解释率为 75.003%，模型可以接受。根据图 5-2 可以发现，特征值到第 6 个因子开始坡度减缓，因此提取 6 个成分的方差载荷比例信息较为充分。

表5-5 旋转平方因子分析的方差载荷比例

成分	起始特征值			旋转平方和载入		
	合计	方差贡献率%	累积贡献率%	合计	方贡献率%	累积贡献率%
1	9.069	45.343	45.343	4.158	20.788	20.788
2	2.491	12.454	57.797	3.566	17.832	38.620
3	1.320	6.599	64.396	2.784	13.918	52.538
4	1.116	5.582	69.979	2.616	13.080	65.618
5	1.005	5.024	75.003	1.877	9.385	75.003
6	0.759	3.795	78.798			
……	……	……	……			
19	0.103	0.514	99.678			
20	0.064	0.322	100.000			

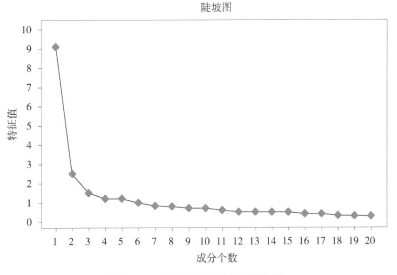

图5-2 因子分析的碎石图结果

观察各因子在原始变量上的负荷值，抽取符合大于0.5以上的因子组成国家数字文化网用户市场的公因子，如表5-6所示。

表 5-6　旋转成分矩阵 α

评估题项	成分				
	1	2	3	4	5
A3 网站整体界面布局合理	0.846				
A2 网站导航栏目层级清晰	0.821				
F2 使用网站过程总体感觉是满意的	0.730				
A1 网站界面色彩搭配美观	0.709				
C1 网站搜索功能健全	0.644				
D1 网站能快速检索我所需要的信息	0.559				
E2 网站能激发我对文化学习的积极性		0.807			
E1 网站提供的文化资源对个人很有用		0.792			
E3 网站平台有利于提升我的文化素养		0.791			
F3 我会向其他人推荐使用		0.615			
B2 网站文化信息资源更新及时			0.780		
B3 网站文化信息资源内容全面			0.711		
B1 网站多媒体文化资源种类丰富（图片、音频、视频等）			0.606		
F1 网站对个人隐私有保障			0.542		
C4 用户能自行完成文化资讯的查询、浏览等相关操作				0.682	
D2 网站可依据个人喜好提供个性化页面和推送服务				0.673	
D4 有问题可以方便地与管理人员进行沟通				0.664	
D3 网站服务项目满足我的使用需求				0.569	
C3 网站平台没有出现链接错误或无法打开的现象					0.838
C2 网站平台响应迅速					0.724

各个公因子的初步命名和相关特征如下：

因子 1：界面功能因子。方差贡献率为 20.788%，因子载荷 $\in$ [0.559, 0.846]。该因子包含网站布局、导航层级设计、界面美观和检索功能等，涵盖了平台用户体验过程中的外观与性能偏好。

因子 2：价值认知因子。方差贡献率为 17.832%，因子载荷 ∈ [0.615，0.807]。该因子涵盖了用户体验过程中对平台的整个价值认知和思考，所包含的 4 个题项综合体现了用户对数字化资源服务的态度。

因子 3：资源需求因子。方差贡献率为 13.918%，因子载荷 ∈ [0.542，0.780]。该因子包括了资源内容、种类、更新速度等，是增强公共数字文化服务平台的用户黏性的重要影响因素。

因子 4：平台服务因子。方差贡献率为 13.080%，因子载荷 ∈ [0.569，0.682]。该因子包括用户对平台的个性化页面、推送和平台服务项目的需求和期待，是公共数字文化网络平台营销的重要体验要素。

因子 5：技术需求因子。方差贡献率为 9.385%，因子载荷 ∈ [0.724，0.838]。该因子包括网站页面的稳定性、有效性和网速快慢，是直接影响用户在体验过程中的使用时间的主因子。

(4) 聚类分析和判别验证分析。聚类分析指抽取类似的个体组成多个类的探索性分析过程。一般实证研究中有两种处理办法：一是根据研究目的结合实际市场情况对聚类结果的要求选择分类方法和聚类个数；二是采用多种聚类方法进行预分析，选取结果中的共同影响因子。若最终结果都一致，说明聚类结果如实反映研究目的，但对于有争议的样本则用判别分析方法进一步归类。❶ 因此选择 K-Means 均值聚类方法对国家数字文化网的用户进行市场细分，并最终通过判别分析检验分类方案的合理性。

由于样本量细分市场人群数未知，选择系统聚类方法先进行聚类个数范围的预分析，将提取的 5 个公因子作为聚类变量，聚类预分析范围定为 3~10 个，并采用离差平方和法进行快速聚类，最终初步确立聚类范围在 3~7。之后基于 5 个主因子进行 K-Means 聚类。当细分为 3 个聚类数时，"技术需求因子"差异不显著（P=0.39>0.01）；当细分为 4 个聚类数时，"平台服务因子"差异不显著（P=0.12>0.01）：所以排除这两种聚类方式。将聚类个数分别设置 5 和 6 依次进行聚类，并采用进行判别验证，结果如表5-7所示。结合显著性差异、F 值变化和判别验证，最终选择聚类为 6 个子市场，Wilks' Lambda 验证所有判别函数具有显著性，98.3% 原始分组观察值可以被正确分类，93.3% 交叉验证分组观察值可以被正确分类，分类结果较为合理。最后

❶　南英子. 聚类分析结果的有效性辨析 [J]. 统计与决策，2008（20）：157-158.

得到最终聚类中心，如表5-8所示。

表5-7 K-Means 聚类方差分析及判别验证结果

聚类方案 因 子	聚类个数为5		聚类个数为6	
	F	Sig.	F	Sig.
界面功能因子	9.848	0.000	16.219	0.000
价值认知因子	7.462	0.000	11.405	0.000
资源需求因子	15.702	0.000	11.730	0.000
平台服务因子	5.869	0.001	10.145	0.000
技术需求因子	28.008	0.000	16.157	0.000
判别分析结果	98.3%原始分组观察值已正确分类。91.7%交叉验证分组观察值已正确分类。		98.3%原始分组观察值已正确分类。93.3%交叉验证分组观察值已正确分类。	

表5-8 最终聚集中心

	聚类					
	1	2	3	4	5	6
界面功能因子	−0.419	−0.497	0.845	0.480	0.725	−1.270
价值认知因子	0.394	−0.936	0.800	−1.907	−0.010	0.426
资源需求因子	−0.170	−0.998	−0.613	1.309	0.420	0.927
平台服务因子	0.294	−0.030	−0.879	−1.404	0.876	−0.434
技术需求因子	−1.518	0.139	0.329	−0.251	0.286	0.895

在确立的6个子市场中，F值最大的为"界面功能因子"和"技术需求因子"，是公共数字文化平台体验较为敏感的主因子。平台的性能设计对公共数字文化平台用户体验效果影响显著，进行感官体验营销和功能体验营销将会促进用户的剧增和分群。根据表5-7最终聚类分析结果，将我国公共数字文化平台用户归纳为以下6个用户细分市场，如表5-9所示。

表 5-9　市场细分类型

用户市场细分类型	实验对象编号
碎片浏览型用户	Q8、Q12、Q26、Q36、Q45、Q47、Q48、Q49、Q51、Q53、Q56
深度目标型用户	Q13、Q14、Q17、Q20、Q30、Q35、Q37、Q46、Q55、Q60、Q57
研究参考型用户	Q7、Q9、Q21、Q27、Q32、Q33、Q40、Q44、Q52
服务体验型用户	Q10、Q38、Q43
市场边缘型用户	Q1、Q3、Q4、Q5、Q6、Q11、Q15、Q16、Q18、Q23、Q28、Q31、Q34、Q42、Q50、Q54
资源密集型用户	Q2、Q19、Q22、Q25、Q29、Q39、Q41、Q58、Q59

5.3　公共数字文化项目用户体验测评结果分析

5.3.1　用户体验整体评估结果

研究选取均值 β 表示每个体验维度的评估结果，并根据用户的李克特量表的得分统计出用户对国家数字文化网的总体均值，计算结果如图 5-3 所示。

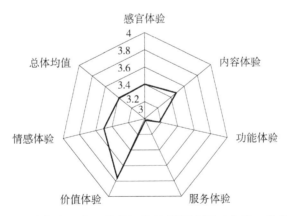

图 5-3　国家数字文化网整体评估结果雷达图（来源：笔者绘制）

从图 5-3 来看，首先，国家数字文化网的六个维度的整体均值达 3.39，其中用户对国家数字文化网的"价值体验""内容体验""情感体验"和"感官体验"用户体验评价均高于整体均值，"功能体验"和"服务体验"评价均低于整体均值。说明国家数字文化网的服务方式较为传统，缺乏个性化服务；其次，用户交互操作体验感有待提升，平台性能建设较弱。从雷达图整体来看，国家数字文化网的总体评价与单项评价之间存在一定差距，说明国家数字文化网各个体验模块的融合还有待加强，用户的整体体验还存在很大的提升空间。

5.3.2 公共数字文化项目用户体验各维度评估结果

研究选取的各指标均值 λ 和总体均值 β 是 60 位测试者对每项测量题项的评分结果所得平均值，20 项指标全是正面描述，得分越高说明用户越认可。为了使统计数据更直观，笔者根据李克特量表的计分分析规则，在问卷完成后，对某些成组的选项进行总并分类。得分 $\gamma \in [1,3)$ 分代表不认可，$\gamma \in [3,4)$ 分代表不确定，$\gamma \in [4,5]$ 分代表认可，其中人数统计采用百分比制。

（1）感官体验

感官体验是用户对国家数字文化网在视觉层面上的观感。从表 5-10 可以看出，三个指标题项都只有接近半数的用户认为网站界面是友好的。国家数字文化网界面设计共 30 多个频道页，拥有海量的数字文化信息资源。网站的界面布局和导航层级设计是否科学是用户能否高效获取文化信息资源的关键。通过用户的感官体验访谈了解到以下问题：第一，网站首页标识和类目过于繁杂，新闻头条注释和标题整体分离，留白过多，导致查找实际所需信息受阻。第二，页面和栏目层级关系揭示不明显。比如，从试听空间版块进入热点专题，直接跳转到新页面热点专题中的试听内容，两个页面内容各异，但并未见明显隶属关系。第三，导航栏目设计有重叠，浏览出现迷航。比如，网站首页"视听空间"与同级导航"公共文化云"版块下的二级栏目"视听空间"，这两者内容收录完全不同，但导航栏目命名却一样。

表 5-10 感官体验测评统计

测量题项	不同意	不确定	同意	均值 λ	总体均值 β
网站界面色彩搭配美观	13.33%	33.33%	53.34%	3.52	
网站导航栏目层级清晰	21.67%	26.67%	51.67%	3.37	3.40
网站整体界面布局合理	25.00%	26.67%	48.33%	3.32	

（2）内容体验

用户对于内容服务的主观感受较为平均，总体体验良好，见表 5-11。但根据对测评对象内容体验的深度访谈，可以总结得出存在以下问题：（1）国家数字文化网的"新闻资讯发布版块"倡导以权威信息发布主导，推送国内外最新文化动态和公共文化服务领域相关资讯，但现阶段网站内容服务定位不突出，表现为其发布的文化要闻已被有关文化部门发布过。（2）国家数字文化网在进行海量信息资源推介前并未对其进行有效的分类整合，网站内容分类较为杂乱，需要耗费时间进一步追踪相关内容。例如，主题活动栏目下面设置了三个二级栏目——当前热推、精品专题和精彩活动，三个栏目并列摆放，但内容上无明显区别。（3）网站信息资源看似繁多，但公共文化资源种类却单一，像博物馆、美术馆的展览信息等更是欠缺。

表 5-11　内容体验测评统计

测量题项	不同意	不确定	同意	均值 λ	总体均值 β
网站多媒体文化资源种类丰富（图片、音频、视频等）	6.67%	18.33%	75.00%	3.39	3.48
网站文化信息资源更新及时	11.67%	31.67%	56.67%	3.55	
网站文化信息资源内容全面	13.33%	30.00%	56.67%	3.50	

（3）功能体验

功能体验是指用户在浏览网站过程中的性能和效率上的主观感受。国家数字文化网登载了音频资源、电子图书、多媒体课件以及益智互动游戏等多种多媒体类型的文化信息，因此要满足用户的交互操作，首先要保证平台的稳定性和可用性。但根据测试结果来看（见表 5-12），只有 40% 的用户能自行完成文化资源的查询，且 λ 和 β 都处于较低水平，说明平台的搜索功能不健全是导致功能体验较低的主要原因。根据功能体验访谈可发现以下问题：第一，浏览器不兼容，部分视频无法播放，无人维护。第二，缺乏智能检索，首页的检索框只能检索新闻资讯类，无法检索视频、讲座等资源，检索功能比较单一。例如，查找"我们的中国梦·文化进万家"专题活动时，不输入完整字段无法进行搜索，即当搜索内容"文化进万家"时显示"您输入的网址无法访问"，搜索"我们的中国梦·文化进万家"只显示了相关文章，具体活动只能在精品专题栏目下才能找到。第三，视频专栏无目录索引，查找所需目标视频时还需进行地毯式搜索。

表5-12　功能体验测评统计

测量题项	不同意	不确定	同意	均值 λ	总体均值 β
网页搜索功能健全	33.33%	30.00%	36.67%	3.01	
网页平台响应迅速	23.33%	41.67%	35.00%	3.33	3.18
网页平台没有出现链接错误或无法打开的现象	31.67%	15.00%	53.33%	3.27	
用户能自行完成文化资讯的查询、浏览等相关操作	35.00%	25.00%	40%	3.12	

（4）服务体验

服务体验是指网站呈现给用户的交互体验，强调网站对于自身服务的实现程度。国家数字文化网建设旨在搭建群众文化活动的综合性交流平台，针对不同的服务对象设计不同的资源服务方案。但从表5-13可以看出，服务体验各项指标 λ 和 β 都处于最低水平，国家数字文化网个性化服务仍未落实到位，一方面，网站信息查询利用对于用户存在一定的阻碍；另一方面，国家数字文化网缺乏个性化服务，传统的 Web 网站服务并不能满足用户的文化需求，也不能实现用户与管理人员的及时沟通和反馈。结合以上数据，对测试者进行深度访谈，可发现具体问题表现在以下方面：第一，网页交流反馈渠道少，留言板位置隐蔽，用户无法及时进行信息反馈。第二，平台缺乏页面弹出提醒，导致用户操作时无法确认是否操作成功，例如，在"信息互动"留言并点击提交后并未出现"提交成功"之类的提示，容易让用户误以为未能提交成功并重复进行提交。第三，公共服务项目单一，平台只注重信息输出，不重视用户信息输入，用户缺乏文化心得分享的平台。

表 5-13　服务体验测评统计

测量题项	不同意	不确定	同意	均值 λ	总体均值 β
网页能快速获取我所需要的信息	33.33%	30.00%	36.67%	2.97	
网页可依据个人喜好提供个性化页面和推送服务	23.33%	41.67%	35.00%	3.00	3.02
网页服务项目满足我的使用需求	31.67%	15.00%	53.33%	3.10	
有问题可以方便地与管理人员进行沟通	35.00%	25.00%	40.00%	3.00	

（5）价值体验

价值体验是指用户在使用国家数字文化网所获得的实际效益。如表 5-14 所示，价值体验的各项指标 λ 和 β 都处于较高水平，其中测量题项"网页提供的文化资源对个人很有用"λ<β，且处于价值体验评价指标的最低水平，说明网站要提升用户的价值体验，需要适应群众的文化需求，建设更加具有针对性的文化主题资源，才能更好地契合国家数字文化网全民文化共享的发展理念。在对测试者进行深度访谈时，网站的价值体验得到了测试者的一致肯定。

表 5-14　价值体验测评统计

测量题项	不同意	不确定	同意	均值 λ	总体均值 β
网页提供的文化资源对个人很有用	8.33%	20%	71.67%	3.55	
网页能激发我对文化学习的积极性	10.00%	35.00%	55.00%	3.67	3.76
网页平台有利于提升我的文化素养	5.00%	16.67%	75.00%	4.05	

（6）情感体验

情感体验是指国家数字文化网对用户使用心理上的影响，强调平台友好性。如表 5-15 数据所示，60% 的用户对使用网站的整体过程是满意的，说明用户普遍认为国家数字文化网的平台是友好的。但同时有 59.33% 的测试者认为平台对个人隐私是没有保障的，所以隐私保障是影响用户情感体验的主要因素。在进行深度访谈时，有用户提出在进行课程预约时需要留下个人地址和电话，在留言板留言时还需要提供邮箱，但填写后网站却无任何页面提示，这让用户在使用过程中产生"不安感"，认为自己的隐私受到威胁。

表 5-15　情感体验测评统计

测量题项	不同意	不确定	同意	均值 λ	总体均值 β
网页对个人隐私有保障	11.67%	46.67%	41.67%	3.40	
使用网页过程总体感觉是满意的	10.00%	28.33%	60.00%	3.40	3.50
我会向其他人推荐使用	10.00%	31.67%	58.33%	3.70	

5.3.3　公共数字文化项目各细分用户体验评估结果分析

通过国家数字文化网的各体验维度的用户体验现状和差异性分析，可发现平台已经吸引若干忠诚的用户群体，这些群体对平台的资源、服务等方面的差异化需求也逐步明显，并逐渐形成了用户分群。本书尝试将营销领域的市场细分理论引进用户体验评估分析中，将国家数字文化网的用户展开市场分群。

利用 SPSS 21.0 将每类用户评价数据进行统计，计算出 6 个子市场在 5 个公因子上的平均值，得出用户对中国公共数字文化平台营销效果评估的最终得分，如表 5-16 所示。从各主因子得分来看，用户"资源需求因子"得分最高，说明中国公共数字文化服务平台在文化资源类型、资源更新等模块的用户体验较为良好。而"平台服务因子"得分最低，说明网站服务还停留在传统服务阶段，没有新业务功能建设来增加用户使用黏性，个性化服务营销组合策略还有待挖掘。从各细分市场得分平均值来看，由于多数市场边缘型用户在平台使用过程中属于新用户类型，对平台的性能和服务不敏感，因此得分最高。制定新的营销组合策略，可促使其向深度目标型用户发展。资源密集型用户得分最低，且各项主因子得分普遍偏低，说明网站资源整合还有待提高。

表 5-16　中国公共数字文化平台各细分市场用户体验评估得分

市场类型 因子类型	碎片浏览型用户	深度目标型用户	研究参考型用户	服务体验型用户	市场边缘型用户	资源密集型用户	各主因子得分平均值
界面功能因子	2.73	2.68	3.58	3.06	4.14	2.78	3.16
价值认知因子	3.80	2.91	4.23	2.50	4.09	3.17	3.45

市场类型 因子类型	碎片浏览型用户	深度目标型用户	研究参考型用户	服务体验型用户	市场边缘型用户	资源密集型用户	各主因子得分平均值
资源需求因子	3.30	2.67	3.58	3.67	4.09	4.17	3.58
平台服务因子	3.02	2.39	2.80	2.08	4.00	2.83	2.85
技术需求因子	1.86	2.77	3.75	3.00	4.09	3.89	3.23
各市场得分平均值	2.94	2.68	3.59	2.86	4.08	3.37	

5.4　服务营销视角下公共数字文化项目用户体验提升路径

数字时代，人们日益增长的文化需求使得其对公共数字文化服务更加趋向于资源的可及性和体验的舒适度。一味地进行资源建设与整合，而忽视网站性能建设，已经无法满足人们的需求。以提升用户体验为导向，开展公共数字文化项目的服务营销活动已是大势所趋。公共数字文化服务平台本身拥有丰富的数字文化资源，实现精准服务营销要从海量、高密度、低价值的数据中精准挖掘并抓取用户需求，主动推送给用户。基于此，本书采用用户细分方法展现了现阶段公共数字文化服务平台用户信息全貌，了解当前用户群体及其类型、不同类型用户的使用需求，并有针对性地提出平台建设策略，以实现符合用户需求的服务营销，提高现有用户的黏性。从调查结果来看，国家数字文化网在价值体验和情感体验上得到基本肯定，但在"感官体验""内容体验""功能体验""服务体验"方面还存在明显不足。从用户细分的结果来看，当前公共数字文化平台主要有以下 6 种类型：碎片浏览型、深度目标型、研究参考型、服务体验型、市场边缘型、资源密集型。为进一步识别 6 个子市场人群的体验特征，本书对每一市场类别人群逐个进行了深度访谈，了解用户体验具体影响因素，并针对每个子市场用户的核心诉求，制定针对性的服务营销策略，不断提升每个子市场对公共数字文化平台服务的用户体验。

5.4.1 针对碎片浏览型用户：跨渠道分销资源

碎片浏览型用户利用碎片化时间使用平台需求明显，实时需求少，因此对"技术需求因子"和"界面功能因子"不敏感，评估结果得分较低。要提高该类用户的体验好感，需要完善移动端渠道，将文化资源有效整合并进行跨渠道分销，方便用户利用碎片化时间随时随地收集和反馈信息。具体从以下几个方面着手：（1）突破限制，倡导整合博物馆、美术馆等其他文化机构的文化资源，开设专题展览活动。（2）平台可以增加 LBS 功能，可以向用户展示最近浏览的文化信息，并可按需发送好友请求，实现资源互相分享。（3）平台可以增加抖音、小红书等分享功能，以当前用户更喜闻乐见的方式进行分享，扩大公共数字文化的互联网影响力。（4）拓宽高校图书馆和教育机构网站的登录入口。可与高校官方网站或高校图书馆进行合作，与学校或机构网站主页形成友情链接，以方便高校学生和科研人员获取公共数字文化信息，从而提高用户资源利用效率，提升用户满意度。

5.4.2 针对深度目标型用户：及时提升平台性能

深度目标型用户多为公共数字文化平台的老用户，对"平台服务因子""界面功能因子"等平台性能要求较高。由于多次访问登录，深度目标型用户比新用户更能发现网站存在的问题，所以各项主因子得分普遍偏低，说明当前公共数字文化平台的营销方式有待改进。针对以上问题，平台应该动态收集用户体验反馈，并对平台性能和界面进行实时维护。（1）可增加网页"浏览历史"的小窗口，一方面可方便用户进行二次登录后的信息利用，另一方面可根据用户浏览的历史轨迹分析用户的信息热点需求，主动感知用户使用习惯，利用导航或标签开展智能化推送等延伸服务。（2）深化资源检索项目，完善不同类型资源的检索功能。网站可增加视频和讲座检索通道，不同类型的信息资源可以有不同的检索方式，检索框可以增加新闻资讯、专题视频、专题讲座等检索分类条目，还可对视频专栏建立目录索引，提高用户的资源利用效率。（3）加强用户与网站之间的交互。首先要强化问题咨询模块，将留言板转移到更为显眼的位置，也可设置人工咨询窗口，提高用户的使用效率。在讲座、视频、热点专栏下增加用户留言评论区，通过用户留言实时了解用户关注的热点。其次增加页面友情提醒。例如，当网站网页或是视频无法打开的时候，网站应弹出"页面错误"提醒，且用户在留言板进行留言时应弹出"提交成功"提醒，防止用户因无法获取信息或不确定是否提交而进行重复点击。（4）可根据用户地理位置定位，提供用户所在行政区的文化资源（含内容、活动与服务等），也可当用户打开国家数字文化网时，在网页显著位置或者配以图文信息，提示用户点击链接可获得当地分中心网站的资源。

5.4.3　针对研究参考型用户：调试适宜的信息密度

从评估结果分析，"价值认知因子"得分最高，说明研究参考型用户是以一定的使用价值为持续使用导向。根据调查问卷的属性特征对应分析，可发现此类用户多为科研学者、学生等。"平台服务因子"最低，说明此类型用户使用目的性较强，对平台服务并不敏感。公共数字文化平台拥有海量的信息文化资源，过于密集的信息可能会降低用户的好感度，因此平台应重点考虑用户的认知水平，不断调试建立密度适宜的信息，从而提高此类型用户的信息利用率。（1）以"内容"为王，即不能对国家文化部已发布过的新闻资讯进行简单"搬运"，或进行文化资源的重复"堆砌"。具体来说，应重视独家精品文化资源专题建设，开发符合用户需求的特色功能模块，突出服务定位，增强用户黏性。（2）网站首页内容的编排应该立足于广泛的用户调查，明确用户的热点需求并不定期地进行改版优化。（3）采用标签框架结构。帮助用户快速把握系统的主要功能，选择目标信息内容，可以克服内容展示复杂、用户难以适用的问题。

5.4.4　针对服务体验型用户：动态主题产品供应

服务体验型用户更关注公共数字文化平台的资源与服务，对平台推出的新服务，都愿意进行尝试和体验，对平台的服务项目和服务水平较为敏感。结合评估结果来看，"平台服务因子"分值都处于最低水平。具体表现为平台提供服务项目过于传统化，没有自己特有的品牌项目；平台建有"慕课"项目，但慕课拥有独立的 App 软件，用户会更倾向于选择 App 进行课程学习。综上，要提高该类用户的体验，在产品选择上要重点关注用户偏好，制定动态主题产品和新业务功能的营销组合策略。可以从以下几个方面着手：（1）设立偏好登记区域。定期收集热点信息，并以此开发热点专题，以季度为周期进行动态的调整。可设置多类型反馈，允许用户使用视频、语音等进行反馈。（2）特色主题产品"垄断"，建设适用于各年龄段、各行业人群的文化需求偏好特色主题产品并进行资源"垄断"，避免文化信息资源的同质化，保证产品资源的独特性和不可替代性。（3）加强用户与用户之间的交互。目前我国很多数字文化网、数字图书馆等网站缺乏用户间交互子模块。网站可以建立特定社区版块或者在公共文化论坛模块，鼓励网站用户在文化交流区分享自己的使用心得，用户也可将自己感兴趣的文化资源进行推荐和分享，进而实现价值共创，增强用户的体验感。

5.4.5 针对市场边缘型用户：综合立体的广告营销

市场边缘型用户多为新用户，对公共数字文化平台的资源、服务、性能都处在初步摸索阶段，所以各项主因子得分偏高。通过深度访谈可以发现，大多数用户在测试之前对"国家数字文化网"和"公共数字文化"并未有过了解，说明目前公共数字文化网站的普及率偏低，互联网影响力较小。用户对于公共数字文化的认知较为欠缺，对于此类细分市场的用户，进行综合立体的广告推广营销可以促使其向成熟型用户迈进。（1）自媒体广告营销。选择合适的微信公众号、微博公众号等线上媒体进行平台及平台资源的宣传推送，增强互联网辐射力。（2）公共媒体广告营销。可采取主题书友交流会、赞助学校比赛等方式，进行公共数字文化平台的介绍和推介。（3）线下广告营销。可选择人流量较大的地铁站进行灯箱推广，或采取文化主题地铁的方式进行线下推广。

5.4.6 针对资源密集型用户：平台界面和功能优化

资源密集型用户对网站的资源和价值体验具有较高评价，但从评估结果来看，用户"界面功能因子"和"平台服务因子"偏低。为提升资源密集型用户的体验，要重点做到以下几点：（1）精简子网页数，加强不同模块的融合，减少用户翻页。因为网页标识重复，页面数目繁杂会导致网站不同服务模块切换不便，进而导致迷航。（2）要确保资源导航的扁平化，方便用户的页面跳转，并根据用户的网上行为习惯，控制页面和导航元素的数量，提高用户对平台的使用效率。（3）加强浏览器的兼容性。虽然当前对网站的兼容性问题并没有统一的解决工具，但网站建设者也需要不断调试浏览器网页的显示效果，尽可能提供更多的网络接口，定期进行维护。

第6章

服务营销视角下公共数字文化项目网站互联网影响力评估

"影响"一词在《辞海》中的解释是：对别人的思想或行动所起的作用。"影之随形，响之应声。"[1] 有形有声，是造成影响的必要因素。"影响力"一词则是舶来品[2]，它指的是一事物对其他客观事物所发生作用的力度。[3] 罗伯特·西奥迪尼在其专著《影响力》一书中对其进行了形象的描述：政治家运用影响力获得选举的胜利，商人运用影响力进行商品销售，推销员运用影响力使客户乖乖捧上金钱。即使是朋友和家人，也会不自觉地对你施加某种影响。然而究竟是为什么，当某一个要求以不同的方式提出来时，你的反应会发生从抵抗到合作的变化呢?[4] 从本质上来说，影响力表现为影响力的发出者对其接收者在认知、倾向、意见、态度和信仰以及外在行为等方面的、符合目的性的控制作用。[5]

6.1 公共数字文化项目网站互联网影响力与服务营销

各类公共数字文化服务平台如网站、广播、电视及新媒体等是传播公共数字文化资源及服务的重要阵地。与广播、电视相比，服务主体通过网站提供的资源更加多样化，服务对象对服务内容的选取更具主动性。因此，网站成为公共数字文化项目提供服务的主渠道。

公共数字文化项目网站互联网影响力体现在网站为实现优秀的文化导引、

---

❶ 夏征农. 辞海 [M]. 北京：辞书出版社，2002：4190.

❷ 喻国明. 影响力经济——对传媒产业本质的一种诠释 [J]. 现代传播，2003（1）：1-3.

❸❺ 李世雷. 电视栏目影响力分析 [D]. 长沙：中南大学，2009：2.

❶ 罗伯特·西奥迪尼. 影响力 [M]. 陈叙，译. 北京：中国人民大学出版社，2006：5.

便捷的服务供给等，面向互联网用户群体传递信息和服务，在用户认知、倾向、意见、态度和信息以及外在行为等方面发生作用的力度。如果说用户体验实验是从用户视角出发，为开展公共数字文化服务营销提供数据支撑，那么公共数字文化项目网站互联网影响力研究则是从服务主体的视角出发，通过考察现有的公共数字文化网站在当前互联网大生态环境中对用户认知、使用意向、态度及行为等的作用力度，为充分利用服务营销组合要素，发挥其网站效能奠定基础。从本质上来说，公共数字文化项目网站互联网影响力反映了网站信息的可获取度和可利用率，是衡量其整体效益的标准。当前我国公共数字文化建设的重点即须明确公共数字文化项目——公共数字文化网站影响力及网站当前服务的整体成效，才能更有效地在平台服务营销发展过程中发挥导向作用。

然而，随着搜索引擎及博客、微信和微博等各类新媒体的不断涌现，公众的信息行为规律被彻底改变，网站作为传播信息的主要平台，其影响力呈急速弱化的趋势，在公共数字文化服务领域主要表现为：传统情境下，用户一般通过网址收藏、页面导航或直接输入网址等方式进入公共数字文化网站首页，通过分类浏览或搜索等方式获取公共数字文化资源和服务；而在搜索引擎、微信、微博等的影响下，用户查找相关公共数字文化资源的首选渠道可能并非公共数字文化网站，而是通过搜索引擎或者浏览微博或微信等信息获取相关资源。以搜索引擎为例，用户在搜索引擎上输入公共文化服务相关的关键词时，搜索引擎会将用户直接导引到公共数字文化网站类目最底层的具体内容页面上去，进而直接跳过该网站的首页，使其信息搜索行为呈现出明显的"去中心化"特征。不过事实上，我国公共数字文化项目在网站建设过程中，并未对这种变化予以应有的重视，很多公共数字文化资源对搜索引擎等信息传播渠道的适用性较低，即用户通过搜索引擎查询数字文化信息时，公共数字文化网站的具体网页在搜索引擎中排名并不靠前，因而导致优秀的公共数字文化资源及服务无论在网络覆盖面方面还是传播力度方面均显不足，公共数字文化项目的互联网影响力较弱。2015年，公共文化司曾在文化部例行新闻发布会上指出，我国公共数字文化建设虽然已经取得一定的成绩，但在这些公共数字文化服务平台上仍旧存在供需不对接、管理规范化水平低等突出问题，并提出要统筹国家级公共数字文化工程，实现以需求为导向，进一步加强公共数字文化资源建设。同时要加强效能评估，借助新兴媒体，增强辐射能力，提升服务效能。其中，"借助新兴媒体，增强辐射能力"表明了提升公共数字文化项目互联网影响力的内在要求。

因此本书基于现有的国家级公共数字文化服务平台，构建科学的网站互联网影响力评估体系，开展公共数字文化网站互联网影响力评估工作，精准评估网站互联网影响力水平，以结合服务营销理论探讨公共数字文化网站影响力提升的手段，旨在为社会公众提供更加及时、更加便捷、内容更加优质的数字文化信息服务。

6.2　公共数字文化网站互联网影响力评估体系

通过对公共数字文化服务评估的相关文献进行总结和梳理可以发现，有关互联网影响力评估的研究较少，学者们倾向于选择单一视角或单一对象进行研究，却未从公共数字文化项目整体视角进行互联网影响力探析。当前有关公共数字文化网站互联网影响力的相关研究主要涉及公共数字文化影响力评估主体、评估指标、评估方法等几个主题领域。

6.2.1　公共数字文化服务平台互联网影响力评估主体

从理论上来说，公共数字文化网站的互联网影响力评估主体可分为三类：政府主管部门、公共数字文化服务供给机构和网站用户。Kristin R. Eschenfelder 和李宗富分别对政府网站、档案局网站影响力进行评估，并提出以政府等部门信息资源为依托，以信息技术为平台支撑，实现网站内容和性能服务的优化，从而提升网络影响。[1][2] 胡唐明、魏大威和郑建明以我国三大惠民工程为评估对象，构建综合反映公共数字文化建设的评估指标体系，并对我国三大公共数字文化建设项目进行评估。[3] 曹树金、王志红和古婷骅以广东省 18 个地级市数字文化网等网站作为评估主体，构建了公共数字文化机构网站的互联网影响力

---

❶　Kristin R. Eschenfelder, John C. Beachboard, Charles R. McClure, Steven K. Wyman. Assessing U. S. federal government websites [J]. Government Information Quarterly, 1997, 14 (2).

❷　李宗富，张向先. 基于链接分析法的我国省级档案局网站影响力评价研究 [J]. 情报科学，2016，34 (5)：142-147.

❸　胡唐明，魏大威，郑建明. 公共数字文化评价指标体系构建研究 [J]. 图书馆论坛，2014，34 (12)：20-24.

评估体系。❶ 赵乃瑄等学者相继对我国数字图书馆网站进行研究，认为各联盟网络平台建设在内容和质量方面存在较大差异，网络推广力度均明显不足，提出优化图书馆联盟网络平台建设、提高影响力和服务效益的几点建议。❷

从研究主体来看，当前研究极少涉及除图书馆、档案馆外的其他数字文化服务平台的互联网影响力，博物馆、美术馆和公共数字文化工程等主体的互联网影响力还有待进一步探讨。

6.2.2 公共数字文化服务平台互联网影响力评估指标

开展研究工作时，不同学者选择的评估主体不同，因而其构成的评估体系也各有侧重点。从总体来看，公共数字文化服务平台的互联网影响力指标可分为客观和主观两种类型的评估指标。客观评估指标多从网站可用性和网站性能等方面进行互联网影响力评估。例如，段宇锋等从访问人数、人均访问页面数、入链网站数、入链网页数、网络影响因子和网络可见度6项指标，利用层次分析法对我国34个省级行政区电子政务门户网站的互联网影响力进行了评估。❸ 刘文云等以省级公共图书馆为研究对象，将评估指标体系分为网站规模、网站流量、网站被链接量、网络用户关注度、网站利用率5个评估指标。❹ 牛力等以省级政府档案馆为研究对象，用网页数、总链接数、网络影响因子等11项指标进行互联网影响力评估。❺ 郑小荣等以省级审计行政机关网站作为研究对象，用网站规模、网站等级、网站浏览量、外链数量和网络显示度5个评估指标进行互联网影响力评估。❻ 主观评估指标主要来自用户反馈，曾荷从网站内部内容的视角对电子政务信息资源的网站影响力做定性分

---

❶ 曹树金，王志红，古婷骅. 广东省公共数字文化网站调查与分析 [J]. 图书馆论坛，2015 (11)：10-18.

❷ 赵乃瑄，张若冉. 跨系统区域图书馆联盟网络影响力评价研究 [J]. 图书情报工作，2017，61 (7)：28-33.

❸ 段宇锋，刘伟. 电子政务信息资源网络影响力评价指标体系研究 [J]. 情报资料工作，2006 (1)：43-46，51.

❹ 刘文云，周泰冰. 我国省级公共图书馆网络影响力评价研究 [J]. 图书馆建设，2011 (3)：85-89.

❺ 牛力，韩小汀，王为久. 政府档案网站影响力评价研究——基于我国省级档案网站的网络计量 [J]. 档案学研究，2013 (6)：21-25.

❻ 郑小荣，宋裕文，杨佳璇，等. 省级审计机关网站网络影响力实证研究 [J]. 审计研究，2017 (1)：3-11.

析，从信息资源的基本形式、内容建设、获取方式3个方面构建了电子政府信息资源网站影响力内容分析指标体系。[1] 陈斯杰则从用户视角，全面考虑网站特性、感知性、态度及影响力等相关因素，构建了信息资源质量、系统响应性、服务获得性、交互性、感知有用性、感知易用性、忠诚度、认可度、可靠度等指标体系，对科技信息服务网站的影响力进行研究，其数据完全来自用户反馈。[2]

通过对以上评估指标体系的分析可以发现，学者在构建公共数字文化网站互联网影响力指标时，将"网站链接"等作为固定指标纳入指标体系中，而对"网站流量"和"网络可见度"等指标的选取却各有侧重。主观及客观评估指标体系针对不同研究对象各有优劣。主观性评估指标主观性大，获取的数据会有一定偏差但运用性强；客观性评估指标则重在定量分析，科学性强，但通过数据抓取以支撑评估工作的开展具有一定的难度。在进行公共数字文化网站互联网影响力评估时，可根据评估主体和评估侧重点调整指标。

6.2.3 公共数字文化服务平台互联网影响力评估方法

我国公共数字文化网站的互联网影响力评估研究中，使用的评估方法多为平衡计分法、层次分析法和灰色关联度评估法等。曹梅和闵宇锋运用主成分分析等统计方法，对我国31个省级（不含港澳台）教育门户网站进行了网络计量分析，揭示各种网络计量指标对教育网站影响力评估的效用。[3] 胡唐明等通过运用平衡计分卡的方法，结合层次分析法赋予各指标权重，构建综合反映公共数字文化建设的评估指标体系，并对我国三大公共数字文化建设项目进行评估。[4] 卢文辉等利用灰色关联分析法，通过构建网站影响力评估指标

[1] 曾荷. 电子政务信息资源的网络影响力评价研究 [D]. 上海：华东师范大学，2007.

[2] 陈斯杰. 基于用户视角的科技信息服务网站影响力评估研究 [D]. 南京：南京理工大学，2009.

[3] 曹梅，闵宇锋. 教育网站影响力评价的实证研究——基于我国31个省级教育门户网站的网络计量 [J]. 开放教育研究，2011，17（6）：104-110.

[4] 胡唐明，魏大威，郑建明. 公共数字文化评价指标体系构建研究 [J]. 图书馆论坛，2014，34（12）：20-24.

体系，进而对 42 所"双一流"大学图书馆网站的网站影响力进行评估。❶ 于丰园运用链接分析法、搜索引擎、计算工具等，收集我国 14 家教育智库网站的相关数据，使用灰色关联分析对其网站的综合影响力进行排序。❷

从目前所使用的公共数字文化网站互联网影响力评估方法来看，层次分析法较为简便，但主观成分大，适用于难以直接准确计量数据的情况。灰色关联度法的优点在于对数据要求低，操作起来简便易行，但需要对各项指标的最优值进行确定，亦具有一定的主观性。主成分分析法适用于指标较多的情况，可以用少数几个指标代替原指标，同时保留绝大部分信息，但是在降维的同时难免会使原始含义模糊。❸ 因此，在选择评估方法时，要在理解研究对象影响力内涵的基础上，全面揭示网站影响力，从而选择最为适宜的评估方法。

综上所述，当前公共数字文化网站的互联网影响力研究还处于发展阶段，并未形成较为成熟的评估体系。此外，其评估体系的设计多以单一公共文化服务供给机构为对象，亟待对我国公共数字文化项目服务网站互联网影响力开展深入研究。

6.3 公共数字文化项目网站互联网影响力评估过程

6.3.1 评估对象的选取

在我国三大文化惠民工程中，数字图书馆推广工程于 2011 年开始建设，其主要目的在于推动新媒体、新技术在图书馆建设与服务中的应用，以助力更便捷、更丰富、更智能、更高效的数字图书馆产品和服务。❶ 而公共电子阅览室的建设时间相对较短，且其服务对象主要为青少年儿童及农村人口等弱势群体。比较而言，全国文化信息资源共享工程的建设时间最长，其服务覆

---

❶ 卢文辉，高仪婷. 基于链接分析法的大学图书馆网站影响力评价研究 [J]. 数字图书馆论坛，2019（1）：58-65.

❷ 于丰园. 基于链接分析法的中国教育智库网站影响力评价研究 [J]. 江西科技师范大学学报，2019（1）：96-103.

❸ 姜吉栋，彭洁，赵辉. 网站影响力评价研究现状综述 [J]. 情报科学，2015，33（9）：157-161.

❶ 数字图书馆推广工程 [209-01-11]. [EB/OL]. http://www.ndlib.cn/gcjs_1/201108/t20110818_47872.htm.

盖范围及受众最广，被誉为公共文化服务的"二号工程"。● 目前，该工程公共数字文化网络服务平台建设及服务已初见成效，各级服务点都相继建立门户网站，形成了覆盖全国的公共数字文化传播的主要平台。公共数字文化网站是基于社会公众的文化需求，对公共数字文化资源进行有效整合，并为用户提供文化服务的资源共享型网络平台。

全国文化信息资源共享工程在全国范围内建立了自国家、省、地市、县区、乡镇（街道）至村（社区）在内的6级数字文化服务网络。在选取样本网站的过程中，排除了以"国家数字文化网"作为样本的可能性，主要由于该网站是共享工程唯一的国家级公共数字文化网站，没有可对比性。而除去港澳台的共享工程省级分中心网站数量达到31个，分别代表了各省、直辖市和自治区公共数字文化服务的最高水平，因此本书选择共享工程31个省级分中心网站作为样本，根据网络计量学理论建立评估指标体系，从整体性的角度考察网站的互联网影响力水平，旨在进一步探讨网站服务效能的提升策略，为公共数字文化网站服务营销提供参考。

本书通过国家数字文化网主站中各省级分中心的网站链接，选取除去港澳台之后的31个省级文化共享工程门户网站作为研究对象，并进行逐一搜索和访问，结果显示山西省、重庆市和青海省等几个公共数字文化网站长期处于链接失效状态，广东省公共数字文化网站正在维修改版，故将其从研究对象中排除。课题组成员通过多次的访问，最终确定以下27个全国文化信息资源共享工程省级门户网站作为评估对象。具体见表6-1。

表6-1　全国文化信息资源共享工程省级门户网站

省级行政区	名称	网址
北京市	北京市文化信息资源共享工程	http://www.bjgxgc.cn/
天津市	天津市文化信息资源共享工程	http://www.tjgxgc.cn/jsp/gxgc/index.jsp
上海市	全国文化信息资源 共享工程上海分中心	http://whgx.library.sh.cn/
河北省	河北省文化信息资源共享中心	http://www.dhbc.net/

● 文化部加快推进公共数字文化建设［EB/OL］.［2018-03-20］. http://www.mcprc.gov.cn/whzx/bnsj/ggwhs/201510/t20151009_679611.htm.

续表

省级行政区	名称	网址
陕西省	陕西文化信息网	www.shawh.org.cn/
河南省	河南省图书馆	http://www.henanlib.com/
辽宁省	辽宁省数字文化网	http://www.lnwhgx.org/discovery/site/home
吉林省	吉林省图书馆	http://www.jlplib.com.cn/
黑龙江省	黑龙江数字文化网	http://www.ljwhxx.org.cn/
江苏省	江苏省公共数字文化网	http://www.jsgxgc.org.cn/
浙江省	浙江数字文化网	http://www.zjwhgx.cn/
安徽省	全国文化信息资源共享工程安徽分中心	http://www.ahlib.com:9999/ahgxgc/index.html
江西省	全国文化信息资源共享工程江西分中心	http://www.jxdcn.gov.cn/
福建省	海西文化信息网	http://www.fjwh.net/
湖北省	湖北数字文化网	http://hbgxgc.library.hb.cn/
湖南省	全国文化信息资源共享工程湖南分中心	http://www.library.hn.cn/gxgc/
四川省	四川省图书馆	http://www.sclib.org/
贵州省	贵州文化数字网	http://www.gzndc.cn/
云南省	文化共享工程云南省分中心	http://ndcnc.ynlib.cn
海南省	全国文化信息资源共享工程海南分中心	http://gxgc.hilib.com:8089/index.html
甘肃省	甘肃省图书馆	http://www.gslib.com.cn/
内蒙古自治区	内蒙古文化信息网	http://www.nmgcnt.com/
新疆维吾尔自治区	全国文化信息资源共享工程新疆分中心	http://www.xjlib.org/
广西壮族自治区	全国文化信息资源共享工程广西分中心	http://ziyuan.gll-gx.org.cn/gxgc/
宁夏回族自治区	宁夏数字图书馆	http://www.nxlib.cn
山东省	山东文化信息资源共享工程信息服务平台	http://www.sdlib.com/
西藏自治区	文化信息资源共享工程西藏自治区分中心	http://www.tdcn.org.cn/share

6.3.2　评估方法的选择

如前文所述，在公共数字文化网站互联网影响力评估方法中，国外学者多从技术和数据维度，提出利用离散化算法❶和聚类算法❷等数据挖掘技术进行整体评估，而国内学者多采用灰色关联度分析法、层次分析法、主成分分析法进行研究。

公共数字文化网站具有公益性质，与商业性网站相比，其服务主体鲜有主动宣传网站利用的意识和行为，用户对于网站资源获取的积极性和渠道较为有限，因此网站的外部搜索、搜索引擎的收录和用户流量都是直观的考察指标。而在获取数据的若干方法中，网络计量法的应用相对更为广泛。网络计量法是采用数学、统计学等定量方法，对网上信息的组织、存储、分布、传递、相互印证和开发利用等进行定量描述和统计分析，以揭示其数量特征和内在规律的学科。❸ 通过对学者们在研究中所使用的各类评估方法进行优劣分析，本书最终采用网络计量法构建我国公共数字文化项目网站互联网影响力的评估指标体系，进而采用灰色关联度分析法展开实证研究。

6.3.3　评估体系的构建

当前，学界从网络计量的角度对网站影响力进行定量评估时，主要使用链接分析、流量分析、搜索引擎可见性三个指标进行指标体系的构建，利用相关搜索引擎和软件工具获取数据。❹ 有关流量分析，则主要考察网站的访问人数、人均访问页面数、页面访问时间等方面，但由于大部分公共数字文化网站网页并未收录至 Alexa，无法准确获取相关数据，故未被列入本书的考查范围内。最终，根据目前学者的研究进展，兼顾数据的可获取性，本书以网

---

❶　Yeates, R., Guy, D. Collaborative working for large digitisation projects [J]. Program, 2006, 40 (2)：137-156.

❷　Mitrelis A, Papachristopoulos L, Sfakakis M, et al. Mining Digital Library Evaluation Patterns Using a Domain Ontology [C] //In：Herrero P., Panetto H., Meersman R., Dillon T. (eds.) On the Move to Meaningful Internet Systems：OTM 2012 Workshops. OTM 2012. [S. l.]：Springer Berlin Heidelberg, 2012：464-473.

❸　姜吉栋，彭洁，赵辉. 网站影响力评价研究现状综述 [J]. 情报科学, 2015, 33 (9)：157-161.

❹　姜吉栋，彭洁，赵辉. 网站影响力评价研究现状综述 [J]. 情报科学, 2015, 33 (9)：157-161.

站用户流量、网络显示度和应用性能走向等三个角度作为评估重点，选取网站访问人次、总链接数、外部链接数、内部链接数、网络影响因子、外部网络影响因子、内部网络影响因子、总网页数、网页 PR 值 9 个方面作为二级指标，指标体系间的层级关系如表 6-2 所示。

表 6-2　我国公共数字文化互联网影响力评估体系

目标层	指标层		指标内容解释说明
	一级指标	二级指标	
我国公共数字文化互联网影响力评估体系	网站流量指标 A1	网站访问人次 B11	网站访问人次是指在某一段时间内，浏览网站并使用网站信息资源的人数。从一定意义上说网站访问用户越多，网站信息被获取度相对越大，网站的绩效越大。
	网站信息被链接度 A2	总链接数 B21	总链接数是指在搜索引擎的搜索结果中与网站信息存在链接关系的网页总数。该指标是反映网站影响力的主要标志。即总链接数越大，表明网站的被利用程度大、辐射范围广。
		外部链接数 B22	外部链接数是指搜索引擎针对于研究网站范围以外的，检索出与该网站存在链接的网页总数。
		内部链接数 B23	内部链接数是指网站中内部信息的相互链接数。内部链接数反映了一个网站层次组织结构的合理度。
		网络影响因子 B24	网络影响因子是 Ingwersen 于 1998 年提出的一个用于网站互联网影响力评估的一个重要指标。
		外部网络影响因子 B25	外部网络影响因子指链接到网站的外部网页数与网站总网页数的比值，反映该网站被链接的平均水平。
		内部网络影响因子 B26	内部网络影响因子是指网站内部链接数与该网站总网页数的比值，反映了网站自链接平均水平。

续表

目标层	指标层		指标内容解释说明
	一级指标	二级指标	
我国公共数字文化互联网影响力评估体系	搜索引擎可见度 A3	总网页数 B27	总网页数是指用搜索引擎检索出所需评估网页信息的总数量。随着搜索引擎在互联中的普及，大众更加趋向于"主动式"信息获取。所以总网页数直接反映了信息的可见度和可利用率，该指标的获取以百度检索出来的总网页数为主。
		网页 PR 值 B28	网页 PR 值英文全称是 Page Rank，是用来检测网站影响力程度的综合性指标。级别从 0~10 级，10 级为最高级别类的网站。PR 值越大，说明网站的越受欢迎，网站互联网影响力就越大。该指标的计算以谷歌 PR 的权值为主。

6.3.4　公共数字文化网站影响力数据获取

网络计量学常用到的网络链接分析工具主要有 Altavista、All the web、Google、Alexa 和百度等。Altavista 和 All the web 相对具有较强的检索功能且搜索精确度高，但两者对中文网站信息的抓取并不是很友好，经常出现无效数据。Google 虽然支持中文检索，但也因自身经营策略问题于 2010 年退出中国。考虑到我国共享工程网站使用语言主要是中文，因此采用百度搜索引擎来作为数据获取工具。根据《CNNIC：2016 年中国网民搜索行为调查报告》显示，截至 2016 年 12 月底，搜索服务用户中百度的品牌渗透率高达 82.9%，位居第一，其次是搜狗搜索和 360 搜索引擎，因此百度搜索引擎（https://www.baidu.com/）抓取总网页数具有较强的参比性。除此之外采用站长工具（http://tool.chinaz.com/）获取网站的总链接数、内外链接数和网页 PR 值。

由于大部分省级数字文化网站网站流量信息并未收录在 Alexa 中，大部分网站处于检索失败状态，所以网站访问人次指标数据无法使用 Alexa 抓取，因此采用传统的获取方式，进行同一段时间内网页访问人数统计变化并求其均值，从而得到网站每日访问人数。利用上述检索工具和数据查询命令获得这27 个全国文化信息资源共享工程省级门户网站各项指标数据，具体见表 6-3（考虑到部分数据的有效性，选择保留四位小数）。

表6-3 我国公共数字文化网站互联网影响力评估指标数据统计*

省级网站	网站访问人次（次／日）	总链接数（个）	外部链接数（个）	内部链接数（个）	网络影响因子	外部网络影响因子	内部网络影响因子	总网页数（个）	网页PR值
北京	4590	67	15	46	0.0073	0.0033	0.0100	8877	6
天津	387	75	7	22	0.2595	0.0181	0.0568	289	1
上海	2582	347	18	78	0.0453	0.0070	0.0302	7645	6
河北	640	120	16	91	0.1123	0.0250	0.1422	1069	6
陕西	528	395	8	171	0.0140	0.0152	0.3239	28157	0
河南	387	86	30	49	6.6154	0.0775	0.1266	13	1
辽宁	387	363	5	347	0.8521	0.0129	0.8966	426	0
吉林	325	133	33	57	0.0357	0.1015	0.1754	3721	0
黑龙江	1340	273	3	250	0.0418	0.0022	0.1866	6527	1
江苏	17471	59	28	31	0.0015	0.0016	0.0018	38775	5
浙江	256	115	51	64	0.0338	0.1992	0.2500	3403	5
安徽	22	90	63	26	0.0026	2.8636	1.1818	34335	7
江西	739	221	18	98	0.2606	0.0244	0.1326	848	5
福建	139	244	56	132	0.0484	0.4029	0.9496	5035	5
湖北	6	107	53	107	17.8333	8.8333	17.8333	6	5
湖南	237	114	65	46	0.0133	0.2743	0.1941	8520	7
四川	11589	118	40	74	0.0578	0.0035	0.0064	2043	7

续表

省级网站	网站访问人次（次/日）	总链接数（个）	外部链接数（个）	内部链接数（个）	网络影响因子	外部网络影响因子	内部网络影响因子	总网页数（个）	网页PR值
贵州	387	145	10	78	72.5	0.0258	0.2016	2	5
云南	294	145	12	78	0.1451	0.0408	0.2653	999	6
海南	389	102	20	75	25.5000	0.0514	0.1928	4	1
甘肃	2782	127	29	81	0.0178	0.0104	0.0291	7154	0
内蒙古自治区	387	102	8	82	0.0066	0.0207	0.2119	15407	5
新疆维吾尔自治区	35	238	20	160	0.1455	0.5714	4.5714	1636	5
广西壮族自治区	21	155	49	54	1.7614	2.3333	2.5714	88	1
宁夏回族自治区	224	100	14	80	0.1085	0.0625	0.3571	922	6
山东	1720	175	62	86	0.01	0.0360	0.0500	23206	6
西藏自治区	21	90	56	23	1.70	2.6667	1.0952	53	1

*注：1. 网站访问人次数据记录时间为2018年3月15日晚10点至3月21日晚10点，剩余6项指标数据记录时间为2018年3月18日。
2. 考虑到数据合理性，部分缺失数据采用中位数法补替。
3. 河南、吉林、四川和甘肃是依托省级公共图书馆作为共享工程的数字文化传播载体，此类网站的数据以省级图书馆数据为主。
4. 江苏省共享工程没有做单独的后台统计，因此数据为南京图书馆和共享工程的合数。

6.3.5 公共数字文化项目网站互联网影响力数据分析

由于上述指标体系中既包括独立性指标，又包括非独立性指标，且各个指标排名差距大，若直接采用层次分析法评估，主观性太大，很难直观反映数字文化网站影响力的整体现状。而邓聚龙提出的灰色关联度分析法适用于多指标的整体比较，是一种对比、衡量的评估方法，能综合各个指标的特性和优势[❶]，故选取灰色关联度分析法对我国 27 个省级公共数字文化网站进行综合评估及互联网影响力排序。

第一，灰色关联度分析。根据表 6-3 的统计数据和灰色关联度原理，具体计算步骤如下：

（1）选取所有指标中最大的数值 x 形成参考数列 $X(k)$，每项指标中其他数值形成比较数列 $X_i(k)$：

$$X(k) = \{17471, 395, 65, 347, 72.5000, 8.8333, 38775, 7\}$$
$$X_i(k) = \{X_1, X_2, X_3 \cdots X_n\}$$

（2）根据公式 $\Delta = X(k) - X_i(k)$ 计算每项指标中参考数列与比较数列的绝对差值。并从每项指标的差值中选择一个最大值和一个最小值，为 $\max |x(k) - x_i(k)|$ 和 $\min |x(k) - x_i(k)|$。

（3）根据所得数据，从 $\max |x(k) - x_i(k)|$ 和 $\min |x(k) - x_i(k)|$ 挑选出最大值和最小值，为 $\max \max |x(k) - x_i(k)|$ 和 $\min \min |x(k) - x_i(k)|$，具体数据如表 6-4 所示：

表6-4　研究数据灰色关联度参数

项目	人均访问人数	总链接数	外链接数	内部链接数	网络影响因子	外部网络影响因子	内部网络影响因子	总网页数	网页PR值
$\max |x(k)-x_i(k)|$	17465	336	62	325	72.4885	8.8317	17.8315	38775	7
$\min |x(k)-x_i(k)|$	0	0	0	0	0	0	0	0	0

❶ 邓聚龙. 灰色系统综述 [J]. 世界科学，1983（7）：1-5.

续表

项目	人均访问人数	总链接数	外链接数	内部链接数	网络影响因子	外部网络影响因子	内部网络影响因子	总网页数	网页PR值
$\max \max \lvert x(k) - x_i(k) \rvert$	38775								
$\min \min \lvert x(k) - x_i(k) \rvert$	0								

（4）根据公式 $r = \dfrac{1}{n} \times \sum\limits_{n=1}^{n} \dfrac{\min \min \lvert x(k) - x_i(k) \rvert + \lambda \min \min \lvert x(k) - x_i(k) \rvert}{\lvert x(k) - x_i(k) \rvert + \lambda \min \min \lvert x(k) - x_i(k) \rvert}$ 计算关联度 r，其中 λ 为分辨系数，通常取值 $\lambda = 0.5$。最后得出关联度 r 并按降值进行排序，得出我国公共数字文化网站互联网影响力排名，如表6-5所示。

表6-5　我国省级公共数字文化网站灰色关联度排序

排序	省份	名称	关联度 r
0		参考行	1
1	江苏	江苏省公共数字文化网	0.9955
2	安徽	全国文化信息资源共享工程安徽分中心	0.9226
3	陕西	陕西文化信息网	0.9069
4	四川	四川省图书馆	0.8976
5	山东	山东文化信息资源共享工程信息服务平台	0.8974
6	北京	北京市文化信息资源共享工程	0.8838
7	内蒙古自治区	内蒙古文化信息网	0.8832
8	上海	全国文化信息资源共享工程上海分中心	0.8806
9	甘肃	甘肃省图书馆	0.8794
10	黑龙江	黑龙江数字文化网	0.8779
11	湖南	全国文化信息资源共享工程湖南分中心	0.8761
12	福建	海西文化信息网	0.8743
13	辽宁	辽宁省数字文化网	0.8730
14	吉林	吉林省图书馆	0.8724
15	浙江	浙江数字文化网	0.8721

续表

排序	省份	名称	关联度 r
16	江西	全国文化信息资源共享工程江西分中心	0.8718
17	新疆维吾尔自治区	全国文化信息资源共享工程新疆分中心	0.8716
18	河北	河北省文化信息资源共享中心	0.8711
19	云南	文化共享工程云南省分中心	0.8706
20	贵州	贵州文化数字网	0.8705
21	宁夏回族自治区	宁夏数字图书馆	0.8702
22	海南	全国文化信息资源共享工程海南分中心	0.8700
23	湖北	湖北数字文化网	0.8699
24	河南	河南省图书馆	0.8697
25	广西壮族自治区	全国文化信息资源共享工程广西分中心	0.8697
26	天津	天津市文化信息资源共享工程	0.8695
27	西藏自治区	文化信息资源共享工程西藏自治区分中心	0.8692

根据灰色关联度分析结果显示，我国文化共享工程省级门户网站分为四类影响力层次。首先，灰色关联度在(0.9,1)区间的江苏、安徽、陕西网站属于高影响层且表现卓越，为高影响力层，约占总样本的11%。中等影响层灰色关联度在(0.88,0.9)区间有北京、上海、四川、山东、内蒙古自治区，约占总样本的19%。低影响层省份有湖南、河北、河南、辽宁、吉林、黑龙江、浙江、江西、福建、湖北、天津、贵州、云南、海南、甘肃、新疆维吾尔自治区、广西壮族自治区、宁夏回族自治区、西藏自治区，约占总样本的70%。

第二，描述性统计分析。笔者采用SPSS Statistic 21软件对获取的指标数据和最终评分进行统计分析，将标准化的数据代入计算，得到表6-6所示的描述性统计数据。

表 6-6　指标描述性统计数据

项目	N 有效	人均访问页面数	总链接数	外部链接数	内部链接数	网络影响因子	外部网络影响因子	内部网络影响因子	总网页数	网页 PR 值	关联度
N 有效		27	27	27	27	27	27	27	27	27	27
平均数		1773.5185	159.4815	29.2222	92.0741	4.7455	0.6920	1.1868	7376.2963	3.8148	0.8828
中位数		387.0000	120.0000	20.0000	78.0000	0.0578	0.0360	0.1941	2043.0000	5.0000	0.8724
众数		387.0000	90.0000ª	8.0000ª	78.0000	0.0015ª	0.0016ª	0.0018ª	2.0000ª	5.0000	0.8692ª
偏斜度		3.3150	1.3520	0.5020	2.2810	4.1310	3.8080	4.6170	1.8530	-0.4310	3.4870
峰度		11.1790	0.9080	-1.2420	6.0890	18.3460	16.0730	22.4390	2.5240	-1.5990	13.9070
均方差		3909.3809	93.1370	20.4363	71.1417	14.7638	1.8238	3.4667	11002.2252	2.6023	0.0260

注：ª表示存在多个众数，显示最小的值。

根据表 6-6 的偏斜度和峰度可以反映出指标数据分布概况，根据数据显示，网页 PR 值平均数小于中数，中数又小于众数，则数据的分布是属于负偏态分布的，平均数代表性较低，说明我国公共数字文化网站网页 PR 值发展呈现极其不均衡态势，PR 值整体偏小，部分网站的 PR 值甚至为 0。其余指标数据均呈现正偏态，其中网站访问人次、内部链接数和网络影响因子峰度值大于 3，呈现高峰度态势，频数发展较为集中，整体发展趋势好。总链接数、外部链接数和总网页数分布属于偏正态分布，呈现低峰度的特点，说明总链接数和总网页数发展水平较低，多数省份的网站链接数量尚未超过 100 个，说明网站自身结构体系有待优化。从总网页数上看，只有 16 个省份网站网页数量达到 1000 以上，说明网站的组织体系不太完善，规模有限。从单个网站的整体指标来看，单项指标之间也存在明显的不均衡态势。比如灰色关联度较高的陕西，其链接数和总网页数都排名靠前，而网站访问人次和网站 PR 值却排名靠后，发展短板明显。整体来看，我国公共数字文化网站评估指标经横向和纵向对比，各项指标发展差异显著。

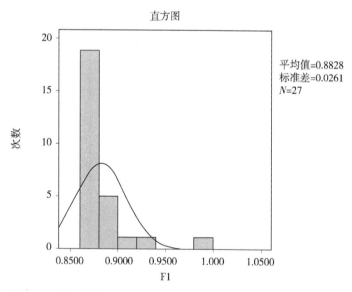

图 6-1 我国省级公共数字文化网站链接数据关联度分布直方图

结合图 6-1、表 6-6 可以发现，江苏省公共数字文化网站是唯一一个关联度超过 99 分的网站。从整体上看，这 27 个网站平均关联度只有 0.8828，江苏 0.9955 和陕西的 0.9226 都远远高于总体网站的平均值。同时从我国公共数字文化网站互联网影响力得分直方图也可以发现，在全国范围内，各个省份网站影响力出现极端不平衡现象，少数省份的表现较为突出，拉升整个分值，使得整个模式呈现出偏态分布。大部分省份的门户网站得分都处于平均值左侧低分处，呈现集中趋势，说明网站的互联网影响力整体偏低。

6.4　公共数字文化项目网站互联网影响力结果分析

6.4.1　网站互联网影响力辐射面广

从发展态势上看，大部分省份拥有文化共享工程分中心，说明我国公共数字文化服务网络框架已经初步建立，网站内部信息服务工作体系也已基本成型，网站影响力辐射面具有一定的规模。各门户网站栏目内容不断优化，信息服务能力也不断提高，初步推进了全国公共文化信息服务均等化。门户网站的建立实现了各地区及各公共文化机构的资源整合，推动了信息的共建共享。此外，各省份均能实现线下文化活动服务与线上信息服务的互补，形成了综合性公共数字文化服务项目。例如，内蒙古自治区的"数字文化走进蒙古包"，上海嘉定的"文化嘉定云"，云南的"农文网培学校"，浙江嘉兴的"文化有约"等。

6.4.2　网站互联网影响力整体水平较低

本书选取除链接失效网站外的 27 个文化共享工程省级门户网站作为互联网影响力水平测试对象，其中文化工程省级分中心独立域名网站共 21 个，依附在省图书馆子网站下的共 6 个。研究发现，虽然国家大力倡导公共数字文化建设，参与的省市也逐渐增多，仍只有 68% 的网站拥有独立域名的网站，还有部分网站存在数据不全和无法获取的状态。如广东公共数字文化网正在维护和修缮。山西、青海等地的网站多次访问均处于链接失效的状态，新疆维吾尔自治区的数字文化网多次页面跳转失败，说明网站无人定期维护。在参与调查的网站中，约 70% 的省份门户网站处于低影响层。整体上看，网页PR 值和链接数偏低较为突出，互联网影响力处于中等偏弱阶段。网站的链接数偏低，直接导致网站的可获取性偏低，可见其对于已有的网站推广还存在许多问题。如北京、天津、陕西、海南以及贵州首页设计视觉效果有冲击感，内容丰富，多媒体种类多，黑龙江、安徽等部门网站首页内容则相对单薄。语言种类方面，吉林、云南、山东设有英文版面，国际化程度高。陕西、河南、辽宁和云南除了设置电脑客户端，还开通了微博、微信，有的还有手机App等平台。河北、江苏、安徽、江西、湖南无网上咨询和投诉栏目。综合来看，网站内部建设长短各异，但暂无建设特别完善的网站。多数网站不太重视用户交流深度，网站互联网影响力表现还不太理想。由于公共数字文化资源呈现公益性和公共性的特征，公共数字文化资源整合宣传力度不够直接影响了公众对网站的知晓程度。此外，部门网站的运行时间较短以及服务主体营销动力不足，都导致我国公共数字互联网影响力整体水平不高。

6.4.3 不同影响力层发展水平差距显著

首先，从纵向上看，各个省份的门户网站指标发展呈现严重的偏态现象，部分指标由极端值来拉高平均值。如陕西、辽宁、吉林、甘肃等省份的数字文化网站分别存在"总网页数""总链接数""网站访问人次"等指标值偏高，但网页PR值都为0的情况。高中等影响层与低影响力层形成明显隔断分层。横向上看，在同一影响层的省份，仍旧存在相当大的差异。网页PR值和链接数偏低情况较为突出，网站的可获取性偏低，直接影响到平台的推广和宣传。其次，高影响层和中等影响层多集中于东南部和中部地区，低影响层多集中于西北地区。例如，北京市文化信息资源共享工程网站，截至2018年3月18日网站访问总人数高达28 997 009人，是27个门户网站中唯一一个访问人数达到千万的网站。上海、天津、江苏总访问量也达到百万以上。通过网站性能检测分析不难发现，这些文化信息资源共享工程网站的技术构架较为成熟和稳定，站内优化性能强，内部链接也较为稳定，首页死链接现象少。而且网站的信息资源内容较为丰富，网页栏目设置清晰，不存在关键词堆积的现象和恶意链接的现象。这在很大程度上为网站用户营造了更为亲切的互联网环境和比较良好的用户体验。相比之下，文化信息资源共享工程西藏自治区分中心截至2018年3月18日网站访问总人数总计5 688人，是27个门户网站中唯一一个访问人数低于万数的网站，西藏自治区、宁夏回族自治区等地区总访问量都较低。通过搜索网站可以发现，利用移动终端可查询得到的百度搜索引擎收纳的总网页数非常少，虽然网站的文化资源丰富多样，但是网页系统构架不太稳定，多次浏览可以发现会出现页面信息紊乱现象，所以网站的用户体验感不强，在这种情况下，用户很难形成依赖和使用习惯。综合来看，层级对比显著。相对于西北地区，东南中部地区经济发展较快，移动电子设备和通信技术发展较快，ICT普及率高，公众文化需求得到了更好的释放，使得网站互联网影响力不断扩大，而西北地区部分省市社会文化需求和信息素养不足，限制了公共数字文化互联网影响力的扩大。这些都是造成不同影响层发展水平差距显著的重要原因。

6.4.4 网站的网络显示度不足

网站链接水平体现的是网站内部性能的合理性，其建设完备程度直接影响网站用户体验效果。数据表明，只有22%的公共数字门户网站的内部链接数达到100个以上，其中辽宁省数字文化网最多（为347个），天津省数字文化网最少（为23个）。网络显示度不足是大部分网站发展面临的主要问题。如果将网络信息的动态性和搜索引擎之间的差异性排除，利用移动终端可查询得到的百度搜索引擎收纳的总网页数非常少。如陕西、上海等网站链接性能建设比较突出，百度搜索引擎收纳的页面数也较多。而新疆维吾尔自治区、西藏自治区等大部分网站存在技术滞后性的问题，搜索引擎能够检索出来的页面十分少。部分网站搜索引擎收录页面增长速度十分缓慢，甚至在互联网属于"不可见"状态，还有部分网站栏目导航内容单调，甚至存在死链接现象，如黑龙江、安徽等部门网站首页栏目内容单薄，天津、内蒙古自治区、新疆维吾尔自治区和西藏自治区用户咨询位置不显眼而且属于无效链接。网站内部运行机制建设不协调，直接导致用户在体验过程中信息获取阶段受到阻碍，大大降低了网站互联网影响力。

6.5 服务营销视角下公共数字文化项目网站互联网影响力提升四步法

6.5.1 重视与用户需求对接，提升网站的社会认可度

公共数字文化网站是开放式数据获取平台，为社会各群体共享。传统的共享工程建成的国家、省、市、县、乡镇、村六级服务网络以及"自上而下"

式需求采集机制已明显落后。只有精准了解用户多元化、层次化的需求，才能有效提升用户的公共数字文化认知。以需求为导向建设公共数字文化网站，可采取如下措施：第一，重点完善网站后台数据统计终端，定期进行用户需求分析，对首页栏目摆放位置和层级设计进行综合评估，加强设计合理性，防止栏目内容重叠和内容模糊现象。第二，网站的导航栏目和建设内容可结合后台统计数据和留言板模块的用户反馈进行实时调整。第三，开通特色文化服务专栏，提升用户体验。例如，陕西文化信息网专栏便民服务，为用户提供影院公映、全程搜医、特色美食等便民服务。辽宁数字文化网为用户提供"聚焦三农""健康生活""影视综艺"等服务版块，聚焦了用户热点关注的民生和娱乐话题，其突出优势表现在服务内容和服务方式多元化，提升用户的使用价值和满足感，从而提高网站互联网影响力。

6.5.2 优化网络双向链接，提高网站网络显示度

多数公共数字文化网站注重资源建设，忽略网站的性能建设，导致网站可见度低，用户获取资源渠道窄。适当的网络显示度和科学的链接体系有利于提高用户黏性。建设者要利用用户对搜索引擎的依赖和使用习惯，提高公共数字文化资源在搜索引擎上的网络显示度。主要可从以下两个方面入手：第一，站内链接优化。加强网站站内链接结构的合理性，优化友情链接，增加同类领域信息的互补性网站，从而提高网站知名度和 PR 值，使访问者能够在访问其他网站时，提高本页面在检索结构中的排名。第二，站外链接优化。对搜索引擎可见性进行常态化监测分析，并定期优化可视化技术，使得网站信息在主流搜索引擎中尽可能被用户检索到。例如，上海、陕西这两个网站总链接数和搜索引擎收录页面较多，用户在搜索引擎中能更高效检索到相关页面。另外，考虑到这些公共数字文化网站属于纯公共、非营利属性的网站，其采取的网络营销手段与部分营利性网站肯定存在很大差异，所以利用用户对搜索引擎的依赖和使用习惯去发展网站，是提高网站互联网影响力的必要手段。

6.5.3 优化网站服务供给方式，增强社会参与度

随着用户信息需求和使用习惯的不断变化，网站建设者要注重拓展服务供给渠道，更新服务供给方式。要依托各种形式的多媒体交互技术将文化信

息推送到社交网络中。第一，建设者应融合微信、微博、App 客户端等各大社交平台推出常见的服务方式。采用一些其他常见的 SMO 社交媒体优化的方法，比如，RSS 订阅、博客写作等功能。例如，文化共享工程主站国家数字文化网利用微信平台建设"国家公共文化云"，用户可以更为便捷地获取文化信息。云南分中心除了提供新浪、腾讯官方认证微博外，还提供手机云图手机客户端，可真实获取用户体验数据，最大限度地形成有效的交互平台。第二，针对有特殊需求的群体，注意优化平台的信息供给方式，提高平台服务的普适度。例如，针对老年人或视力弱化人群，网站可设置动态可调整的交互页面，使用户可以调整网站浏览页面和自行设置字体大小等功能，从而提升网站供给效率和用户体验感，增加社会参与度。例如，陕西文化信息网是栏目最健全的网站，其建设围绕"传播三秦文化，共享华夏文明"为主题，开设了本省文化、外埠文化、海外文化、聚焦"三农"等 25 个栏目版块，内容多元化，而且栏目设置具有极强的针对性。信息检索页面也包括 TRS 全文检索（自建专题数据库检索）和 WCM 信息检索。例如，上海数字文化网设置链接直接链接到 iTunes Store，也能尝试从程序坞或 Windows 任务栏打开，这充分体现了获取数字文化资源的时效优越性，整个网站浏览下来给用户的体验感也是极其轻松的。

6.5.4　加强与各类机构合作营销，扩大网站资源影响力

目前，我国公共数字文化机构服务主体缺乏协作发展意识，导致其网站互联网影响力发展不均衡，可采取跨机构合作的方式加强服务营销。本书认为，可以与以下主体开展合作营销：第一，由于目前我国文化共享工程主要是以公共图书馆作为依托，因此可选择博物馆、美术馆、档案馆等同类型的文化机构进行资源上的互通整合，形成可一站式检索的公共数字文化资源库。第二，选择高校图书馆或其他教育机构等组织进行文化共享工程信息资源的推介，将网站文化资源整合打包成合适的学习素材，应用到课堂上，以培养公众利用公共数字文化网站资源及服务的意识。第三，对于网站一些专题类的栏目，可通过与电视台、报社等商业性组织进行合作营销，进行更为深入的资源推介。比如，中国记忆项目，即采用在《中国文化报》连载的方式，把"东北抗联老战士口述史"专题资源以更快的

速度推送到抗联后代和相关历史研究者身边。❶ 例如，江西文化共享工程与中国电信江西公司合作，90 余个共享工程基层点与电信"信息田园"农村服务站合并，共同开展服务，实现平台的合作共建。文化共享工程与有线数字电视合作，在青岛、佛山、深圳、海南、杭州、天津等地开通专栏，用户可以在家中点播文化资源。

---

❶ 韩蔚. 中国记忆项目文献资源推广的探索与实践 [J]. 国家图书馆学刊, 2015 (1): 28-31.

基于用户体验的公共数字文化 第7章
服务营销优化策略

研究表明，要实现基于用户体验的公共数字文化服务营销，依赖于精准化供给营销产品、塑造特色营销品牌、形成多样化和显性化的营销渠道、实现线上线下结合的营销展示、注重服务营销的过程管理和构建完善的营销保障机制六个方面可以优化基于用户体验的公共数字文化服务营销策略，如此才能保障公共数字文化服务营销的高质量发展，提升公共数字文化服务营销的用户体验。

7.1 促进营销产品的精准化供给

本书用户体验及细分的结果表明，产品的精准化供给是公共数字文化服务营销的核心要义。精准化是源于科学管理理论中的"精细化管理"理念的一种创新管理模式。随着大数据时代的到来，对海量信息的抓取、鉴别、组织、反馈，是公共文化机构在大数据时代面临的最直接挑战，对公众需求的快速回应是公共文化机构面临的不可回避的问题；及时有效地收集各类公共数字文化资源，实现资源整合，满足公众对公共数字文化服务的迫切需求，也是公共文化机构需要重视和着力解决的问题。为此，公共文化机构必须主动适应时代要求，提升应对大数据的能力和水平，推动公共数字文化服务营销实现跃升式转型，服务营销产品的供给方式由粗放式迈向精准化。❶ 公共数字文化产品的精准化营销依赖于以下几个条件。

❶ 邓念国. 公共服务如何实现精准化供给 [EB/OL]. [2019-06-18]. http://theory.people.com.cn/n/2015/1207/c49150-27895540.html.

7.1.1 扩大公共数字文化资源规模

（1）整合公共数字文化资源

提升公共数字文化服务质量的基础工作在于整合不同类型的公共数字文化资源，促进公共数字文化资源能够被公众有效、合理地利用。整合不同类型的公共数字文化资源是对公共图书馆、博物馆、美术馆等公共文化机构中不同来源、不同载体、结构化、非结构化等的数字对象进行聚类、融合和重组，从而实现对不同类型公共数字文化资源的高效利用，促进公共数字文化服务的精准化供给。

数字信息环境下，丰富资源种类无疑是吸引用户"眼球"的重要方式之一。英、美等国在开展公共数字文化服务的过程中，将资源建设作为工作重点。英国"24小时博物馆"网站划分为艺术展示、考古、历史与遗产、科学与自然及策展人的选择等模块，由于网站模块展示清晰，用户可以较容易地根据模块划分找到所需信息，此外网站还在相关子模块中设置了相似的资源推送功能，使用户能够发现感兴趣的信息。如果用户需要获取更多资源，可以通过模块内部的两个用户邮箱填送小界面填入自己的需求，方便网站及时给自己的邮箱推送相关信息。用户还可以通过填写邮箱报名参加每周文摘，提供自己掌握的最新资源。该网站通过人性化的设置，促进了用户与博物馆之间的良性交流互动，使用户对网站访问的满意度不断提升。

美国记忆计划的收藏品包罗万象，藏品量多达900万件，收藏种类包括文件、胶片、照片以及一些重要的个人收藏品，收藏了包括手稿、相片、海报、地图、书籍、乐谱、音视频等各类型数字资源。由于每个浏览口下的资源是相同的，所以用户可以通过年代、类型、主题和地点四个浏览入口，访问所有的收藏品。该数据库从不同角度对同一资源进行了排列组合，方便读者从多角度浏览统一资源。美国记忆计划的资源来自国会图书馆和其他机构的收藏，来源广泛，收藏了记载关于美国历史和创造力等较为全面的数字化资源，全世界公众可以通过互联网免费获取这些资源。

在我国要实现数字文化服务的精准化供给，满足人民群众对数字文化服务个性化、多元化和层次化的需求，各公共文化机构需要依托全国文化信息资源共享工程，基于已经建成的国家、省、市、县、乡镇（街道）、村（社区）等六级数字文化服务网络，以实际的数字文化服务需求为导向，通过整合、购买、委托、外包、租赁等多种方式与各类型出版社、图书、报刊供应商、企业、艺术家、收藏家、大专院校、科研机构等进行互惠互利的合作。这样做，既能增加数字文化资源库的总量和类型，扩大数字文化资源的规模，又能促进数字文化资源的不断更新，提升数字文化服务营销产品的供需匹配精准度。各公共文化机构可以依托全国文化信息资源共享工程形成公共文化机构联盟，并通过公共文化机构联盟与各类型出版社、图书、报刊供应商、企业等开展合作，进行各类型公共数字文化资源的联合采购，签订相关协议，让所有联盟成员共享资源，一方面可以避免公共数字文化资源重复购置和供给等现象，降低资源采购的人力和财力成本，提高采购效率，另一方面可以拓展公共数字文化资源的采购源头，丰富公共数字文化资源的采购类型，提高采购资源的精准度和精品度。与此同时，资源提供商还可以通过产生的销售数据及时准确地了解到公共数字文化服务营销产品的市场需求，从而能够给各文化机构提供精准化的公共数字文化资源，促进产品市场占有率的提高。❶

（2）构建公共数字文化服务共享平台

1998 年 10 月成立的美国国家文化遗产网络项目（National Initiative for a Networked Cultural Heritage，NINCH），通过整合图书馆、档案馆、博物馆和文化遗产机构的馆藏，为公众提供丰富优质的免费数字文化资源。❷

2013 年 4 月 19 日美国数字公共图书馆（Digital Public Library of America，DPLA）项目开通，旨在联合私人（能提供公共使用）或者公立图书馆、档案馆、博物馆、艺廊等建立资源网络，为学生、教师、研发人员及普通大众免费提供经过筛选的优质资源，普及公共性理念，开放共建共享的文化遗产。❸

2017 年 3 月颁布实施的《中华人民共和国公共文化服务保障法》第三十三条指出："国家统筹规划公共数字文化建设，构建标准统一、互联互通的公共数字文化服务网络，建设公共文化信息资源库，实现基层网络服务共建共

---

❶ 肖希明，完颜邓邓. 国外图书馆与出版商、书商的多元化合作［J］. 图书馆，2016（4）：7-10.

❷ D Green. The National Initiative for a Networked Cultural Heritage［J］. Information Technology & Libraries，1998，17（2）：107-110.

❸ 美国数字公共图书馆（DPLA）2015—2017 年战略规划［J］. 国家图书馆学刊，2015（3）.

享。"❶ 目前，我国公共数字文化服务平台建设已初见成效，各级服务点都相继建立门户网站，形成了覆盖全国的公共数字文化传播平台，但是现有平台对公共数字文化资源的整合力度仍然需要加强。

我国应构建能够提供一站式服务的公共数字文化服务共享平台，利用大数据技术跨越平台的壁垒，在技术上实现不同部门、不同机构的协同合作，提升数据处理、分析的速度，缩短响应时间，对图书馆、博物馆、美术馆、文化馆（站）、科技馆、纪念馆等不同机构的各类型公共数字文化资源进行更高效的整合，更加深入地挖掘资源之间的联系，从而提高公共数字文化资源整合的效率、质量和深度，节约整合的成本。通过大数据技术对海量的公共数字文化资源进行整合和分析，深度挖掘其内涵，获取知识价值，同时，可以利用大数据分析，深度挖掘公众在使用公共数字文化服务共享平台时的个人喜好，为公众提供符合其需求的精准化资源和精准化服务，并实现资源和服务的精准化推送，提高公共数字文化资源的利用程度和使用价值。❷

7.1.2 提高内容供给的精准化程度

公共文化机构要以实现"精准供给"为目标，以实际文化需求为导向，通过寻求与数据库商、数据分析服务商、智能设备提供商等相关企业的密切合作，充分利用新兴的信息技术，比如数据可视化技术、虚拟现实技术和多语言在线翻译技术等，增强公共数字文化产品的吸引力，使用最恰当的供给方式，提供优质、丰富和精准的供给内容，优化用户的体验感，提升用户的满意度。可以利用虚拟现实技术，打造虚拟图书馆、虚拟博物馆、虚拟美术馆和虚拟科技馆，公众可以通过实体行为系统，沉浸在仿真环境中，让图书馆、博物馆、美术馆和科技馆中的公共数字文化产品活起来、动起来，实现足不出户就能体验交互式的三维动态情境。还可以利用多语言在线翻译技术为少数民族群体提供藏语、维吾尔语、哈萨克语、蒙古语、朝鲜语等少数民族语言的实时翻译，让公共数字文化产品服务更多的少数民族群体，突破语言的障碍，有利于更加精准地推送公共数字文化产品。

---

❶ 中华人民共和国公共文化服务保障法［EB/OL］.［2019-06-18］. http://www.npc.gov.cn/npc/xinwen/2016-12/25/content_2004880.htm.

❷ 王学贤. 利用大数据整合公共数字文化资源［EB/OL］.［2019-06-18］. http://www.lf.gov.cn/Item/67828.aspx.

要根据公众不断变化的需求，及时更新和升级公共数字文化服务共享平台，在对公共数字化文化服务网站、云平台和终端设备的操作界面进行精细化设计时，要充分考虑公众不同年龄、不同文化水平、不同动机的需求，并根据不同群体的不同特性，供给多元化的公共数字文化产品，实现精准化供给。首先，需要科学合理地设置分类导航系统。保证公共数字文化资源多元化种类的充分展示，并能够实现信息服务的精准定位。其次，要重视一站式检索系统的开发和利用。打通不同载体、不同数据库之间的数据壁垒，实现公共数字文化资源的共建共享，方便公众获取和利用资源。最后，要使用具有良好交互体验功能的参考咨询系统。及时发现和反馈公众对公共数字文化资源和服务的诉求，并及时准确地推送公众确切需要的公共数字化文化产品。

公共数字文化服务共享平台主要供给文化艺术、群众文化、进城务工及农业科技、生活服务、少儿教育和文化共享扶贫等资源，适时提供有鲜明主题特色的资源，如全国文化共享工程主站"国家数字文化网"推出的"扶贫超市""百姓戏曲馆""心声音频馆""大众美育馆"和"文化中国"等不同载体形式的公共数字文化产品。通过定位精准的网站信息服务，使用户多元化的需求得到满足，同时有助于为公众提供精准化的公共数字文化产品内容。❶

7.1.3　优化用户需求识别机制

（1）细分目标群体

根据用户需求和意愿的不同，将优质的内容或者符合用户偏好的内容推荐给相应的用户，其前提条件是要对用户进行精准化区分，即用户细分。用户细分的最终目标，是通过对用户体验数据的分析，形成符合不同特征的群体性标签，并以此提高公共数字文化服务的精准度。本书用户细分的结果表明，我国公共数字文化服务用户大体可以分为碎片浏览型用户、深度目标型用户、研究参考型用户、服务体验型用户、市场边缘型用户、资源密集型用户六种类型。

事实上，我国幅员辽阔、民族众多，不同民族、不同地区的语言、习俗、

---

❶　戴艳清，王璐．"国家数字文化网"服务营销策略研究——基于 7Ps 营销理论视角［J］．国家图书馆学刊，2018（3）：25．

气候、饮食、文化等都各不相同，更需要根据不同民族和不同地区的用户群体特征，优化整合公共数字文化资源，实行精准推送公共文化资源产品。国外公共数字文化服务用户细分的做法值得借鉴。以南非为例，其公共数字文化服务受众面较广，目标用户群体划分明确，主要表现在其十分注重农村和偏远地区居民，尤其是儿童和女性对公共数字文化的需求。第一，针对农村与城市互联网建设的差异，设立远程计算中心和多功能社区信息中心。在黑人居住的城镇，通过开展计算机技能培训、建设数字村，来满足当地群众的"信息渴望"；第二，林波波省推出"妇女网络试验计划"来为该地女性提供计算机与网络技术的培训服务，促进网络信息传播，提高边远社区女性的科学素养，进而破除其迷信思想。

当前，我国政府及公共数字文化提供主体已具备一定的用户细分意识，但仍有较大的提升空间。如在公共文化设施建设方面，可以在村委会、农贸市场、银行、邮局等人口流动密度大的场所，建立公共信息亭，配备相应的互联网、通信、查询等设备，如平板电脑、台式电脑、手机等。在公共文化产品生产和服务供给方面，可以利用已建成的公共数字文化共享平台，如国家数字文化网等，由专职信息员或者志愿者协助提供信息服务。针对老年人和少年儿童群体，可通过语音识别系统帮助这一群体将所需要的信息转换成语音收听，从而降低他们获取信息的门槛，还可以寻求信息员或者志愿者的帮助，协助完成相应的查询系统，并以相应形式反馈出查询结果。针对青壮年群体，可为其提供实时农作物市场信息、技能培训、就业信息和相关政策信息，公共信息亭可以为他们提供上网办事的途径。对于学生群体，可向他们推送各类精品教育课程，如免费的慕课教程，推荐在线阅读资源，鼓励他们参与各种益智游戏等。❶

以上用户细分的方法，仍然是较为普遍和粗略的，有资源和技术条件的公共数字文化服务提供主体，还可进行更高层次的用户细分。通过细分目标群体，使其获取符合其年龄特征及兴趣的各类公共数字文化产品，进而能够有效地保障贫困地区的群众的基本文化权益和文化民生。

（2）建立基于大数据分析的需求识别机制

要实现精准识别公共数字文化营销产品的需求，需要提高公共数字文化

---

❶ 戴艳清，孙颖博. 印度公共数字文化项目服务营销探析［J］. 图书馆建设，2017（1）：71.

服务营销产品的需求采集和预测技术的使用率和普及率。以全量分析代替样本分析的大数据分析理念，能够实现精确挖掘海量的公共数字文化服务数据资源，通过收集公众使用公共数字文化服务浏览痕迹的数据信息，对公众的公共数字文化服务需求进行精准化预测。

　　首先，应对公共文化服务机构开展基于大数据分析的需求采集技术培训，学习数据存储和管理、数据清理、数据挖掘、数据可视化等大数据技术，通过抓取浏览痕迹、分析点击频率等方式，使用大数据挖掘与分析模型，对公共数字文化营销产品进行全面的分析和科学的预测，实现对公共数字文化营销产品的供给与需求的精准化预测。其次，公共文化服务机构还可以利用大数据分析对公共数字文化服务营销的内容需求、资源管理需求、环境需求和过程需求进行精准识别，提高公共数字文化服务共享平台、智能化服务终端和新媒体服务平台等的公众需求采集能力。再次，需要创新采集机制。在服务平台上设置定期的需求采集模块，并不定期地推出满意度评价模块、留言模块和答疑模块等信息收集模块，逐步形成集点单式、预约式和个性化定制等形式的参与机制，实现双向互通型的需求识别机制体系。最后，在线上和线下同步实行定期需求反馈和不定期用户满意度评价相结合的需求识别机制。利用大数据技术，不断完善公众需求采集机制，提升公共文化服务营销产品供给的精准化水平。❶ 例如，美国国家文化遗产网络项目为用户发布意见或评论专门设置了服务社区；佛罗里达档案馆、图书馆和博物馆出版项目也为用户开设了"意见收集"栏。❷

7.2　塑造有特色的服务营销品牌

　　本书关于全国文化信息资源共享工程省级分中心网站互联网影响力的测评结果表明，我国公共数字文化服务网站的互联网影响力辐射面广，但整体水平较低，这进一步反映了打造公共数字文化服务品牌还是大有可为的。品牌是公共文化机构的标识，蕴涵着巨大的市场潜能和无形资产的丰富含金量。公共数字文化服务品牌体现的是一种数字文化精神的影响力和公共文化机构

---

❶ 姜雯昱，曹俊文. 以数字化促进公共文化服务精准化供给：实践、困境与对策 [J]. 求实，2018（6）：60.

❷ 戴艳清，孙颖博. 美国大型公共数字文化项目服务营销探略 [J]. 图书馆论坛，2018（2）：139.

的核心竞争力，是文化的经济属性与精神价值的双重凝聚。公共数字文化服务营销需要走品牌化建设之路，让公共数字文化服务品牌成为发展公共数字文化服务的强劲引擎❶，助力服务效能提升。

公共文化机构应将服务营销意识贯穿于公共数字文化服务的过程中，着重塑造有特色的服务品牌，完善服务品牌的经营，有效开展对服务品牌的管理，制定公共数字文化服务品牌发展战略，不断提升公共文化机构的核心竞争力，彰显公共数字文化服务的独特魅力。具体可以从以下三个方面来塑造有特色的公共数字文化服务品牌。

7.2.1 树立以人为本的品牌理念

以公众的实际需求为导向，通过多层次、多平台、多产业、多途径拓展公共数字文化产业链，形成复合型、交叉性的公共数字文化服务品牌类型，让各类社会群体都能通过公共数字文化服务找到属于自己的文化乐趣。

继文化共享工程开展服务以来，依托于该工程，我国建立了一定数量的公共数字文化服务品牌。2012年2月3日，"公共电子阅览室建设计划"正式发布。公共电子阅览室是以计算机技术、网络通信技术为基础，依托文化共享工程各级服务点、图书馆、文化馆，以及具备条件的工人文化宫、少年宫、妇女儿童活动中心、乡镇（街道）文化站、社区文化中心街道（村文化室）、学校、工业（产业）园区等，提供集互联网信息查询、文化共享工程信息资源服务、数字图书馆服务、技能培训、休闲娱乐为一体的现代化多功能公共文化服务场所，❷能够满足公众上网获取知识和信息的需求。该计划十分切合数字环境下未成年人、老年人、进城务工人员等用户群体的需求，体现了以人为本的真正内涵，且在政府的推动下成为公共数字文化服务的强大品牌。

国家公共文化数字支撑平台是全国公共文化发展中心在"十二五"时期启动实施的重点项目，旨在运用云计算、大数据、物联网等新兴信息技术，

---

❶ 国家数字文化网. 文化品牌随风起舞——2011年中国文化品牌成长报告［EB/OL］.［2018-06-18］. http://www.ndcnc.gov.cn/zixun/yaowen/201302/t20130227_580495.htm.

❷ 公共电子阅览室建设计划［EB/OL］.［2019-06-18］. http://www.ndcnc.gov.cn/yuelanshi/jianjie/201302/t20130225_571514.htm.

基于文化共享工程已有的网络和硬件，为公共文化服务提供有力的数字化支撑。❶ 依托于该平台，我国打造了视听空间、百姓戏曲馆、心声音频馆、大众美育馆、文化中国、数字图书馆资源、在线培训等数字文化品牌，能指导公众如何更好地安排自己的文化生活，公众可以通过慕课学堂、艺术慕课等免费网上课程学习文学、绘画、音乐、舞蹈、戏曲、摄影等。

2017 年 11 月 29 日，国家公共文化云正式开通。该平台旨在整合全国公共数字文化资源和服务，形成互联互通、共建共享的"超市式"平台，打造全新的公共数字文化服务品牌，提升面向公众供给公共数字文化服务效能，实现公共文化服务"政府端菜"与"群众点菜"相结合，突出移动互联网应用，面向基层群众提供菜单式、点单式、预约式的一站式服务，打通公共数字文化服务"最后一公里"，实现公共数字文化服务在基层的丰富性、便利性和可选择性，提高了公共文化服务的效率，保障了公众的基本文化权益，促进了公共文化服务的公平与均等❷，是我国文化部推出的重点文化品牌。

7.2.2　统筹整合品牌资源

（1）塑造统一的公共数字文化服务平台品牌

统一品牌有助于用户在较短时间内对公共数字文化服务产品形成认识，进而推动口碑营销。比如英国"文化在线"项目涵盖了多种艺术主题类型，包括编织、绘画、陶瓷、雕塑及展览和丝网印刷等，着力打造服务的个性化功能，辅助用户开展个性化艺术创作，同时形成品牌活动，不断推动用户的口碑宣传。如为了鼓励年轻人去探寻文化艺术作品，在"我的艺术空间"中，用户可以通过对自己虚拟画廊的管理，构建个人故事的专题展览。用户还可以通过建立虚拟美术馆，将自己的故事与家人、朋友和其他人分享。❸

我国的国家公共文化云统一整合了全国文化信息资源共享工程、数字图书馆推广工程和公共电子阅览室建设计划三大惠民工程，基于文化共享工程的六级服务网络和国家公共文化数字支撑平台，已成为公共数字文化服务的

---

❶　国家公共文化数字支撑平台［EB/OL］．［2019-06-18］．http://www.ndcnc.gov.cn/zhuanti/2013zt/nianhui/jishu/201311/t20131105_795333.htm.

❷　国家公共文化云基本介绍［EB/OL］．［2019-06-18］．https://www.culturedc.cn/guide.html.

❸　戴艳清，陶则宇.英国公共数字文化服务营销及启示——以"文化在线"项目为例［J］.图书与情报，2016（5）：75-80.

总平台和主阵地。通过国家公共文化云网站、微信号和移动客户端为公众提供服务。其核心功能模块有共享直播、资源点播、活动预约、场馆导航、服务点单、特色应用、大数据分析等，公众可以通过电脑、手机 App、微信、公共文化一体机获得公共数字文化服务。❶ 目前，除港澳台以外的 31 个省、直辖市都加入了国家公共文化云平台，但是还有一些省份未建立专门的服务于国家公共文化云平台的独立文化云平台，继续使用"××图书馆"的平台，而且独立的文化云平台名称不统一，命名方式包括 "××图书馆公共文化云" "××公共文化云" "××数字文化网" "××文化资源共享工程" 等。平台名称的不同严重影响了公共文化云平台整体的品牌塑造，建议将相关的省级公共文化云平台的名称统一为"省份+公共文化云"，使用统一的品牌标识，充分整合公共数字文化服务的已有品牌，从整体上提高公共数字文化服务品牌的知名度。

（2）加强与其他单位团体的合作共建

公共文化机构可以通过与文化单位、企事业单位、高校和各类社团等不同机构开展深度的合作共建，逐步形成公共数字文化资源共享、品牌共创、服务共推的良性发展态势，从而提升各机构公共数字文化服务的整体实力，让公共文化机构成为公众开展文化活动的首选场所，提高公共数字文化服务的均等化水平。

美国数字公共图书馆项目通过合作开展了丰富多彩的社区活动。如社区代表项目，即面向图书馆、博物馆、档案馆、企业、科研机构和高校，开展多样化的公益活动，创造积累了许多实用性资源；另外，如编程马拉松活动，主要由该项目员工与社区代表通过协力合作举办编程马拉松系列活动，开发出许多用于数据收集和处理的新软件；再如项目集会，从 2015 年开始，在全美各地巡回举办，协助各地区开展当地特色资源的展出，为公众展示当地档案馆、博物馆、图书馆、美术馆以及一些文化遗产机构中较著名的藏品。❷

在我国，上海浦东新区的浦东新区文化艺术指导中心、浦东文化馆、浦南文化馆、川沙文化馆等区级公共文化服务阵地，正逐步成为全区公共文化服务体系中重要的示范窗口、创新阵地和引领平台，带动浦东 1200 多平方千

---

❶ 2017 年中国文化馆年会举办期间，国家公共文化云正式开通 [EB/OL].［2019-06-18］. http://www.ndcnc.gov.cn/zthd/2017zt/ggwhfwbzf/news/201712/t20171220_1367855.htm.

❷ 戴艳清，孙颖博. 美国大型公共数字文化项目服务营销探略 [J]. 图书馆论坛，2018（2）：137.

米上的 37 家社区文化活动中心、1100 多个居村综合文化活动室等阵地，形成全覆盖、全天候、全免费、全领域的公共文化服务网络，让所有前来活动的人印象深刻、身心愉悦、流连忘返。浦东新区正在形成以浦东新区文化艺术指导中心（浦东新区群艺馆）为龙头，以相关文化馆为补充，以街镇文化服务中心为延伸的区、街、镇一体联动的全区公共文化场馆公益服务网络体系，全区大型公共文化阵地走出了一条"免费开放、优质服务、共建发展、凸显特色"的建设和管理新路，推动了公共文化服务品牌的共建共享。❶

7.2.3　打造文化资源特色品牌

（1）打造高质量公共数字文化资源特色品牌

目前，我国各省的自建数据库数量太多，存储过于分散，还没有形成具有当地特色的公共数字文化精品品牌，需要优化整合自建数据库，加强数据库的质量建设，着力打造高质量特色资源服务品牌，发挥整体品牌效能，追求公共数字文化服务品牌的高质量发展，建成以公众需求为导向、社会影响力大的特色数据库。比如，在三国时期，当时一流的政治家、军事家、文学家、艺术家、科学家荟萃湖北，为湖北带来宝贵的三国文化资源。湖北省图书馆整合了这些文化资源，建成了大型多媒体数据库品牌——"湖北三国文化多媒体资源库"，推出三国群英、名胜古迹、文物民俗、军事战役文献资源和相关视频等栏目，成为研究湖北三国历史文化和信息聚集的重要平台。❷

（2）引入"互联网+"创新品牌形象的促销模式

公共文化机构应当基于国家数字文化网、中国文化网络电视以及公共文化云等新媒体平台，对全国各地方优质的群众艺术演出、培训交流、展览展示等传统品牌活动，进行资源采集，并利用网络直播、展播等途径，开展线上线下互动服务。❸ 善于利用网络直播、手机端、一体机等途径，构建公共数字文化服务互动平台，确立重点项目，推出示范性品牌活动，并在这些活动中探索"互联网+公共数字文化"创作、展示与传播的新模式，提升公共数字

❶　面向市民创优服务 注重细节塑造品牌：浦东精心探索公共文化服务阵地运行新机制［EB/OL］.［2019-06-18］. http://www.ndcnc.gov.cn/zixun/yaowen/201302/t20130227_579705.htm.

❷　湖北三国文化多媒体资源库［EB/OL］.［2019-06-18］. http://data.library.hb.cn:8001/hbsgwh/sgsy/.

❸　戴艳清，王璐."国家数字文化网"服务营销策略研究——基于7Ps营销理论视角［J］. 国家图书馆学刊，2018（3）：26.

文化服务品牌的表现力和感染力。比如，2016 年，中国文化馆协会启动了"百姓大舞台"活动，旨在发现全国各地的群众文艺品牌活动，通过互联网的聚合作用，该活动将分散的群众文艺品牌活动进行了提炼整合，并将这些活动转换为网络群众文艺的特色资源，并被公共数字文化工程资源总库收录，开创了群众文化资源库构建的先河。该活动利用线上直播将群众文艺活动推向了全国，进一步提升了各地群众文化活动的影响力。❶ 引入"互联网+"的创新品牌形象的促销活动模式，能够将优秀公共数字文化服务推向更广阔的传播平台。

7.3　拓展多样化和显性化的服务营销渠道

我国大多数公共文化机构的公共数字文化服务营销模式较为单一，缺少对公共数字文化服务营销方式的统筹规划，公共数字文化服务营销活动受众面小，社会影响力弱，很难形成强有力的品牌效应，公共文化机构有必要从以下几方面着手，形成多样化的公共数字文化服务营销渠道。

7.3.1　拓宽合作渠道

合作营销的出现，有利于加强公共文化机构与其他机构合作互动，促进合作主体之间的优势互补，实现协同发展。我国公共文化机构之间，比如图书馆、博物馆、文化馆和美术馆等也有一定程度的合作，但是一般只是一些公共数字文化资源浅层次的共享和公共数字文化服务宣传的传统合作。公共文化机构在公共数字文化服务营销领域各自为政，没有形成合力，需要加强相互之间的合作。公共数字文化服务主体没有树立协同发展的理念，导致公共文化服务机构之间缺少有效的合作互动，公共数字文化服务营销的发展较为迟缓。通过在公共文化机构之间，公共文化机构与其他机构、组织、团体、企业之间，跨领域、跨地域、跨时间开展合作营销，才能促进公共数字文化服务营销的良性发展。❷

---

❶　聚合资源　聚集动力　聚焦效能——中国文化馆协会积极推进群众文艺繁荣发展 [EB/OL]. [2019-06-18]. http://www.ndcnc.gov.cn/zixun/yaowen/201711/t20171101_1362750.htm.

❷　戴艳清，陶则宇. 英国公共数字文化服务营销及启示——以"文化在线"项目为例 [J]. 图书与情报，2016（5）：80.

（1）加强公共文化机构之间的合作营销

公共文化服务机构之间，如图书馆、博物馆、档案馆、文化馆和美术馆等，基于相同的公益性特征和服务对象，这些机构之间拥有关系密切的合作基础，可以实现公共数字文化资源的共建共享，以整合一切可以整合的公共数字文化资源，形成统一的公共数字文化资源库，向公众提供一站式的公共数字文化服务，让公众能够通过一个入口就能享受多个公共文化机构的公共数字文化服务。例如，英国"文化在线"项目就与博物馆、剧院等机构开展合作，通过网络将有价值的展览和演出进行传播，在降低博物馆和剧院的制作成本的同时，也使公众能够及时参与文化活动，更加便捷地获取资源，最终提高了文化资源的利用率。

（2）加强与教育、科研等部门之间的合作营销

公共文化机构可以对公共数字文化资源进行优化配置，与教育和科研部门合作开发相关的公共数字文化资源，并开展合作营销，将这些公共数字文化资源直接推送给小学、中学、大学等教育机构和科研单位，服务教学与科研。例如，南非的"数字门"是由 DST 和 CSIR Meraka 研究所联合开发的项目，旨在提供健康、教育和其他方面的信息，帮助公众学习计算机知识和提升信息技能，使农村和贫困地区的孩子可以在当地学习使用计算机，并利用计算机学习科学文化知识，提高信息技能❶，推动南非公共数字文化传播与共享。在我国，由国家投资建设，浙江大学联合国内外的高等院校和科研机构共同承担的"大学数字图书馆国际合作计划"（China Academic Digital Associative Library，简称 CADAL），旨在为用户提供一站式的个性化知识服务，将涉及理、工、农、医、人文、社科等多种学科的科学技术与文化艺术，包括书画、建筑工程、篆刻、戏剧、工艺品等多种类型媒体资源，进行数字化整合，通过互联网为参与建设的国内外高等院校和学术机构提供教学科研支撑，同时与世界各国人民共享中国学术资源。❷

（3）加强与不同企业之间的合作营销

英国"文化在线"项目在实施过程中与许多公众参与度较高的网站和机构进行了合作。例如，"我的艺术空间"模块的建设就是与专门从事移动技术

---

❶ 刘璇，徐珊，王萱. 国际视野下的"共享工程"［J］. 图书馆建设，2008（2）：20-21.

❷ CADAL 项目简介［EB/OL］.［2019-06-30］. http://www.cadal.cn/xmjj/index.htm.

研究的机构开展合作，用户还可以在"电影街"官网及链接网站参与电影的制作并学习相关知识。❶ 在我国，公共文化机构可以与百度、新浪网、网易等互联网企业开展合作营销，对公共数字文化服务活动进行推介，以互惠互利的方式，提升公共数字文化服务的普及度和知名度。

7.3.2 开展创意活动

创意宣传活动的目的旨在进行创意营销。创意营销是一种通过营销人员的思考、总结，采用创意来吸引用户的营销手段，其特点是投入少、见效快，口碑宣传渠道多样化，能够同时借助传统媒体和新媒体开展服务营销。可以从活动形式、用户体验形式和展示形式三个方面开展创意营销。❷

（1）创新活动形式。通过推广公共数字文化网举办网上有奖问答以及投票活动，让群众足不出户，通过微信、微博、客户端等多渠道参加活动，了解和使用公共数字文化服务，更有机会赢取奖品，同时还可以通过会议、学术报告、专业论坛等交流渠道，开展公共数字文化服务的宣传。例如，2010年至今，美国的移动图书馆项目（American Mobile Library，简称 AML）通过与图书馆联盟系统、教育社区和 InfoQuest 机构的联合，已经举办了几届"移动图书馆员会议"。❸

（2）创新用户体验形式。鼓励设立公共数字文化资源虚拟现实体验区，运用人工智能技术，配备可穿戴设备，为公众提供符合其个性化需求的场景定制的公共数字文化服务。还可以利用二维码展示资源，将与公共数字文化服务相关的信息和资源制作成二维码，吸引公众用手机扫描二维码，即时获取信息。例如，美国移动图书馆项目中，加利福尼亚州康特拉克斯塔县图书馆通过已经制作好的书目二维码，向读者推荐相似阅读书目；加利福尼亚州圣荷西图书馆利用虚拟现实技术，将图书馆历史馆藏制作成虚拟游览地图；美国数字公共图书馆为用户营造了虚拟社区环境，方便用户进行知识共享。❹

---

❶ 戴艳清，陶则宇. 英国公共数字文化服务营销及启示——以"文化在线"项目为例［J］. 图书与情报，2016（5）：75-80.

❷ 韦楠华，吴高. 公共数字文化服务营销推广现状、问题及对策研究［J］. 图书馆学研究，2018（17）：65.

❸ 戴艳清，孙颖博. 美国大型公共数字文化项目服务营销探略［J］. 图书馆论坛，2018（2）：137.

❹ 戴艳清，孙颖博. 美国大型公共数字文化项目服务营销探略［J］. 图书馆论坛，2018（2）：139.

（3）创新资源展示形式。利用微视频短小精炼、制作周期短、可在公共场所和视频平台广泛传播等优势，通过录制微视频，宣传公共数字文化服务的内容。

7.3.3　运用新媒体平台

新媒体营销是指利用门户、搜索引擎、微博、微信、SNS、博客、播客、BBS、RSS、WIKI、手机、移动设备、App 等新媒体平台进行营销的方式，需要多种渠道整合开展营销，还可以通过与传统媒介营销相结合的营销模式，开展立体式营销。❶ 公共文化机构可以从宣传公共数字文化服务网站、运用新媒体、利用移动平台等方面开展新媒体营销。例如，南非借助电台广播、数字出版、数字音乐及各类社交媒体等途径吸引受众，扩大公共数字文化的传播范围。其中电台谈话节目——电台 702，就是一档解决一系列南非的社会、政治和经济问题的谈话节目。该节目引入了 Facebook、YouTube 和 Twitter 等各种社交媒体与用户听众进行互动交流，加深文化信息的传播与共享。❷

（1）加强服务网站的网络显示度

网站网络显示度的提升可直接提高公共数字文化网站的资源利用率。诚如前文所述，公共数字文化服务网站网络显示度提升的手段多样，还可以通过在搜索引擎网站上建立友情链接，借助新媒体和传统媒体，增加广告投入，扩大网站宣传，向公众推荐各种载体的宣传资料，在网站开设文化名人专栏、访谈或者博客，通过多种渠道促进网站知名度和影响力的不断提升。例如，我国的国家公共文化云为满足用户的使用需求，在其主页的"标准规范"栏目中，为使用人员提供了方便下载的标准规范、使用指南、宣传材料等资源。

（2）建立与维护新媒体平台

公共文化机构可以通过建立微信公众号、官方微博和客户端，利用各种新媒体手段，组织专门团队运营新媒体服务，根据不同受众群体的需求，精准推送相关公共数字文化资源，增加公众关注度，从而实现用户规模的扩大。

英国的"工匠营"项目开通 YouTube 订阅的渠道，将项目资源推广到学校教学活动中，既拓展了服务渠道，也扩大了受众面。美国的 AML 移动图书

---

❶ 百度百科. 新媒体营销 [EB/OL]. [2019-06-23]. https://baike.baidu.com/item/.

❷ Sarah Helen Chiumbu, Dina Ligaga. "Communities of strangerhoods?" Internet, mobile phones and the changing nature of radio cultures in South Africa [J]. Telematics and Informatics, 2013 (30): 245-251.

馆项目开设 Twitter 账户，用户可以通过关注项目 Twitter 账户，在自己的手机上接收项目推送的图书馆新闻动态短信。我国的国家公共文化云微信公众号和 App 客户端通过共享直播、资源点播、活动预约、场馆导航等模块面向公众提供一站式文化共享超市服务。

（3）利用移动平台

由于公众对手机、平板电脑等移动终端的依赖性越来越强，公共文化机构应以移动终端为载体，构建基于移动平台的公共数字文化服务营销体系，并通过微信、微博、App 客户端等平台，提升公共数字文化服务的影响力，加强平台资源的质量控制和安全维护，培养稳定的受众群体。❶

英国的 My Art Space 项目开发的 OOKL App 是以移动服务的方式快速传播服务。用户通过手机客户端的相关导引，进入实体博物馆、画廊等空间，并实时进行学习和创作。美国数字公共图书馆项目通过开放 API 接口和 App 工具，为公众提供更多接触优质信息的渠道。"数字印度"项目中，印度政府建立了"Twitter Samvad"平台和"Madad"门户。其中在"Twitter Samvad"平台，公众可以通过 Twitter、短信等服务，及时参与到政府的各项计划或行动中；身处各国的印度公民可以通过"Madad"平台及时获取其对于国外领事投诉的回馈。❷

7.4 实现线上线下相结合的有形展示

O2O 是 Online To Offline 的简称，是指将线下的商务机会与互联网结合，让互联网成为线下交易的前台，这个概念最早来源于美国❸。随着国家公共文化云的开通，为了解决当前公共数字文化平台建设不统一、资源不聚拢、服务不共享、功能不完善等问题，公共文化服务的线下传统服务营销模式，已经转型升级为线上线下互联互通的服务营销新模式，公共数字文化服务随之走进了 O2O 的时代。

---

❶ 戴艳清，陶则宇. 英国公共数字文化服务营销及启示——以"文化在线"项目为例 [J]. 图书与情报，2016 (5)：80.

❷ 戴艳清，孙颖博. 印度公共数字文化项目服务营销探析 [J]. 图书馆建设，2017 (1)：70.

❸ 百度百科. O2O（电子商务名词）[EB/OL]. [2019-06-23]. https://baike.baidu.com/item/O2O/8564117?fr=aladdin.

7.4.1　突出 O2O 手机端服务的功能定制

国家公共文化云平台通过网站、微信公众号和 App 客户端，实现了手机端服务的功能定制。公众可以通过电脑、手机 App、微信、公共文化一体机等途径，获取共享直播、资源点播、活动预约、场馆导航、服务点单、特色应用等资源的一站式公共数字文化服务。❶

7.4.2　利用新技术实现 O2O 供需对接

在大数据时代，公共数字文化服务平台需要具备大数据分析功能，对公共数字文化资源、活动和场馆使用率以及公众参与情况等数据进行分析，了解公众使用公共数字文化服务的偏好和行为轨迹等，为公共文化机构采购公共数字文化资源、提高服务质量、调整财政开支、预测发展趋势和热点等提供决策依据。❷

服务主体可以借鉴外卖模式，将 O2O 商业模式引入公共数字文化服务中，利用"互联网+"理念和相关技术手段，通过便捷的快递服务，方便公众使用公共数字文化资源，促进全民阅读，提升公共数字文化服务均等化水平。比如，济南市民通过济南市图书馆开展的线上"图书借阅外卖"服务，实现了手机借阅。公众可以关注"济南市图书馆微服务"的微信公众号，通过绑定个人借书证，在"O2O 网借平台"上下单，并支付 3 元快递费，希望借阅的图书就会快递到读者手中。如果想要还书，仍然可以在"O2O 网借平台"进行预约，再次支付 3 元快递费，就会有快递上门取书。❸

7.4.3　不断拓展服务及资源供给来源

公共数字文化服务平台，一方面需要通过建立联合体育馆、科技馆、青少宫、工人文化宫等公共设施的场所联盟，开展省、市、区、镇（街道）、村（社区）公共数字文化资源的共建共享，实现一站式公共数字文化服务。另一

❶　国家公共文化云平台：开启数字服务新时代［EB/OL］.［2019-06-23］. http://www.ndcnc.gov.cn/shifanqu/zixun/201712/t20171205_1365920.htm.

❷　黄佩芳. 佛山公共文化服务走进 O2O 时代［J］. 图书馆论坛，2018（7）：47.

❸　中国文化报. 初心未改，以人民为中心——济南市图书馆：始终围绕群众需求做文章［EB/OL］.［2019-06-23］. http://www.ndcnc.gov.cn/tushuguan/zixun/201801/t20180110_1371311.htm.

方面需要在线上开放文化团队及个人自助注册功能,不断扩大参与公共数字文化服务及资源的供给单位、团体及个人数量。比如,佛山文化云通过文化团队自主注册功能,让用户成为线上文化项目或活动的倡议者、发起者和组织者,从而为培育社会文艺团队贡献自己的力量。佛山文化云已经在线上注册阅读推广、文化遗产保护和文艺民间等类型的团队 117 多个,极大地推广了公共数字文化资源,促进了公共数字文化资源的优化配置。❶

7.4.4 注重线上推广提高线下参与率

公共文化机构应灵活运用 O2O 服务营销模式,推广线上预约线下参与的服务模式,提升公共数字文化服务质量,提高公众的到馆率和参与率。公共文化机构应在线实时更新公共数字文化服务目录信息,保证公众可以通过互联网、手机 App 等多种形式获取最新的公共数字文化服务目录信息,足不出户在线报名预约活动,并实现活动的线上直播,让公众亦可以在线观赏文艺演出、聆听名家讲坛等活动,又可以通过报名预约,在线下参加活动。通过线上线下相结合的服务模式,使公众能够高效、便捷地享受高端普惠的公共数字文化服务。公共文化机构可以通过线上的评价反馈功能,倾听群众对数字文化设施、数字文化服务、数字文化活动的评价与反馈,帮助公共文化机构及时完善设施功能,提升公共数字文化服务质量。比如,在美国移动图书馆项目中,普罗维登斯大学的菲利普斯纪念图书馆通过在宣传海报上发布图书馆数据资源和校内出版情况,让用户及时了解最新的相关信息;巴尔的摩的伊诺克·普拉特图书馆和康涅狄格州达里恩图书馆实施的 Four Square 激励措施,旨在吸引公众现场签到,提高公众的参与度。❷

7.5 注重服务营销的过程管理

随着公众对公共数字文化服务的需求日渐多样化,不同的群体、阶层或个体,对公共数字文化资源的供给规模、内容和质量存在个性化的需求。但是公共文化机构在公共数字文化服务营销过程中,对公众实施的不是基于大

---

❶ 黄佩芳. 佛山公共文化服务走进 O2O 时代 [J]. 图书馆论坛, 2018 (7): 48.

❷ 戴艳清, 孙颖博. 美国大型公共数字文化项目服务营销探略 [J]. 图书馆论坛, 2018 (2): 137.

数据分析的个性化营销和以需求为导向的精准化营销，而是大众传播策略。其对公共数字文化资源的利用，往往没能细分目标群体，忽视了用户体验，缺少层次划分和策略细化，进而无法实施个性化推广策略。因此公共数字文化服务营销需要注重过程管理，实现过程管理的科学化，明确用户需求，提升用户体验，提供个性化服务，确保项目能够持续发展。

7.5.1　过程管理科学化

公共数字文化服务营销项目的开展应提前做好规划，确保项目能够持续发展，做好服务营销项目的发展规划和项目后期的评估。为实现项目发展过程的质量控制和可持续发展，应对项目开展实时监测和阶段性的绩效测评。

美国数字公共图书馆的营销过程管理经验值得借鉴。首先，其整合了图书馆、博物馆、档案馆以及文化遗产中心等丰富的馆藏资源，实现了用户的一站式检索，并通过多维度展现门户网站的信息资源。其次，不断招募新的志愿者，满足用户对服务营销广泛性和多样性的需求；最后，基于对教育工作者需求的充分了解和分析，为关键资源建立特定的体系结构，方便教育工作者及时发现并有效地使用这些资源。过程管理为项目开展添加了更富吸引力的元素。我国已尝试建立公共数字文化产品和服务供需平台，如浙江舟山等地的"淘文化"文化网购平台。❶ 这不但对于探知用户需求是一种有益的尝试，而且使用户需求的每一次表达和有效传递、文化需求的及时满足、服务效果的适时反馈都有了明确的阶段划分，从而管理部门更从容地了解和面对公众的文化需求，进一步实现了供需的有效对接。

7.5.2　过程管理细致化

细致的过程管理是公共数字文化服务营销的重要因素，而过程管理的关键又在于对公众需求的探知和分析。❷

（1）建立用户信息数据库

公共文化机构不但可以通过调研手段收集用户需求，还可以利用问卷调查、微信、微博、客户端、网站等新媒体平台收集用户行为习惯，通过大数

---

❶　淘文化［EB/OL］.［2019-06-30］. http://www.taowenhua.cn/.

❷　韦楠华，吴高. 公共数字文化服务营销推广现状、问题及对策研究［J］. 图书馆学研究，2018（17）：64-65.

据分析，构建服务受众的信息数据库。公共文化机构应该制定公共数字文化服务营销战略规划，全面收集用户的年龄、性别、地区、职业、兴趣、爱好等信息，同时建立用户分类管理数据库。

（2）利用技术手段实时关注用户体验

随着大数据时代的到来，公共文化机构要善于开展基于大数据分析的个性化营销。基于用户浏览页面的行为记录，分析用户对公共数字文化服务的关注点和其行为偏好，并及时对用户进行相关服务的智能推送，从而改善用户体验。还可以通过大数据分析，对吸引用户参与公共数字文化服务活动的契机和引爆点进行深入挖掘，制作适应用户需求的数字文化内容，增强用户参与互动意识，主动分享发布公共数字文化服务，促进品牌的传播。

（3）细分目标群体开展精准营销

为了实现向用户推荐其需要的优质公共数字文化服务，公共文化机构可以构建开放式的公共数字文化服务平台，满足不同群体、不同层次、不同类型用户的需求。例如：为了解决视障群体阅读难的问题，可以建设视障数字阅览室；为了方便老年群体解决信息输入的问题，可以运用语音识别转换系统；为了吸引学生群体，可以将历史文化藏品等公共数字文化资源推荐给小学、初中、高中和大学，为课堂教学提供素材，还可以与学校联合开设网上课堂，把优质的培训资源实时同步传送至公共数字文化服务平台，实现一人辅导、多人受益。❶ 为帮助贫困人口精准脱贫，可以实时提供农作物市场信息、技能培训或相关政策信息。例如，在美国移动图书馆项目中，公共图书馆以家庭生活、医疗保健等为主要内容提供服务，其较多地提供公告、服务导航和事件注册访问服务，而高校图书馆以各种网上教学资料和信息检索为主要内容为师生提供移动服务，其较多地展示指南链接和参考咨询服务，十分契合用户的文化信息需求。

7.5.3　过程管理个性化

公共数字文化服务营销需要强调服务的灵活性和目的性，需要根据公众的年龄、知识结构、兴趣爱好等，对已有的服务形式和手段进行整理、分类、

---

❶ 戴艳清，孙颖博. 美国大型公共数字文化项目服务营销探略［J］. 图书馆论坛，2018（2）：139-140.

重组和改进，突出个性化服务。公共文化机构可以基于公众行为和需求的个性化提供以下公共数字文化服务❶：

（1）个性化推荐服务

根据建立的用户信息资源库，利用大数据技术分析公众的信息行为偏好，对信息进行过滤、聚合，最终通过微信、微博、客户端、邮箱、短信等方式向公众推送资源、活动、新闻公告等，形成信息找人的服务营销模式。还可以利用互联网多媒体技术在导览服务方面进行实践应用。例如，博物馆通过开发导览客户端、利用二维码技术和运营微信公众号，促使公众加深对展品的了解，让观众能够轻松自由地进行参观，并通过各种新媒体平台向公众推送相关文字、图片、视频等信息，减少在展厅内停留拍照的时间。❷

（2）个性化页面定制

对公共数字文化服务平台的网页设计要体现个性化，使公众可以根据个人喜好对网页的字体、颜色、风格、功能等模块进行个性化调整，这样既可以满足用户的实际需求，又可以为视力障碍人群提供能够利用公共数字文化资源的可能性，实现公共数字文化服务获取的平等性。例如，英国国家档案馆项目之"你的档案"项目中，用户可以自行设置自己的档案公开内容及形式，该项目还为用户提供所需的工具箱及个性化模板和材料。

（3）创建个性化信息空间

公共数字文化服务平台可以为公众提供专门的模块，用于创建个人用户信息空间。在个人用户信息空间中，公众可以根据个人喜好，自主掌控使用记录、个性化检索信息等功能，实现用户对各类信息的高效获取和系统管理。比如，英国"24 小时博物馆"网站，按照地域将博物馆的资源划分为东米德兰兹、伦敦、纽卡斯尔等，按照时间划分为今天、明天、周末及自己选择日期等，按照资源类型划分为事件、展览及场馆等；❸ 为了方便用户合理安排浏览信息资源的时间，该网站在各资源的封面标注了进行信息阅读需要耗费的大致时长。❹ 在我国国家数字图书馆的主页上，公众注册用户后，就可以创建

---

❶　韦楠华，吴高. 主要发达国家公共数字文化建设制度特点探讨 [J]. 现代情报，2018 (6)：59.

❷　博物馆应增强个性化服务 [EB/OL]. [2019-06-23]. http://www.ndcnc.gov.cn/zixun/xinwen/201405/t20140512_926527_1.htm.

❸　Culture24 [EB/OL]. [2019-06-30]. http://www.culture24.org.uk/home.

❹　Museum Crush [EB/OL]. [2019-06-30]. http://museumcrush.org/articles/.

"我的数字图书馆"个人信息空间,实现"我的阅读""我的收藏夹""我的订阅""为我找书"等个性化服务功能。

7.6 注重提升用户体验

体验式营销是指在经营者精心设计的前提下,消费者能够在一系列的活动、情景、事件中产生深刻印象的过程,具有顾客导向和情境体验的特点,能够满足消费者日益增加的情感需求。公共文化机构可以从增强用户体验、提升用户参与度等方面开展体验式营销。❶

7.6.1 提升用户参与度

公共数字文化服务平台可以开设专门的互动版块,通过举办各种共享文化的活动,鼓励公众以个人或者团队创作的形式上传文化作品,并在网站、一体机、手机客户端、微信公众号等专区进行网上展示和群众投票,最终由活动的主办方组织专家评选出优秀作品,在公共数字文化服务平台进行专题推介和展演,还可以通过文化系统各平台和社会媒体等渠道进行公益性的宣传推广,从而丰富公众的体验与感知,提升公众的参与度。例如,英国的"24小时博物馆"设置了专门版块,鼓励用户通过该版块上传自己的作品,并且可以进行团队创作。通过设置相关的审核环节,保障作品内容的健康性和积极引导性。同时,作品被采纳的作者会获得一定的物质或精神奖励。

7.6.2 加强平台有用性和友好性

目前,公共数字文化服务的营销手段较为单一,缺乏与公众的互动,公众探寻公共数字文化的兴趣和动机愈发被淡化,直接影响了公共数字文化服务的传播与推广,本书建议从以下几个方面努力提升用户体验。

首先,通过整合公共数字文化资源,丰富网站检索手段,为公众提供一站式检索平台。现有的公共数字文化共享平台需要整合图书馆、博物馆、美术馆、文化馆等公共文化机构的各类型公共数字文化资源。其次,要在公共数字文化网站主页上设立资源导航,便于公众更加便捷地查找所需的信息。

---

❶ 戴艳清,孙颖博. 印度公共数字文化项目服务营销探析 [J]. 图书馆建设, 2017 (1): 69.

可以从时间、空间等多维度呈现信息内容，丰富信息的展现形式，为公众提供多途径的信息浏览。● 公共文化机构还可以将公共数字文化资源通过具有精彩故事情节的短视频或文字展示，或者利用虚拟现实技术平台使用界面情景化、立体化或动态化，并通过开发小游戏，设置知识问答，创建自主创作空间等途径提升公众的参与度，丰富公众体验与感知。例如，英国"文化在线"子项目"电影街"，其门户网站主页通过模拟电影院的场景，将需要展示的主题投影在模拟的电影幕布上，在"幕布"下，通过类似于座位形状的形式形象地将项目包含的内容展示出来，增强用户的体验感。●

7.6.3　注重与用户之间的互动

公共文化服务主体要建立微信公众号、官方微博、百度百科等社交网站公共主页，与公众保持实时沟通交流，鼓励公众参与资源发现和采集；建设及维护互动论坛，提供服务评论、信息共享和思想交流的平台，使用户与用户之间以及用户与机构之间能够进行良性互动。为方便公众通过不同应用分享和收藏公共数字文化资源和服务，需要设置多种方式的资源链接。例如，英国"文化在线"子项目"工匠营"中，用户可以通过线上的"现场观看"方式，近距离观察艺术家在其工作室内工作的实况；还可以通过视频连接与艺术家进行实时探讨，并通过延时"大师班"等课程接受艺术家的视频教学指导。另外，该子项目还利用小游戏、小测试等形式，开展艺术展示与互动，增强用户的探知兴趣，让用户对文化艺术创作过程进行参与和控制。

7.7　构建完善的服务营销保障机制

7.7.1　优化组织机构

公共文化机构需要以公众需求为导向，打破职能部门之间的界线，重组公共文化机构业务流程，设置以服务推广为核心的专门营销部门，并配备专职营销人员，组建服务营销团队，成立跨机构的服务营销合作协调组织，建

● 戴艳清，孙颖博. 美国大型公共数字文化项目服务营销探略 [J]. 图书馆论坛, 2018 (2)：138-139.
● 戴艳清，陶则宇. 英国公共数字文化服务营销及启示——以"文化在线"项目为例 [J]. 图书与情报, 2016 (5)：79-80.

立跨机构、跨系统、跨行业的合作模式，最终实现各合作主体之间的优势互补和协同发展。❶

（1）建立系统内的协调机构。联合图书馆、博物馆、文化馆和美术馆等公共文化系统内的机构，建立常态化的服务营销部门，以统一策划公共数字文化服务营销推广活动。

（2）建立系统外的合作机构。与学校、广播电视、医疗卫生等系统外机构开展合作，推出涉及学习类、医疗类、休闲类等内容的精品公共数字文化资源，共同开展对公共数字文化资源与服务的宣传推广活动。

（3）建立商业合作。与百度、腾讯、网易、今日头条等大型媒体开展商业合作，宣传推广重要的公共数字文化资源，提高公共数字文化资源的利用效率。

7.7.2　鼓励社会力量参与

应由政府主导公共数字文化服务，同时大力培育和发展社会力量参与公共数字文化服务。政府可以通过政策扶持、资金补助、购买服务等方式，鼓励社会力量参与公共数字文化建设，多渠道供给公共数字文化服务产品。还可以通过设立公共数字文化重大项目基金，按照基金模式进行管理，明确社会力量参与公共文化服务的标准。在工业园区和大中专院校较为集中的区域，建立联动机制，联合工业园区、大中专院校校区和厂区，组织引导企业、学校定期参加公共数字文化活动。通过民办公助的形式，可以建成集小型演出、文化沙龙、展览讲座等为一体的个性化文化活动场所。尝试社会众筹的方式，也可以建成城市休闲文化空间。鼓励社会力量参与公共数字文化服务，可以让公共数字文化服务更有活力，满足公众对公共数字文化服务的需求。❷

7.7.3　建立有效的服务营销评估机制

公共文化机构应该把服务营销规划纳入到公共数字文化服务的发展规划

---

❶ 韦楠华，吴高. 公共数字文化服务营销推广现状、问题及对策研究 [J]. 图书馆学研究，2018（17）：66.

❷ 以群众需求为中心，打通公共文化服务"最后一公里"——重庆市江津区创建国家公共文化服务体系示范区侧记 [EB/OL]. [2019-06-23]. http://www.ndcnc.gov.cn/shifanqu/zixun/201806/t20180605_1386610.htm.

中，并将组织目标进行分解，制订营销执行计划，构建营销评估标准体系，并根据评估结果实时调整营销策略。同时，在服务营销评估体系中引入社会公众和媒体参与机制，以公共数字文化资源利用率为绩效考核目标制定相关激励机制。例如，南非的教育信息化项目以受众需求及能力的变化而分为三个阶段。首先，建立将 ICT 整合到教学过程中的教育培训体系，帮助教师和管理人员树立使用 ICT 的信心，从而满足教育信息化的需求；其次，将教育信息化系统化地整合到教学中，专人管理所有教育机构的 ICT 装备，引领 ICT 的使用，通过教育门户网站"Thutong"与数字图书馆的开放使用促进教师交流、协作和访问内容资源；最后，实现所有教育部门利用 ICT 的无缝规划管理、交流以及监测和评价，实现教育信息化，使所有学生和教师掌握基本的 ICT 能力，促进南非公共数字文化服务营销的发展及文化资源的传播。❶

7.7.4　实现经费资助多元化

一方面，政府要加大直接资金投入。将公共数字文化服务经费支出纳入财政预算，建立较为完善的公共数字文化财政预算保障机制。设立公共数字文化建设专项资金，提高公共数字文化服务营销经费的支出比例，单独列出公共数字文化服务营销经费预算，形成长效的服务营销经费保障机制。

另一方面，政府要加大间接财政支持。对公共文化事业实行税收优惠政策，吸引社会资本和捐赠投入，公共文化机构和团体可以通过多种渠道募集资金，增加公共数字文化服务营销经费，实现公共数字文化服务营销经费资助多元化。❷

7.7.5　组建专业高效的服务营销团队

为了提升公共数字文化服务营销水平，公共文化机构需要组建一支综合素质高、营销水平高、创新能力强，并能够以公众需求为导向，为公众提供深层次、多样化公共数字文化服务的多层次人才队伍。

（1）加强现有队伍的在职培训

公共文化机构应该在开展在职培训课程中适当增加广告学、市场营销等

---

❶ 章苏静，肖飞生. 南非教师教育信息化进展研究 [J]. 中国电化教育，2009（265）：33

❷ 韦楠华，吴高. 公共数字文化服务营销推广现状、问题及对策研究 [J]. 图书馆学研究，2018（17）：66.

相关营销理论课程，并应当充分发挥中国图书馆学会、中国文化馆协会等行业专业组织的先进性，通过在举办的公共数字文化服务相关学术会议上增加服务营销相关主题内容，开展服务营销培训，为从业人员提供学习公共数字文化服务营销理论的机会，培训内容可以涉及营销技巧培训，用户服务培训，综合技能培训等。❶ 在培训中还应该注重培养从事服务营销人员的实战能力，提高其营销意识，提供更多的实战演练机会，在不断演练中学会灵活运用营销技巧。

（2）引进服务营销专业人才

公共文化机构应当招聘具有市场营销学教育背景的专业人员，建立专家智库，完善专家咨询制度，并采取薪酬激励机制，调动人才的积极性，要招得进、留得住。公共文化机构还可以委托专业的市场营销团队来进行管理。

美国的大型公共数字文化项目非常重视对高素质、高技能服务营销人才的吸纳和培养。例如，美国数字公共图书馆项目邀请图书馆、博物馆、档案馆的专业人员和技术人员共聚一堂，探讨创意社区的发展问题；美国记忆计划邀请图书馆方面的专家为项目提供在线检索帮助服务；参与美国国家文化遗产网络项目的成员，必须经过严格的层层选拔和专业的培训，才能够成为适应组织需要的高水平服务营销人员，从而为公众提供公共数字文化服务。❷

（3）积极招募志愿者

公共文化机构在招聘服务营销专业人才时，由于受到岗位编制、经费短缺等问题的制约，很难引进服务营销专业人才。为了解决这一难题，公共文化机构可以向全社会招募具有市场营销特长的文化志愿者，通过制定志愿者团队管理章程，明确招募志愿者的数量、岗位、条件和报名方式。可以采取志愿者上岗服务承诺制，考核采取履约制，激励方面以服务时长获取相应积分。结合公共数字文化服务的相关管理，着力构建专业化程度高、服务能力强、综合素质优的服务营销志愿者队伍，使其成为缓解公共文化机构服务营销人员短缺问题的中坚力量。

美国数字公共图书馆项目鼓励所有热爱开放存取数字馆藏的公众加入志愿者团队，但必须通过严格筛选才能最终成为志愿者，其专属称谓是社区代

---

❶ 戴艳清，孙颖博. 美国大型公共数字文化项目服务营销探略［J］. 图书馆论坛，2018（2）：140-141.
❷ 戴艳清，孙颖博. 美国大型公共数字文化项目服务营销探略［J］. 图书馆论坛，2018（2）：139.

表。社区代表主要来自各高校、小学、图书馆、研究所及普通家庭等，呈现出多元化的结构特点。❶ 志愿者们共同推动该项目的可持续健康发展，组织开展交流年会，向可能会从馆藏中受益的公众推广宣传，增加对重大事件或主题活动的举办数量，将项目的常规集会塑造成为具有广泛影响力的大型活动。

---

❶ 黄文浩. 美国数字公共图书馆项目研究及启示［J］. 河北科技图苑, 2016（3）：3-7.

第8章

顶层设计视角下公共数字文化服务营销组织与实施

"顶层设计"这一概念最初来自于西方系统工程学中，"Top-Down Design"其意指站在战略制高点，对要实现的目标进行整体把握，然后自顶层开始，从上至下进行层层设计，使所有的层次及子系统围绕总目标，产生预期的整体效应。❶ 因而，顶层设计其实是从高处着眼的自上而下的层层设计，它不仅包含着对于高层的设计，也包含对于中层及基层的设计。总的来说，顶层设计是连接理念与实践的"蓝图"，具有以下两大特征：其一为整体的明确性和关联性，即将一项工程的"整体理念"具象化，且各设计要素紧密围绕顶层目标，形成有机关联、匹配与衔接；其二为实际的可操作性，表现为顶层设计的表述简洁明确，设计的成果具备实践可行性。总体而言，顶层设计对于某一个项目或某一项工程，是要从全局出发，对其各层次及各要素进行统筹考虑，以实现理念一致、功能协调、结构统一、资源共享、部件标准化的目标。"顶层设计"代表着从整体及全局层面把握问题，因而它是一种重要的战略思维方法。

2010年10月，"顶层设计"作为一个新的政治名词首次出现在中共中央"十二五"规划建议中，这预示着中国改革事业开始了新的征程，也意味着我国政府战略思维站在了新的高度。很快，2011年4月18日，在北京召开的公益性数字文化建设专家座谈会上，相关专家将公益性数字文化建设的"顶层设计"问题推上了议事日程。公益性数字文化建设"顶层设计"即"公益性数字文化建设的定位""公益性数字文化建设的架构与目标""公益性数字文

---

❶ 许耀桐. 顶层设计内涵解读与首要任务分析［J］. 人民论坛，2012（17）：8-9.

化建设的重点和实施路径"。❶ "公益性数字文化建设"是在特定历史时期出现的"公共数字文化建设"的替代性名词，因而，其顶层设计与后期公共数字文化服务的发展不无关系。

公共数字文化服务营销的组织及实施过程是落实服务营销理念及措施，达到提升用户体验目的的实际落地环节。但该环节涉及多方面的因素，也并非一项一次性的工作，它具有循环往复的性质，且其本身也是由诸多工作环节构成的一个环环相扣的整体运行链。实践中，如本书第一章所述，我国公共数字文化服务营销实践活动的开展多以发达地区单个公共文化服务机构，如公共图书馆和高校图书馆为主，且形式较为多样。然而，纵观我国三大数字文化惠民项目，自 2002 年全国文化信息资源共享工程启动以来，其服务营销体系就未曾建立。这显然不利于各项目从整体上提升用户体验及公共数字文化服务的效能。因此，本书认为，公共数字文化服务营销的组织实施首先依赖于公共数字文化服务营销顶层设计思想，需要运用系统论方法，从全局角度对公共数字文化服务营销工作进行各方面、各层次及各要素的统筹规划，以统领整个服务营销体系的运行，集中有效资源，高效快捷地实现提升用户体验的目标。总体来说，公共数字文化服务营销需要纳入到公共数字文化建设的顶层设计中。

8.1　基于顶层设计的公共数字文化服务营销体系的构建

8.1.1　基于顶层设计的公共数字文化服务营销体系的构建原则

公共数字文化服务营销体系顶层设计的基本思路，就是要从战略管理的高度，将服务营销纳入到公共数字文化建设全局中来，使得公共数字文化服务在普及化、均等化的原则指导下，朝着提升用户体验及服务效能的目标有序推进。总的说来，基于统筹规划、顶层设计的基本理念，构建公共数字文化服务体系，需要遵循以下原则：

（1）统筹规划，自顶向下。贯彻实施科学发展观，强调文化管理创新，把顶层设计与基层已有的营销系统有机结合起来，自顶向下，找准面向公共

---

❶　马子雷. 公益性数字文化建设"顶层设计"提上日程［N］. 中国文化报，2011-4-20.

数字文化服务营销体系的具体需求，厘清服务边界和范围。

（2）用户导向，结构优化。公共数字文化服务营销体系的建设归根结底是以用户需求为主导的。事实上，用户需求决定着公共数字文化服务营销体系的整体设计。而该体系的建设要尽可能体现用户需求导向下的各相关要素的聚合，排除冗余要素。

（3）强化应用，突出绩效。从资源优化配置的视角来说，公共数字文化服务营销体系的建设，在于通过对公共数字文化资源，即产品及其传播渠道、促销方式等各要素的优化组合，最大限度地提高资源优化配置效率，达到提升服务效能的目标。因而，应强化该营销体系各要素协同要求，突出其实际应用功能，并引入相应的绩效评估模式及方法，提高其经济效益和社会效益。

8.1.2　基于顶层设计的公共数字文化服务营销体系模型

公共数字文化服务营销的组织实施涉及公共数字文化服务体系内外的各种复杂因素，因此，对于公共数字文化服务主体来说，根据内外部环境及用户体验，结合服务营销组合要求，为谋求公共数字文化体系的可持续发展做出长远的、全局性、根本性的谋划，是一项艰巨而复杂的决策活动，它对决策者及其工作人员提出了极高的要求。

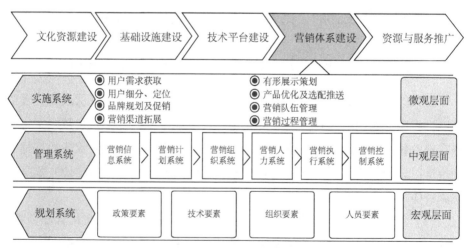

图 8-1　基于顶层设计的公共数字文化服务营销体系（来源：笔者绘制）

从宏观层面而言，侧重于对营销体系建设的整体性规划，需要同时考虑营销体系的建立对于政策、技术、组织及人员等方面的要求。第一，政策要素。政策是人们为实现某一目标而确定的行为准则与谋略❶，有权威性、约束性、指导性、稳定性及前瞻性等特点。公共数字文化服务营销活动是一项涉及众多机构和领域的复杂工作，制定相关政策显然有利于保障活动的有效开展。当然，这并非是为公共数字文化服务营销制定专门的政策或法规文件，而是将其纳入到有关公共文化服务管理的政策或法规体系中，具体内容包括：明确服务营销对公共数字文化建设的重要性，使其成为公共文化管理的基本环节，进而促使各公共数字文化项目或机构开展营销活动；明确服务营销部门或组织的地位，成立常设性服务营销部门或组织，赋予其策划、组织营销活动，调动资源的权力；明确建立面向内部管理的公共数字文化服务营销平台，规范服务营销的组织原则、方式方法，同时允许各公共文化机构或组织依据一般程序制定适合本机构的相应系统。

第二，技术要素。服务营销源自商业领域，并在企业中形成了一套独有的技术管理方法。然而，公共数字文化服务营销毕竟不同于企业服务营销，因此必须对企业服务营销系统进行改造，以适用于公共数字文化领域。其中，开发服务营销管理系统和平台是实施公共数字文化服务营销的技术关键。公共数字文化服务营销系统是集营销计划、营销组织、营销人力、营销执行及营销控制等在内的信息系统，是营销管理的基本工具。而较为重要的是如何采用技术手段收集用户需求信息。

第三，组织要素。建立服务营销部门或组织是顺利实施公共数字文化服务营销活动的前提条件。目前，在我国较大型的公共数字文化项目中，并未单独设立营销部门。如文化共享工程中，主要由资源建设部设立资源服务推广岗位，负责资源推广。这样的设置对于全国性的文化惠民工程来说，显然是杯水车薪。本书认为，建立专门的营销部门或组织需要先得到决策部门的重视，同时加强专家、用户和系统内部人员的沟通，赢得他们对服务营销组织建设的支持。

第四，人员要素。人员是服务营销部门或组织的核心组成部分。提高人员的营销意识对于营销活动的组织和实施来说尤为重要。保证营销组织及活

---

❶　王福生. 政策学研究［M］. 成都：四川人民出版社，1991：28.

动的科学性的最好办法就是对营销人员进行培训，其培训内容包括：营销目标设定和工作计划的制订；对营销活动框架或行为尺度的理解；对营销产品、渠道、促销方式等要素的熟悉等。

在中观层面，则从管理视角，建立起公共数字文化服务营销管理平台，包括营销信息系统、计划系统、组织系统、人力系统、执行系统以及控制系统。其中营销信息系统承担信息的上传下达以及用户需求收集等职责；计划系统是各个具体营销活动的策划和发布系统；组织系统是对参与某具体营销活动的营销部门的组织调度系统；人力系统则承担专业营销人员的管理及调度职能；执行系统是营销活动具体实施的操作系统；控制系统主要对营销过程实施监督、反馈以及调整。

从微观层面来看，侧重于公共数字文化服务营销的实际落地，即实施环节设计，涉及用户需求的精准把握以及用户类型的具体划分及定位，以针对不同用户群体提供不同的资源及服务；品牌规划主要指营销部门根据具体的项目或者本机构的资源特色，聚焦精品资源，以创新品牌形象，打造品牌特色；营销渠道拓展包括跨机构、跨部门间的合作，利用微信等社会化媒体开展创意营销；有形展示则突出利用现有服务平台，利用 O2O 手机端服务功能定制，采取线上线下相结合的形式强化资源展示带给用户的良性体验；产品优化及选配推送意味着准确把握用户需求的变化，及时进行产品动态调整及其个性化选择与配置，实现产品的高标准配送服务；营销队伍管理则包括专业人员培训、招募志愿者等多种形式；营销过程管理应注意从营销信息系统中获取用户需求，在服务过程中与用户形成良性互动，提升用户体验。

8.2 顶层设计视角下公共数字文化服务营销的组织流程

与任何活动一样，公共数字文化服务营销活动由一系列的工作步骤或环节组成：第一，确定营销目标；第二，制订服务营销计划；第三，服务营销活动的实施；第四，服务营销活动成效评估。

在开展公共数字文化服务营销活动时，我们可以将其流程具化成以下几个步骤，具体内容如图 8-2 所示。

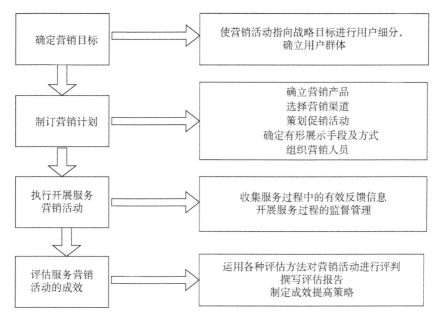

图 8-2　公共数字文化服务营销的组织流程（来源：笔者绘制）

8.2.1　确定营销目标

任何一项营销活动的开展源于组织或机构整体发展的需求，因此应指向组织或机构发展的战略目标来执行。

（1）使营销活动指向战略目标。由于公共数字文化服务具有公益性等特征，因此其营销活动的目标一方面指向用户体验的提升，以提高其社会效益；另一方面则指向公共数字文化服务效能的提高，以提升其经济效益。

（2）确立目标用户群体。确定营销目标还包括某项具体营销活动的目标用户的确立。以加拿大伯灵顿公共图书馆所实施的 BPL Mobile 项目为例，在实施营销活动前，伯灵顿公共图书馆首先根据市场调研，把 16~45 岁的拥有网络功能移动设备的非图书馆用户定位为首要及主要的营销目标群体。伯灵顿公共图书馆认为，这类用户属于最有可能使用移动图书馆服务的潜在用户，因为他们最有可能有兴趣在自己的移动设备或者智能手机上安装一个全新的而且是可以免费访问图书馆资源的应用程序。其次，伯灵顿公共图书馆又把16 岁以上的经常使用智能手机、已是图书馆现实用户的群体定位为次要营销目标群体。❶ 由此可见，通过调研以确立用户细分类型和目标用户对营销活动的成功开展尤为重要。

8.2.2 制订服务营销计划

制订营销计划是指对一系列在营销过程中需要涉及的人、事和物的统筹安排。

（1）确立服务营销产品。如果将服务产品进行分类，又可以分为核心产品、形式产品、附加产品等。一般而言，公共数字文化服务营销的产品主要是公共数字文化资源，这也是核心产品。与此同时，核心产品需要以一定的形式来呈现，比如公共数字文化资源呈现的形式有文字、图片、视频、音频等，这些属于形式产品。此外，用户可能会对一些与核心需求相关的产品产生期望，可称为附加产品。比如，一位五年级的学生在文化共享工程网站上获取数学作业指导服务时，还可能对数学学习方法等的产品产生兴趣。仍以伯灵顿公共图书馆 BPL Mobile 项目为例，该馆为用户提供的产品类型包括馆藏查询、我的账号、图书馆信息、BPL facebook 等频道。其核心产品为馆藏查询，可快速利用移动调协查找到所需的图书馆资源；形式产品则是用户所需资源的展现形式；附加产品如"我的账号"服务，可进行账户管理及超期查询，BPL facebook 可与其他图书馆的用户进行互动交流等。

（2）选择营销渠道。营销渠道是将具体的产品或服务进行转移的通道或路径。当前，一系列社交媒体，如微信、微博等，以及官方网站主页和一些印制的宣传材料等，都是可以选择的。如美国普罗维登斯大学的菲利普贤斯纪念图书馆通过制作图书馆导航海报宣传二维码及使用方法，鼓励用户通过移动工具如智能手机等获取二维码以访问图书馆资源。❷ 当然，用户口碑营销也是不少服务营销主体追求的营销方式。

（3）策划促销活动。在市场营销中，促销意指卖方向买方传达商品或劳务信息，帮助顾客认识产品和劳务的特点及性能，引起顾客注意，提高顾客

---

❶ 刘贵玉. 国外移动图书馆营销案例分析及其启示——以加拿大伯灵顿公共图书馆为例 ［J］. 图书与情报，2013（3）：36-40.

❷ 美国图书馆学刊：2010 年移动图书馆调查报告 ［EB/OL］. ［2019-04-05］. http://group.lehu. shu.edu.cn/Article.aspx?aid=362978.

的购买兴趣，激发顾客的购买欲望，使商品和劳务实现从卖方向买方的转移。● 在促销活动策划的过程中，要明确对哪些特定的公共数字文化资源或服务进行促销，一般而言，公共数字文化资源组合的宽度越宽，可供服务主体选择的促销设计方案越丰富。同时，要明确促销活动开展的时间范围，这是促销活动策划的关键问题。此外，搭配促销技巧可更大限度地提升整体促销的效果，比如各类新媒体的使用可以吸引较多网络用户的注意力。

（4）确定有形展示手段及方式。公共数字文化服务营销与企业服务营销存在一定的差异性。即除环境展示及信息沟通展示外，企业服务营销中的有形展示通常还包括价格展示，也就是说服务定价会影响顾客体验。而在公共数字文化服务营销中，最为重要的有形展示即公共数字文化资源的展现方式，如公共数字文化服务 App 或网站页面的设计。而 App 或网站页面设计又包括美学因素（如版面风格、色彩搭配、标识等）和功能因素（如信息搜索功能、用户与服务主体的信息沟通功能等），需要根据目标用户群体的特征及需求进行选择和搭配。

（5）组织营销人员。在商业领域，通常认为员工生产力可以有力地推动服务价值的创造。员工生产力指的是员工真正满足顾客需要的产出。它并不直接等于实际工作时间，也不等于员工花费在顾客上的时间。因此，组织营销人员时，一方面要考虑其具有一定的营销专长或知识，另一方面则需要挑选对营销工作热情较高的人员，更有利于培养其忠诚度，推动公共数字文化服务价值创造。

8.2.3　执行服务营销活动

在执行具体公共数字文化服务营销活动的过程中，要特别重视活动开展期间各类资源，包括人力、物力、财力资源的调度和使用情况，并及时调整。以下是需要特别注意的事项。

（1）收集服务过程中的有效反馈信息。开展营销活动的过程中，营销人员要将在活动中与用户沟通和交流所产生的有效信息进行汇总和整理，以深入挖掘用户的现实需求和潜在需求，为今后各项服务工作的开展打下基础。另外，在服务营销活动中还会产生一些与营销管理活动相关的信息，同样需

● 杨珮. 服务营销［M］. 天津：南开大学出版社，2015：175.

要进行整理，尽可能建立营销案例库，为服务营销活动的可持续性开展提供宝贵的经验借鉴。

（2）开展服务过程的监督管理。在现代汉语中，监督是指"察看并督促"。作为国家职能的监督，其目的在于提示督促、防止差错、治理国事和维护秩序。❶公共数字文化服务营销的监督管理目标在于对营销过程实施监控，使之更加高效化与规范化。一般而言，公共数字文化服务营销活动监督管理的手段主要是行政监督，由公共数字文化项目主管部门或公共文化服务机构主管部门使用行政手段开展监督工作。主要包括对全国或地区性公共数字文化服务营销活动的宏观布局监督，以及所有营销活动的结果监督等。在监督内容上，包括进度监督、成本监督及质量监督等。进度监督是为了确保营销活动按照计划进行的监督管理过程，如是否制订了合理且经济的营销计划，以及计划未能付诸实施或如期完成等的原因探寻。成本费用监督指依据营销成本预算，对活动开展所消耗的人力资源、物质资源和各种费用开支的监控。质量监督则是为保证营销活动的有效性，而对活动开展过程中的用户体验等信息进行收集反馈，以保证营销活动质量的过程。

8.2.4　评估服务营销成效

（1）运用各种评估方法对营销活动进行评判。实施营销活动的目的之一是提高公共数字文化服务的效能及用户体验。然而，当前各类公共文化服务机构实施营销活动后，往往缺乏一定的手段对营销活动的成效进行评价，因而其在何种程度上提高了服务效能或是用户体验，没有具体的数据可查。本书认为，对于单次或系列营销活动所产生的经济效益或社会效益，应该有一定的标准进行评判，以避免"为了开展活动而开展活动"的现象存在，亦有利于服务营销活动的可持续开展。

（2）撰写评估报告。在运用各种评估方法对营销活动进行评判的基础上，应形成相应的结论和建议，进而撰写出完整的评估报告。结论和建议可以分类列出。例如，何种信息来源导致了何种结论，何种建议是根据什么结论得出的，这样可以增进评估结果的有用性。一般而言，少而精、具体的、有针对性的建议比混杂的、面面俱到的建议更具有实质性的价值。在撰写评估报

---

❶　李长福. 邓小平理论辞典［M］. 北京：中国文史出版社，2004：631–632.

告时，要避免出现空洞的、不具有可操作性的结论，以利于制定营销活动改进策略，同时也有利于获得决策层面对营销活动开展的持续支持。

（3）制定营销活动成效提高策略。公共数字文化服务营销活动根据营销产品、目标用户群体、营销渠道选择等的不同可以划分为多种类型。服务营销主体应针对具体营销案例，在评估报告结论的基础上，依据其所属的营销活动类型，结合营销活动中人力、物力、财力等各项资源的分配情况等，制定提升不同类型公共数字文化服务营销活动成效的策略，使其通过经验教训的总结，升华为一种具有一定通用性的营销知识。

8.3 顶层设计视角下公共数字文化服务营销的实施策略

尽管我国现代化公共文化服务体系建设进程不断加快，但是用户对于公共数字文化服务的需求和公共数字文化服务发展的不平衡不充分的矛盾却愈加突显。通过服务营销提升用户体验，以满足用户需求是在现行条件下大有可为的一种选择。在公共数字文化服务营销的实施过程中，相关制度建设、依托项目开展营销活动、打造服务品牌、开展合作营销等是服务营销主体需要考虑的重要问题。

8.3.1 完善公共数字文化服务营销制度建设

制度建设对于公共数字文化服务营销活动成效的保障有着直接的影响。因此，制度是否符合公共数字文化服务营销的运作规律，是提高公共数字文化服务营销活动成效的关键所在。

本书认为，一方面，公共数字文化服务营销制度建设可以纳入到现有公共文化服务体系建设的相关政策中去，前文已有相关阐述，在此不做赘述。另一方面，公共图书馆等公共文化机构应在现有的《公共图书馆法》等的指导下，补充完善服务营销的相关规定。主要包括：（1）明确建立专门的公共数字文化服务营销部门或组织，与采编、流通等部门等属于平行部门，且拥有一定的决策自主权，原有的服务推广部门部分功能可在一定程度上考虑合并到新建立的营销部门中；（2）明确建立独立的服务营销系统。服务营销活动从公共数字文化产品即资源的采集阶段开始，一直贯穿至服务产品的利用及信息反馈阶段，因此，开发独立的服务营销系统十分必要。在具体实施时，可以把现有的相关资源采集、加工至资源检索等各子系统纳入到该系统中，以获取服务各环节的数据信息，为服务营销活动提供数据支撑；（3）将营销人员培训工作纳入到专业人才继续教育培训体系中，提倡专门培训与一般培训相结合，短期培训班与阶段性培训相结合。

8.3.2　注重公共数字文化服务营销项目的孵化与培育

项目是为创造独特的产品或服务而进行的一种临时性的工作。❶ 项目往往针对某特定目标而建立，因此不同于常规工作，往往调动来自多个组织或同一组织内不同部门的成员组成项目团队。通常来说，公共文化机构的传统业务通过职能型组织结构完成，即使是公共数字文化项目，如文化共享工程等，亦是通过从上至下的行政隶属关系开展相关工作。然而，公共数字文化服务营销具有其自身独特的性质。从纵向来看公共数字文化服务营销工作贯穿资源采集直至利用的所有环节，从横向来看则涉及用户需求调查、资源开发与利用、公共关系、志愿者等众多领域。因此，利用项目制思维进行公共数字文化服务营销项目孵化与培育，往往可以打破职能部门界限，灵活调用资源，发挥公共数字文化服务主体的主观能动性和创意思维。

公共数字文化服务营销项目孵化与培育可在单个服务机构内进行，但更多的则是采取与其他单位合作的方式。如中山大学东校区图书馆与中山大学资讯管理学院合作推出的"神探狄仁杰的图书馆之旅"营销项目，以当时网络热议的"元芳你怎么看"的"暴走漫画"形式，将文献保护知识融入其中，在中山大学内部及网络上均引发了较大的反响。❷ 对于合作式的公共数字文化服务营销项目孵化与培育，需要注意以下几个问题：（1）以合作双方的需求和资源协作为起点。一方面，合作双方的需求契合是达成合作的前提；另一方面，合作双方在合作创意，尤其是人力、宣传渠道、活动场地、资金等方面的资源互补也是非常重要的前提；（2）注重合作双方或多方的关系协调。在合作的双方或多方关系中，可能有的是公共文化机构，有的则是企业等其他机构或组织。在合作过程中处理好双方或多方关系对于服务营销活动

---

❶ PMI. What is project management？[EB/OL].[2019-01-08]. https://www.pmi.org/about/learn-about-pmi/what-is-project-management.

❷ 于沛，肖鹏.图书馆营销项目的孵化与培育——以中山大学东校区图书馆为例[J].高校图书馆工作，2014（6）：8-12.

的顺利推进大有裨益。因为公共文化机构作为职能型组织，往往比较容易沿袭日常流程式工作的思维，而企业和其他机构或组织由于运营方式不同，有着其自身的特色。如企业和其他机构或组织容易在较为广阔的视野中发展出独具特色的新型服务，而图书馆等作为公共文化机构则可以从专业角度审视营销活动是否有悖信息服务伦理等问题，达到合作方优势互补的目的。在此过程中，需要合作方有较强的自我定位意识。（3）构建最佳实践库和用户行为库。建立最佳实践库，可以作为合作方服务营销活动的教程。最佳实践库的建设可以析出项目建设时间、举办单位、促销手段、营销渠道等多个元数据，将核心的信息予以共享，为以后的服务营销项目等拓宽思路，提供解决某些具体问题的手段。此外，基于日常的服务数据和用户数据等，进行用户行为分析和深度挖掘，将有助于公共文化机构发展及维护用户关系，更有针对性地建立并推广营销项目。

8.3.3　打造公共数字文化服务品牌

品牌是一种无形资产，其建设核心是使企业产品以良好的形象深刻影响消费者心理，进而提升企业产品的知名度。如今，这个广泛应用于商业领域的词语被引入到公共文化服务研究的范畴中。公共数字文化服务品牌是指公共文化机构等服务主体对所提供的某项数字化服务赋予的一种文化符号或名称，目的是形成特定的消费联想，并使用户认同该服务的高品质特征。值得注意的是，服务品牌与一般的产品品牌不同，表现在产品品牌是一种看得见、摸得着的有形产品所形成的消费者心理效应，而服务品牌则通常是以无形的服务过程和行为构成的。服务品牌具有磁场效应，即培养用户忠诚度，吸引其他潜在用户等；扩散效应，即服务主体可以利用已形成的服务品牌推出新品牌；聚合效应，即吸引合作者参与到服务品牌的建设过程中。服务营销过程中塑造公共数字文化服务品牌的意义在于，通过服务品牌的磁场效应、扩散效应及聚合效应等，培养用户忠诚，提升用户体验。打造公共数字文化服务品牌并非一朝一夕可以做到，它需要较长的时间进行服务品牌核心价值的凝聚。总体来说，需要注重以下几个问题：

（1）以用户需求为导向。用户需求是决定公共数字文化服务主体建立何种品牌，如何建立品牌的重要因素。因此，探寻目标用户群体在公共数字文化服务品牌消费的潜在需求和现实需求变得十分重要。比如，内蒙古自治区图书馆的彩云服务目前已成为一大服务创新品牌，其主要是基于图书馆采购及加工图书的流程有一定的周期，导致读者无法在短时期内在图书馆借阅新上市的图书文献。内蒙古图书馆与新华书店等企业的合作，使读者需求在第一时间得到了满足，很好地解决了这一问题。

（2）做好服务品牌的内容规划。推出服务品牌并非一蹴而就的事情，需要结合服务主体内部各类资源配备情况加以考虑。服务品牌内容规划须考虑整个品牌的服务内容、服务时间、服务频次，以及它们之间的系统性、长期性问题，并设计出系列行动方案。品牌系列活动可以分若干执行周，选择在不同的时间节点进行。如上海交通大学图书馆为配合学校提出的"建设世界一流大学"的宏伟蓝图，在对自身现实情况及国内外一些图书馆品牌建设情况进行详尽了解的基础上，提出创建 IC2 创新型服务品牌。第一期内容规划时，设计了三大版块，包括核心版块、精品版块和特色版块。核心版块以"提升信息素养教育，助力精英成长"为主题，属于信息素养教育课程；精品版块以"名家导航，学海泛舟"为主题，属于经典图书推荐活动；特色版块以"以人为书，分享智慧，启迪创新"为主题，属于中外师生学术沙龙。而这些版块的整体目标则是"支持创新人才、孕育创新机制"。❶ 服务品牌命名合理，服务内容呈现整体化的特征，为服务品牌的塑造打下了坚实的基础。

（3）加强公共关系营销，扩大品牌影响力。服务品牌的良性传播需要创造双向的公共关系。双向的公共关系指通过一定的手段，将公共数字文化服务主体之外的力量，如用户或其他合作机构和组织等，转变为服务品牌传播过程中的主体力量。它们和服务主体有着同等重要的地位，不存在主导与被动，也无高下主次之分，双方相互影响、相互依存。从公共关系营销的类型来看，可分为活动传播、事件传播、新闻传播、人际传播等多种关系，在具体的品牌传播过程中，可采取多种公共关系营销并行的方式。以深圳市盐田区图书馆"海洋"主题服务为例，其在利用公共关系传播服务品牌的过程中，首先采用了"以名人话语显示品牌分量"，即邀请名人参与讲座、展览等活动的形式；其次是"在公共大事件中显示品牌存在"，即举办泉州古海图展览，该展览一度在中央和各省市媒体引起了轰动，在全国产生了十分积极的影响，

---

❶ 杨莉，兰小媛，陈进. 大学图书馆品牌经营与推广渠道——以上海交通大学图书馆 IC2 创新型服务品牌实践为例［J］. 图书馆建设，2011（3）：99-102.

也是公共图书馆在历史地理类大事件中彰显自身价值的表现；最后是"在服务细节中显示品牌温情"，比如毛泽东就曾被悬挂在省立湖南图书馆长廊中的一幅世界刊舆图深深吸引，安德鲁·卡内基因其在安德森图书馆的求学经历而捐建公共图书馆等，这些细节成为品牌文化的有机整体。❶

---

❶　龚新年，邹序明. 公共图书馆特色服务品牌建设——以深圳市盐田区图书馆"海洋"主题服务为例 [J]. 图书馆，2013（4）：132-134，137.

第9章

研究结论与展望

9.1 研究结论与主要贡献

9.1.1 主要研究结论

（1）公共数字文化项目及公共文化服务机构有必要引入服务营销理论

随着《关于加快构建现代公共文化服务体系的意见》（2015）出台及实施，我国在提升公共文化服务效能、丰富优秀公共文化产品供给、加快推进公共文化服务数字化建设等具体目标的指引下，公共数字文化服务工作稳步推进。然而，已有的公共数字文化资源是否符合用户需求，当前公共数字文化服务效能如何，这些问题仍然横亘在政府及服务主体面前。如何运用服务营销理论，开展公共数字文化服务营销研究，以提升用户体验和公共数字文化服务效能，成为迫切需要解决的现实问题。

产生于商业领域的服务营销理论在理念和实践上对公共数字文化服务有着重要的现实意义。第一，有助于提升公共数字文化服务效能。提升服务效能，即通过提高公共文化服务、产品供给和群众需求的有效匹配、对接水平来达成，服务营销着眼于公共数字文化产品、营销渠道及促销活动等，可有效促进文化产品与公众需求的对接。第二，有助于升级公共数字文化服务的用户体验。因为公共数字文化服务营销的精髓即通过对用户体验的综合诊断，以用户喜闻乐见的形式和工具进行服务营销，及时、主动、精准地向社会公众提供有效服务，优化用户体验。第三，有助于促进服务创新以及提高公共文化资源的配置效率。公共数字文化服务营销活动通过采取一定的营销手段向用户推介并获取反馈，以用户体验为基点持续完善与创新服务，可以进一步提升资源的利用率。

（2）7Ps服务营销理论、供求关系理论等对公共数字文化服务营销具有重要的指导作用

7Ps服务营销理论、用户体验理论、供求关系理论、系统论、信息资源配置理论及新公共文化服务理论等，为本书提供了一定的理论依据。囿于篇幅限制，且前文已做详细论述，此处仅简述7Ps服务营销理论及供求关系理论对公共数字文化服务营销的支撑及指导作用。

7Ps服务营销组合要素包括产品、价格、促销及渠道、人员、过程和有形展示。7Ps服务营销理论强调各个要素在发挥自身作用的同时，与其他要素紧密结合，共同作用于营销活动。该理论对公共数字文化服务的指导意义在于：第一，公共数字文化资源作为产品，是开展服务营销活动的基础。第二，公共数字文化服务由于其公益性的特点，在价格上具有天然的优势。第三，在公共数字文化服务营销的过程中，应注意促销形式的多样性。第四，公共数字文化服务营销渠道选择具有多样性。第五，公共数字文化服务人员的专业素养、服务态度以及服务技能可决定服务营销的成败。第六，公共数字文化服务的递送过程同样重要。第七，对公共数字文化服务进行有形展示，可以有效传达服务内容，显示服务特色。

供求关系的均衡与非均衡性是一对对立关系，均衡是相对的，非均衡才是绝对的。公共数字文化服务营销是基于用户需求探索供给效益的一种实践表现，其主要表现在两个方面：第一，供求关系的层次性是公共数字文化服务营销的实践基点，它对公共数字文化服务营销的指导作用在于，精准识别用户需求，生产及推广符合用户需求的资源，提高用户需求实现的比率。第二，供求关系的均衡是公共数字文化服务营销永远追求的目标。基于用户体验的服务营销关注如何通过有效的方式，实现供给和需求的匹配，进而达到公共数字文化服务供求关系的相对均衡状态。

（3）基于用户体验的公共数字文化服务营销受一定的动力驱使，且可分为用户、资源、平台三个营销维度

基于用户体验的公共数字文化服务营销受一定内外部因素的驱使，包括：用户需求方面，公众对公共数字文化服务的需求日益增长转变与升级，呈现出集成化与高效化、多样化与个性化、交互性与体验性、高质量的新特征，

为公共数字文化服务营销带来了新的挑战和契机，是其根本动力；立法政策方面，党的十六大后，政府相继出台了一系列促进公共文化建设的法律政策，包括《进一步加强公共数字文化建设的指导意见》《公共文化服务保障法》《公共图书馆法》等，这些立法政策支持现有服务网络的互联互通以提高服务效能，以需求导向加强多样化、个性化的服务供给，鼓励引导社会参与等，为公共数字文化服务营销提供了制度动力与保障；新兴技术方面，微信、微博等新媒体的应用，实现了及时发布文化资讯、展示文化服务和实时交流互动，云计算、大数据等新技术的发展使得公共文化机构可以利用新技术发现用户需求与使用习惯、优化资源配置、调整服务策略，从而更好地提升用户体验；供给主体方面，公共文化机构合作及社会力量的加入使得服务主体更加广泛，公共图书馆、博物馆、档案馆等公共文化机构之间的合作，丰富了文化资源、提高了服务能力，社会力量的加入将进一步增强供给动力。

服务营销维度，即开展服务营销的角度或切入点。本书将公共数字文化服务营销分为用户、资源、平台三大维度。以上三个维度的划分主要基于以下考虑：一方面，尽管目前在市场营销领域，存在生产导向、销售导向、产品导向及需求导向等多种营销模式，然而，生产导向、销售导向及产品导向等均未充分考虑顾客需求，无法达到良好的营销效果。因此，以用户体验为公共数字文化服务营销导向是当前最恰当的选择。另一方面，从服务供给方面考虑，一是公共数字文化资源，即产品是吸引用户的最为核心的要素。换言之，公共数字文化资源的内容及质量是提升用户体验及服务营销效果的根基。二是作为公共数字文化服务营销的主渠道，各类公共数字文化服务平台的作用也不容小觑。当前我国已有的各类公共数字文化服务平台，如网站、App、微信公众号等，不同的服务平台其服务对象存在区别，服务营销的效果亦有差异。

（4）国内外公共数字文化服务营销研究与实践存在一定差异

通过大量的研究文献、国外样本国家的网络调查、国内实验研究以及业界专家的深入访谈等，发现国内外公共数字文化营销研究与实践存在一定差距。国外公共数字文化项目在用户体验及服务营销的理论研究、实践领域都发展较快。在理论研究方面，自20世纪70年代以来已有将服务营销理论引入公共文化服务机构的研究成果，有些还是对服务营销实践具有指导意义的操作指南。在实践方面，国外在公共数字文化服务营销举措方面呈现出以下特征：细分用户群体，提升用户体验；丰富资源类型，提高产品质量；丰富营销渠道；开展品牌活动促销；注重服务过程管理等。

国内在公共数字文化服务营销理论研究和实践方面均与国外图书馆有一定差距。在理论研究方面，国内经历了由理论思辨到经验总结，再到对国外公共数字文化服务营销研究与经验的借鉴吸收过程，成果数量持续增长，极大地推动了公共数字文化服务营销的研究进程。但值得注意的是，国内公共数字文化服务营销还处于初始阶段，其研究主要局限于单个公共文化服务机构内部的业务研究，缺乏宏观视野下的公共数字文化项目服务营销研究。在实践领域，我国公共数字文化服务营销目前仍处于实践探索期，较为缺乏理论指导，与国外相比存在一定差距，主要表现为：一是在产品方面，资源内容不够新颖，同质资源的可替代性强；二是用户细分尚不到位，如针对企业的资源非常缺乏，不易引起企业等群体关注；三是有形展示仍需完善，如网站链接存在无效的状况，部分栏目无法显示等；四是缺乏专业营销人员，仅设有资源服务推广岗位，但与服务营销专员相比，资源服务推广人员可能缺乏从资源采集阶段起的全局性设计。

（5）基于公共数字文化项目网站用户体验及互联网影响力实证研究等，可从七个方面优化公共数字文化服务营销策略

当前用户对于共享工程主站点——国家数字文化网的总体评价友好，"价值体验"和"情感体验"评价较高，但"感官体验""内容体验""功能体验""服务体验"好感度存在明显不足，说明网站虽然能够实现用户的初步价值需求，但并未达到良好的用户体验目标。同时，公共数字文化网站互联网影响力评估的结果表明，我国文化共享工程省级门户网站影响力辐射面较广，但整体互联网影响力较弱；不同影响力层发展水平差距显著，且出现地域化特征，高影响层和中等影响层多集中于东南部和中部地区，低影响层多集中于西北地区；各个省份门户网站指标发展现状呈现严重的偏态现象，部分指标由极端值来拉高平均值，网站链接水平低问题最为突出。本书针对以上两大问题分别制定了相应的对策。

结合前文对国内外公共数字文化项目服务营销现状的调查结构，研究从总体上将营销策略划分为七个方面：第一，精准化供给的产品营销。即通过扩大公共数字文化资源规模、提高内容供给的精准化程度和优化用户需求识别机制，促进营销产品的精准化供给。第二，塑造有特色的营销品牌。以公

众的实际需求为导向，树立以人为本的品牌理念；统筹整合品牌资源，推动品牌的共建共享；打造高质量特色资源，创新品牌形象的促销模式；塑造有特色的服务营销品牌。第三，构建显性化、多元化的营销渠道。拓宽合作渠道，开展合作营销；结合用户需要，开展需求营销；把握受众群体，开展精准营销；加强宣传力度，开展创意营销；运用新媒体平台，开展新媒体营销；注重营销趣味性，开展体验式营销。第四，线下与线上相结合的有形展示营销。通过 O2O 手机端服务的功能定制，引入 O2O 商业模式，利用新技术实现 O2O 供需对接，不断拓展服务及资源供给来源，注重线上推广提高线下参与率，实现线上线下相结合的服务营销展示。第五，注重服务营销的过程管理。明确用户需求，提升用户体验，提供个性化服务，确保项目能够持续发展，实现过程管理的科学化。第六，注重提升用户体验。主要通过用户需求反馈、加强平台有用性及友好性设计，与用户良性互动等手段实现。第七，完善服务营销的保障机制。通过优化组织机构，鼓励社会力量参与，制定有效的评估机制，经费资助多元化，组建专业高效的营销团队来实现。

（6）在顶层设计视角下构建公共数字文化服务营销体系，组织与实施公共数字文化服务营销活动

公共数字文化服务营销的真正落地环节是服务营销的组织与实施。本书结合前文制定的公共数字文化服务营销组织实施策略，提出应基于顶层设计思想进行公共数字文化服务营销体系建设。在统筹规划、自顶向下，用户导向、结构优化，强化应用、突出绩效等原则指导下，构建基于宏观、中观及微观层面的公共数字文化服务营销体系。

营销体系的建立从宏观层面而言，需要同时考虑政策、技术、组织及人员等方面的要求。第一，政策要素。在现代化公共服务体系建设进程迅猛的前提下，可以考虑将其纳入到有关公共文化服务管理的政策或法规体系中，具体内容包括：明确服务营销对公共数字文化建设的重要性；明确服务营销部门或组织的地位；明确建立面向内部管理的公共数字文化服务营销平台，规范服务营销的组织原则、方式方法等。第二，技术要素。开发服务营销管理系统和平台是实施公共数字文化服务营销的技术关键。公共数字文化服务营销系统是集营销计划、营销组织、营销人力、营销执行及营销控制等在内的信息系统，是营销管理的基本工具。其中，较为重要的是如何采用技术手段收集用户需求信息。第三，组织要素。建立服务营销部门或组织是顺利实

施公共数字文化服务营销活动的前提条件。本书认为，建立专门的营销部门或组织需要先得到决策部门的重视，同时加强专家、用户和系统内部人员的沟通，赢得他们对服务营销组织建设的支持。第四，人员要素。人员是服务营销部门或组织的核心组成部分。应开展针对营销人员的各类营销专项培训等，其培训内容包括：营销目标设定和工作计划的制订；对营销活动框架或行为尺度的理解；对营销产品、渠道、促销方式等要素的熟悉等。在中观层面，需建立起公共数字文化服务营销管理平台，包括营销信息系统、计划系统、组织系统、人力系统、执行系统以及控制系统。在微观层面，公共数字文化服务营销体系的落地环节包括用户需求的精准把握、品牌规划、营销渠道拓展、有形展示和营销队伍管理等。

在组织环节，公共数字文化服务营销活动由确定营销目标、制订服务营销计划、实施及成效评估等四个主要工作步骤构成。在具体的实施过程中，应完善公共数字文化服务营销制度建设，注重公共数字文化服务营销项目的孵化与培育，打造公共数字文化服务品牌。

9.1.2 主要贡献

（1）丰富了公共文化服务研究理论体系

我国公共文化服务机构在实践中正逐步建立起服务营销意识，探索服务营销的新方法、新形式。然而，在理论研究领域，以公共数字文化项目为对象进行研究尚未进入学者视野。本书以全国文化信息资源共享工程等国家级文化惠民项目为对象，将7Ps服务营销理论导入其中，以推进符合中国特色的公共数字文化服务营销理论的创新。

此外，公共数字文化服务营销活动还需要众多学科的理论支撑，服务营销理论是极为重要的理论基础。本书还将供求关系理论、系统论、资源配置理论、新公共服务理论等导入公共数字文化服务营销的研究之中，并探讨了这些理论对公共数字文化服务营销理念、营销要素、营销实施等的影响。这既拓展了原理论的应用领域，又拓展了公共数字文化服务营销的理论基础。

（2）揭示了我国基于用户体验的公共数字文化服务营销现状

通过对国外代表性国家公共数字文化服务营销的网络调查，以及我国公共数字文化项目用户体验测评和网站互联网影响力实证研究，本书对我国公共数字文化项目服务营销的现状形成了比较全面、系统的认识。主要从7Ps

营销理论视角，全面考察国内外公共数字文化营销各要素之间的差异；同时从用户视角针对公共数字文化项目开展用户体验实验，从服务主体视角进行公共数字文化项目网站互联网影响力测评，以全面掌握我国公共数字文化项目服务及营销现状。对现状的清晰认识，为理论研究和工作实践提供了努力的重点和发展方向。

（3）构建了具有实践指导意义的公共数字文化服务营销体系

以公共数字文化服务营销相关基础理论等为基础，借鉴用户体验、服务营销以及文化发展等最新成果，结合前期实证研究的成果，系统地、创造性地构建了较为完整的公共数字文化服务营销体系，以期在公共数字文化服务营销的政策设计、组织构建、管理平台建设及人员组织和培训等各方面提供具有实际操作性的建议及参考。

9.2 研究局限与未来展望

9.2.1 研究局限

（1）公共数字文化项目网站用户体验测评实验的普适性有待提升

基于用户体验的公共数字文化服务营销研究的最终目的是将成果应用于公共数字文化项目及公共文化机构服务的实践中。尽管本书通过选取文化共享工程主服务站点——国家数字网作为样本开展研究，但是仅从特定类型中挑选一个案例进行实证研究，不具有普遍性。因而，公共数字文化服务用户体验测评工作还需要在后续研究中加大样本量。

（2）缺乏公共数字文化服务营销策略试验

实践是检验真理的唯一标准。本书所提出的公共数字文化服务营销优化策略的最大功效在于指导实践工作的开展，然而由于项目执行期有限，且实践应用的功效检验具有长期性的特点，项目研究成果暂时未应用在实践中，因而有待未来长期的检验与修正。

（3）未建立公共数字文化服务营销案例数据库

本书在全世界范围内选取各大洲一个代表性国家开展了公共数字文化项目服务营销现状调研，在国内则主要选取了全国文化信息资源共享工程及电子阅览室建设计划进行调查。调查过程中收集了大量的一手、二手数据及资料，但囿于各种原因，未能抽取各项目服务营销的结构化数据，建立相应的案例数据库。因此在后续研究中，应进一步整理和筛选数据，并建立起公共数字文化项目服务营销案例数据库，以供各实践主体和研究人员参考。

9.2.2 研究展望

围绕相关学科理论，课题组开展了一系列基于用户体验的公共数字文化服务营销理论基础及实证研究工作，并得出了一些结论、观点。然而，本书尚有许多需要改进和完善的地方。从后续研究的角度来看，可以从以下几个方面进行深化拓展。

（1）探索公共数字文化服务营销模式

服务营销理论起源于商业领域，其应用及深化背景在一定程度上限制了该理论在公共文化服务领域的应用。不过目前，有关图书馆营销已有很多的研究成果，图书馆的服务营销意识也在逐步增强，越来越多的公共图书馆及高校图书馆拥有自己的服务营销方式方法。然而从总体来看，当前我国仍然未建立起具有一定通用性或普适性的公共数字文化服务营销模式。未来的研究要解决服务营销模式从商业领域到公共数字文化服务领域的整体性迁移，并关注其适应性及发展问题。

（2）加强基于用户体验的公共数字文化服务营销成效测评

公共数字文化服务营销的实施，最终目的在于提升用户体验和服务效能。但对于这些目标的实现程度，尚缺乏量化的考评实践和研究。公共数字文化服务营销成效测评，就是将服务营销组合要素应用于指导公共数字文化服务实践活动，然后创建针对其执行效果的指标体系，公布测评结果及相应改进措施等。评估的范围应涵盖各组合要素，或结合各主要层面来设定，量化指标须被赋予合理的计算权重，这些均是可供后续研究的内容。

参考文献

图书

［1］ Yorke D A. Marketing the Library Service ［M］. London：Library Association，1977.

［2］ Dinesh K. Gupta. Marketing Libraries in a Web 2.0 World ［R］. Hague：IFLA Publications，2011.

［3］ Renedict A Leerburgar. Marketing the Library ［M］. New York：Knowledge Industry Publication，1982.

［4］ Marie R. Kennedy, Cheryl M. LaGuardia. Marketing your library's electronic resources ［M］. Chicago：Neal-Schuman Publisker，2013.

［5］ Fox, Robert；Doshi, Ameet. SPEC KITS 322 Library User Experience ［M］. Washington DC：Association of Research Libraries，2011.

［6］ Gilbert, C. User experience（UX）design for libraries（The Tech Set series，18） ［M］. Chicago：Neal-Schuman Publishers，2012.

［7］ Rodden K, Hutchinson H, Fu X. Veasuring the user experience on a large scale：user-centered metrics for web applications：Proceedings of the 28th internationd conferenco on Human factors in camputing system 2010 ［C］. 2010.

［8］ Schmitt B. Experiential marketing：How to get customers to sense, feel, think, act, relate to tour company and brands ［M］. New York：The Free Press，1999.

［9］ Norman, D. A. Emotional design：Why we love（or hate）everyday things ［M］. New York：Basic books，2014.

［10］ 张同钦. 秘书学概论 ［M］. 北京：中国人民大学出版社，2011.

［11］ 菲利普·科特勒. 市场营销导论 ［M］. 俞利军，译. 北京：华夏出版社，2002.

［12］ 阿姆斯特朗，科特勒. 市场营销学 ［M］. 赵占波，何志毅，译. 北京：机构工业出版社，2011.

［13］ 珍妮弗·阿科尔. 蜻蜓效应 ［M］. 北京：机械工业出版社，2011.

［14］ 杨珮. 服务营销 ［M］. 天津：南开大学出版社，2015.

［15］ 安贺新，张宏彦. 服务营销 ［M］. 北京：清华大学出版社，2015.

［16］ 王晓东. 供求关系与买方市场 ［M］. 北京：高等教育出版社，2001.

［17］ 马克思. 资本论（第 3 卷）［M］. 北京：人民出版社，1975.

［18］贝塔朗菲. 一般系统论［M］. 北京：社会科学文献出版社，1955.

［19］钱学森，等. 论系统工程［M］. 长沙：湖南科学技术出版社，1982.

［20］魏宏森，曾国屏. 系统论［M］. 北京：清华大学出版社，1995.

［21］肖希明，等. 信息资源共享系统绩效评估研究［M］. 北京：学习出版社，2013.

［22］黄长著，周文骏，袁名敦. 中国图书情报网络化研究［M］. 北京：北京图书馆出版社，2002.

［23］周毅. 信息资源宏观配置管理研究［M］. 北京：中国档案出版社，2002.

［24］何振，邓春林，等. 电子政务信息资源共享模式选择与优化［M］. 北京：高等教育出版社，2014.

［25］珍妮特·V. 登哈特，罗伯特·B. 登哈特. 新公共服务——服务，而不是掌舵［M］. 丁煌，译. 北京：中国人民大学出版社，2004.

［26］Schmitt B H. 体验营销：如何增强公司及品牌的亲和力［M］. 刘银娜，等译. 北京：清华大学出版社，2004.

［27］罗伯特·西奥迪尼. 影响力［M］. 陈叙，译. 北京：中国人民大学出版社，2006.

期刊

［1］Alben I. Quality of experience［J］. Interatctions, 1996（3）：11–15.

［2］Hassenzahl M. Tractinsky N. User experience–a research agenda［J］. Babavior and Information Technology, 2006, 25（2）：91–97.

［3］Ketcham, Susan E. Marketing your library's electronic resources：a How–To–Do–It manual for librarians［J］. Library Journal, 2013（12）：91.

［4］Michael Blake. Marketing Library Mobile Resources［J］. Computers in Libraries, 2014（4）：5–8.

［5］Heather Nicholson. Tips from the Trenches：Marketing in a Small Public Library, 2014, 60（4）：14–15.

［6］Norman D, Miller J, & Henderson A. What you see, some of what's in the future, and how we go about doing it：HI at Apple Computer［J］. Conference companion on Human factors in computing systems, Massachusetts, ACM, 1994：155.

［7］Forlizzi J, Ford S. The building blocks of experience：An early framework for interaction designers［J］. Proceedings of the DIS 2000 Seminar. communications of the ACM, 2000：419–423.

［8］Dewey J. Artas Experience［J］. New York：Perigee,（reprint）1980：355.

［9］Duff, W. M, Dryden J, Limkilde C. Archivists' Views of User–based Evaluation：Benefits, Barriers, and Requirements［J］. American Archivist, 2008, 71（1）：144–166.

［10］Chiao–Chen Chang and Chia–Yen Lin. Predicting information–seeking intention in academic digital libraries［J］. The Electronic Library, 2009, 27（3）448–460.

［11］ Sarah Helen Chiumbu, Dina Ligaga. "Communities of stranger hoods?"：Internet, mobile phones and the changing nature of radio cultures in South Africa ［J］. Telematics and Informatics, 2013 (30)：245-251.

［12］ O'Brien, H. L. New Directions in InformationBehaviour (Library and Information Science, Vol. 1) ［M］. Bingley：Emerald Group Publishing Limited, 2011：69-92.

［13］ Yoon Y H. User Acceptance of Mobile Library Applications in Academic Libraries：An Application of the Technology Acceptance Model ［J］. Journal of Academic Librarianship, 2016, 42 (6)：687-693.

［14］ Graham Walton. Theory, research, and practice in library management 5：branding ［J］. library Management, 2008, 34 (3)：236-253.

［15］ Finstad, K. The usability metric for user experience ［J］. Interacting with computers, 2010, 22 (5)：323-327.

［16］ Blake M, Majewicz K, Tickner A, Lam J. Usability Analysis of the Big Ten Academic Alliance Geoportal：Findings and Recommendations for Improvement of the User Experience ［J］. Code4Lib Journal, 2017, (38)：1.

［17］ Luo L, Buer V B. Reference service evaluation at an African academic library：the user perspective ［J］. Library Review, 2015, 64 (8/9)：552-566.

［18］ Fletcher S B, Stafford K. Evaluating User Experience and Access Data to Reveal Patrons' Print and Digital Serials Preferences ［J］. Serials Librarian, 2018, 74 (1-4)：156-162.

［19］ Tobias C, Blair A. Listen to What You Cannot Hear, Observe What You Cannot See：An Introduction to Evidence-Based Methods for Evaluating and Enhancing the User Experience in Distance Library Services ［J］. Journal of Library & Information Services In Distance Learning, 2015, 9 (1)：148-156.

［20］ Borteye E, Porres Maaseg, M. User studies in archives：the case of the Manhyia Archives of the Institute of African Studies, Kumasi, Ghana ［J］. Archival Science, 2013, 13 (1)：45-54.

［21］ Rousi A M, Fosmire M, Maijala R. Reorganizing the relationship of digital library resources and library-as-place through mobile devices and QR-codes—preliminary examination of user experience latitude through an user experience framework ［J］. IATUL Annual Conference Proceedings, 2014, (35)：1-10.

［22］ Miller R, Hong Xu, Xiuying Zou. Global Document Delivery, User Studies, and Service Evaluation：The Gateway Experience ［J］. Journal of Academic Librarianship, 2008, 34 (4)：314-321.

［23］ Sarah Guay, Lola Rudin, Sue Reynolds. Testing, testing：a usability case study at University of Toronto Scarborough Library ［J］. Library Management, 2019, 40 (1/2)：88-97.

［24］ Ke P, Su F. Mediating effects of user experience usability ［J］. Electronic Library, 2018,

36（5）：892-909.

[25] Fleming-May R, Mays R, Walke T. Experience assessment：designing an innovative cur-riculum for assessment and UX professionals [J]. Performance Measurement & Metrics, 2018, 19（1）：30-39.

[26] Ximing X, Dengdeng Wanyan, Fangyuan Zhang. Role Expectations in Public Digital Cul-tural Resources Integration Projects [J]. Libri：International Journal of Libraries & Infor-mation Services, 2016, 66（2）113-124.

[27] Yeates, R., Guy, D. Collaborative working for large digitisation projects [J]. Program, 2006, 40（2）：137-156.

[28] 曾尔雷，等. 读者对图书馆信息服务营销应用需求的实证研究 [J]. 情报理论与实践, 2008（5）：743-746.

[29] 王淼，孙红蕾，郑建明. 公共数字文化：概念解析与研究进展 [J]. 现代情报, 2017（7）：172-177.

[30] 胡唐明，郑建明. 公益性数字文化建设内涵、现状与体系研究 [J]. 图书情报知识, 2010（6）：32-38.

[31] 李国新. "十二五" 时期公共图书馆事业的发展机遇 [J]. 图书馆建设, 2011（10）：2-6, 11.

[32] 肖希明. "国外公共数字文化服务资源整合研究" 专题引言 [J]. 图书与情报, 2015（1）：1.

[33] 周耀林，王倩倩. 亚太地区世界记忆工程的现状与推进 [J]. 档案与建设, 2012（1）：26-29.

[34] 戴艳清. 全国文化共享工程省级分中心网站建设现状的调查分析 [J]. 图书馆理论与实践, 2014（9）：25-29.

[35] 佚名. 美国数字公共图书馆（DPLA）2015—2017 年战略规划 [J]. 国家图书馆学刊, 2015（3）：66.

[36] 杨柳，郭妮. 法国国家数字图书馆建设及对我国数字图书馆发展的启示 [J]. 图书情报知识, 2013（2）：119-124.

[37] 卢海燕，孙利平. 理解 IFLA 认识英国图书馆事业 [J]. 中国图书馆学报, 2003（2）：74-75.

[38] 刘璇. 国际视野下的 "共享工程" [J]. 图书馆建设, 2008（2）：19-24.

[39] 刘璇. 国际视野下的 "共享工程" 续论 [J]. 图书馆建设, 2010（9）：94-99.

[40] 王海荣，刘美. 德国数字文化资源整合的实践及启示——以 BAM 门户为例 [J]. 图书情报工作, 2015, 59（18）：77-82, 133.

[41] 王雁行. 图书馆营销现状及策略研究 [J]. 图书馆工作与研究, 2014（11）：47-50.

[42] 秦晓婕. IFLA 图书馆国际营销奖及其背后的营销理念 [J]. 图书情报工作, 2014（3）：142-146.

[43] 刘贵玉. 国外移动图书馆营销案例分析及其启示——以加拿大伯灵顿公共图书馆为例 [J]. 图书与情报, 2013 (3): 36-40.

[44] 吴高, 林芳, 韦楠华. 公共数字文化服务绩效评价现状、问题及对策分析 [J]. 图书情报工作, 2019, 63 (2): 60-67.

[45] 申晓娟, 杨凡. 从政策语境下的图书馆标准看公共图书馆事业发展 (2006—2016) [J]. 图书馆, 2017 (9): 1-8+16.

[46] 李国新. 提升公共文化服务效能思考 [J]. 新世纪图书馆, 2016 (8): 25.

[47] 李少惠, 余君萍. 西方公共文化服务体系综述及其启示 [J]. 图书馆理论与实践, 2012 (3): 17-20.

[48] 李小青. 基于普遍心理分层理论的 Web 用户体验模型设计 [J]. 情报资料工作, 2010 (1): 62-65, 81.

[49] 赵美娣. 信息市场中的用户心理与营销策略 [J]. 图书情报工作, 1997 (7): 19-20, 18.

[50] 卢振波. 国外图书馆社会化媒体营销的案例研究及其启示 [J]. 大学图书馆学报, 2014 (4): 76-82.

[51] 汤妙吉. 基于微电影的图书馆社会化媒体营销策略 [J]. 图书情报工作, 2014 (14): 79-84.

[52] 汪静. 近十年来国内外关于数字图书馆营销策略研究综述 [J]. 河南图书馆学刊, 2016, 36 (7): 117-119.

[53] 王茜, 张成昱. 清华大学手机图书馆用户体验调研及可用性设计 [J]. 图书情报工作, 2013 (4): 25-31.

[54] 王静. 基于蜻蜓效应的高校图书馆微博信息营销实施管理机制研究 [J]. 情报杂志, 2013 (4): 183-186, 193.

[55] 刘美. 基于图书馆非商业性营销观念的抱怨管理研究 [J]. 图书馆工作与研究, 2015 (6): 32-36.

[56] 刘若瑾. 英国威尔士公共图书馆营销战略分析与启示 [J]. 图书馆建设, 2014 (12): 85-87.

[57] 谢莉. 新加坡国家图书馆管理局的营销组合策略 [J]. 图书馆学研究, 2011 (8): 95-98.

[58] 谢莉. 新加坡国家图书馆管理局的营销理念及实践 [J]. 图书馆, 2012 (1): 75-78.

[59] 杨家勇. 洛杉矶公共图书馆营销策略研究 [J]. 图书馆建设, 2015 (3): 28-31.

[60] 刘净净. 基于体验营销的图书馆数字资源推介 [J]. 图书馆理论与实践, 2013 (2): 101-103.

[61] 刘燕. 体验营销助力图书馆全媒体阅读推广的新思路 [J]. 图书馆, 2015 (3): 100-102.

[62] 曾满江, 李勇文, 等. 提升用户体验的移动图书馆网站优化研究 [J]. 现代图书情报技术 [J]. 2012 (1): 85-91.

[63] 周秀梅, 田莉. 基于微信公众平台的图书馆信息服务营销 [J]. 图书馆工作与研究,

2014（3）：36-39.

［64］池晓波，金丹. 图书馆的微信营销：浙江工业大学图书馆的探索［J］. 图书馆杂志，2015（9）：87-90.

［65］王祝康，王兆辉. 微博营销策略应用于公共图书馆阅读推广的研究［J］. 图书馆杂志，2013（9）：34-38.

［66］杨玫. 谈微博时代公共图书馆的营销推广［J］. 图书馆工作与研究，2013（5）：111-113.

［67］丁立华. 微电影：图书馆社会化媒体营销新模式［J］. 图书馆建设，2013（4）：84-87.

［68］白如琼. 微电影营销模式在我国图书馆的应用现状与前瞻［J］. 图书馆工作与研究，2014（9）：47-49.

［69］朱思渝. 利用视角分享网站构建图书馆营销新平台［J］. 图书馆，2012（2）：108-110.

［70］李金波. 纽约公共图书馆社交媒体营销实践及启示［J］. 图书馆论坛，2016（1）：1-6.

［71］宋李娜. 面向公众的档案利用工作——论档案馆信息服务的"营销"战略［J］. 档案学通讯，2002（5）：24-26.

［72］张正，罗春贤. 图书馆媒体营销策略研究——以上海图书馆为例［J］. 图书情报工作，2012（3）：88-91，139.

［73］罗金增，图书馆游戏式营销探究［J］. 图书馆学研究，2013（7）：87-89.

［74］明娟. 游戏服务营销：国内图书馆营销新思考［J］. 现代情报，2014（2）：22-25.

［75］关志英. 图书馆共建共享联盟服务营销的探索与实践——以 CASHL 为案例的研究［J］. 图书情报工作，2011（15）：85-89，132.

［76］薛宏珍. 服务营销组合理论在阅读推广中的应用研究——以广西科技大学图书馆"书香吧"服务营销为例［J］. 图书馆学研究，2015（23）：59-64.

［77］詹庆东. 图书馆联盟营销体系建设探究［J］. 图书馆，2015（4）：80-82.

［78］陈东滨，应峻等. 基于多级模糊综合评价方法的电子资源营销评估指标体系研究——以复旦大学图书馆为例［J］. 图书馆杂志，2012（2）：61-63，60.

［79］黄承红. 基于价值营销理论的图书馆效益研究——以华南农业大学图书馆为例［J］. 图书馆，2013（1）：72-73，92.

［80］黄崑，宋灵超，张路路，等. 基于 WCAG 2.0 的国家图书馆可访问性评价研究［J］. 图书情报工作，2014（17）：52-60.

［81］王岑曦，吴建华. 基于用户体验的档案网站检索平台评价指标体系研究［J］. 浙江档案，2014（7）：8-11.

［82］韦楠华，吴高. 公共数字文化服务营销推广现状、问题及对策研究［J］. 图书馆学研究，2018（17）：61-67.

［83］韦楠，吴高. 主要发达国家公共数字文化建设制度特点探讨［J］. 现代情报，2018（6）：59.

［84］肖希明，曾粤亮. 新公共服务理论与公共数字文化服务资源整合［J］. 图书馆建设，2015（8）：38-43.

[85] 肖希明, 唐义. 公共数字文化资源整合动力机制研究 [J]. 图书馆建设, 2014 (7): 1-5.

[86] 肖希明, 完颜邓邓. 治理理论与公共数字文化服务的社会参与 [J]. 图书馆论坛, 2016 (7): 18-23.

[87] 肖希明, 完颜邓邓. 国外图书馆与出版商、书商的多元化合作 [J]. 图书馆, 2016 (4): 7-10.

[88] 完颜邓邓, 肖希明. 公共数字文化资源整合网站浏览检索功能研究 [J]. 图书馆建设, 2015 (4): 61-65.

[89] 完颜邓邓. 公共数字文化服务中的社会合作研究 [J]. 图书与情报, 2016 (3): 55-60.

[90] 完颜邓邓. Web3.0 环境下的公共数字文化资源整合平台建设研究 [J]. 图书馆学研究 2015 (23): 20-25.

[91] 焦婧, 杜建萍. 基于用户体验的网络体验模型的构建与应用研究 [J]. 北京联合大学学报, 2014, 28 (1): 22-25..

[92] 嵇婷, 吴政. 公共文化服务大数据的来源、采集与分析研究 [J]. 图书馆建设, 2015 (11): 21-24.

[93] 汝萌, 李岱. 我国公共数字文化服务使用情况调查研究 [J]. 图书馆建设, 2017 (2): 84-89.

[94] 华方园, 陈思任, 余安琪. 国内公共数字文化服务平台建设现状调查分析 [J]. 图书馆研究, 2018 (1): 37-45.

[95] 李文川, 陈承, 胡雅文. 公共数字文化云资源服务创新研究 [J]. 图书馆, 2017 (2): 18-23.

[96] 郑燃. 公共图书馆博物馆数字文化服务融合策略研究 [J]. 图书馆研究与工作, 2017 (1): 34-37.

[97] 徐益波, 王淑红, 宫昌俊. "海疆万里数字文化长廊" 的服务对象、内容与方式 [J]. 图书馆论坛, 2016 (1): 15-18.

[98] 唐义, 王丹雪. 国家数字文化网微信公众平台构建研究 [J]. 图书馆, 2017 (7): 102-107.

[99] 陈则谦, 刘昱杉, 聂曲晗. 我国公共文化云的服务内容与特征分析 [J]. 图书馆, 2018 (8): 27-31.

[100] 杨敏. 省级公共图书馆地方特色资源建设研究——以湖南地方戏剧资源库建设为例 [J]. 高校图书馆工作, 2017, 37 (182): 52-54.

[101] 唐文玉. 美国记忆计划 (AMMEN) [J]. 数字图书馆论坛, 2005 (3): 49-51.

[102] 陈移兵. 构建全国文化信息资源共享工程资金保障体系 [J]. 图书馆建设, 2008 (2): 46-48.

[103] 梁海燕, 卢丹. 辽宁省公共电子阅览室建设探索 [J]. 图书馆学研究, 2012 (23): 35-37.

[104] 闫慧, 林欢. 中国公共数字文化政策的评估研究——以公共电子阅览室建设计划为

样本［J］. 图书情报工作，2014（6）：54-59.

[105] 赵惟. 从用户接受到用户体验的图书馆信息服务［J］. 图书馆工作与研究，2014
（9）：114-116.

[106] 李艺亭，张洁. 国内外移动图书馆用户体验测评研究综述［J］. 国家图书馆学刊，
2018，27（5）：54-64.

[107] 崔竞烽，郑德俊，孙钰越，等. 用户体验视角下的图书馆微信公众平台满意度研究
［J］. 图书馆论坛，2018，38（3）：133-140.

[108] 魏群义，侯桂楠，霍然. 移动图书馆理论研究与实践应用综述［J］. 图书情报知识，
2017（1）：80-85.

[109] 魏群义，李艺亭，姚媛. 移动图书馆用户体验研究综述与展望［J］. 图书情报工作，
2018，62（10）：126-135.

[110] 曹树金，古婷骅，王志红. 我国公共数字文化建设与服务研究进展及特征分析［J］.
图书馆论坛，2015，35（11）：2-9.

[111] 曹树金，王志红，古婷骅. 广东省公共数字文化网站调查与分析［J］. 图书馆论坛，
2015（11）：10-18.

[112] 李宗富，张向先. 基于链接分析法的我国省级档案局网站影响力评价研究［J］. 情
报科学，2016，34（5）：142-147.

[113] 赵乃瑄，张若冉. 跨系统区域图书馆联盟网络影响力评价研究［J］. 图书情报工作，
2017，61（7）：28-33.

[114] 刘文云，周泰冰. 我国省级公共图书馆网络影响力评价研究［J］. 图书馆建设，
2011（3）：85-89.

[115] 牛力，韩小汀，王为久. 政府档案网站影响力评价研究——基于我国省级档案网站
的网络计量［J］. 档案学研究，2013（6）：21-25.

[116] 郑小荣，宋裕文，杨佳璇，等. 省级审计机关网站网络影响力实证研究［J］. 审计
研究，2017（1）：3-11.

[117] 曹梅，闵宇锋. 教育网站影响力评价的实证研究——基于我国31个省级教育门户网
站的网络计量［J］. 开放教育研究，2011，17（6）：104-110.

[118] 姜吉栋，彭洁，赵辉. 网站影响力评价研究现状综述［J］. 情报科学，2015，33
（9）：157-161.

[119] 韩尉. 中国记忆项目文献资源推广的探索与实践［J］. 国家图书馆学刊，2015（1）：
28-31.

[120] 黄佩芳. 佛山公共文化服务走进O2O时代［J］. 图书馆论坛，2018（7）：47-48.

学位论文及论文集

[1] 于金波. 伪满皇宫博物院营销战略研究［D］. 长春：吉林大学，2014：15-18.

[2] 郭一嫚. 河南职业技术学院图书馆服务营销策略［D］. 郑州：河南职业技术学院，2015：

28-40.

［3］陈婷. 绍兴市公共文化服务营销策略研究［D］. 杭州：浙江工业大学，2016：32-34.

［4］时月娇. 基于用户视角的数字档案馆评价指标体系研究［D］. 上海：上海交通大学，2011：27-28.

［5］贾晋. 信息资源配置的理论研究［D］. 武汉：华中师范大学，2010：12-13.

［6］苏超. "文化共享工程"可持续发展研究［D］. 天津：南开大学，2014：202-203.

［7］陶则宇. 英国公共数字文化服务营销研究［D］. 湘潭：湘潭大学，2018：13-17.

［8］孙颖博. 中美大型公共数字文化项目服务营销比较研究［D］. 湘潭：湘潭大学，2018：12-15.

［9］常赵鑫. 移动图书馆用户体验指标体系研究与实践［D］. 重庆：重庆大学，2017.

［10］李世雷. 电视栏目影响力分析［D］. 长沙：中南大学，2009：2.

［11］曾荷. 电子政务信息资源的网络影响力评价研究［D］. 上海：华东师范大学，2007.

［12］陈斯杰. 基于用户视角的科技信息服务网站影响力评估研究［D］. 南京：南京理工大学，2009.

［13］陈立平，等. 印度农村信息化建设的分析与借鉴［C］. 数字农业研究进展论文集，2002：133-136.

［14］贝塔朗菲. 普通系统论的历史和现状·科学学译文集［C］. 北京：科学出版社，1980：309.

网络文献

［1］Hole-in-the-Wall Education Project［EB/OL］.［2019-01-13］. http://www.hole-in-the-wall.com/index.html.

［2］Digital India［EB/OL］.［2019-01-13］. http://www.cmai.asia/digitalindia/.

［3］Biblio Redes［EB/OL］.［2018-11-21］. http://www.biblioredes.cl/Biblio%20Red/Red+de+Bibliotecas/biblioteca.htm.

［4］An Overview of BiblioRedes［EB/OL］.［2019-01-10］. http://www.bibalex.org/wsisalex/wsisALEXBiblioRedes_MLMaza.pdf.

［5］Engagement C. SPEC Kit 322: Library User Experience (July 2011)［EB/OL］.［2019-01-10］. https://arl.nonprofitsoapbox.com/storage/documents/publications/spec-322-web.pdf.

［6］Now open: IFLA PressReader International Library Marketing Award 2019［EB/OL］.［2019-04-25］. https://www.ifla.org/node/92078?og=75.

［7］The Funds ICT Content Programmes［OL］.［2018-11-21］. http://www.biglotteryfund.org.uk/er_eval_ict_final_rep.pdf.

［8］Every Object Tells A Story［OL］.［2019-01-10］. http://webarchive.nationalarchives.gov.uk/+/http://www.cultureonline.gov.uk/projects/in_production/every_object_tells_a_story/.

［9］中华人民共和国公共文化服务保障法［OL］.［2018-11-19］. http://www.npc.gov.cn/

npc/xinwen/2016-12/25/content_2004880.htm.

［10］关于进一步加强公共数字文化服务建设的指导意见［OL］．［2018-11-19］．http://www. mof.gov.cn/zhengwuxinxi/zhengcefabu/201112/t20111209_614350.htm.

［11］新华社．中共中央办公厅、国务院办公厅印发《关于加快构建现代公共文化服务体系的意见》［2018-12-30］．http://www.xinhuanet.com/ttgg/2015-01/14/c_1113996899_2.htm.

［12］Memory of the World Register［OL］．［2018-11-19］．https://en.unesco.org/programme/mow/register.

［13］美国记忆计划［OL］．［2018-11-19］．https://memory.loc.gov/ammem/index.html.

［14］欧洲文化和科学内容数字化协作行动计划［OL］．［2018-11-28］．http://www.minervaeurope.org/publications/dap/dapversionxhtml.htm.

［15］美国国会图书馆［OL］．［2019-01-12］．http://www.loc.gov.

［16］中办、国办印发《关于加快构建现代公共文化服务体系的意见》［R/OL］．［2016-05-05］．http://news.xinhuanet.com/politics/2015-01/14/c_1113996696.htm.

［17］第43次《中国互联网络发展状况统计报告》［R/OL］．［2019-04-26］．http://www.199it.com/archives/839540.html.

［18］马子雷．公益性数字文化建设"顶层设计"提上日程［N］．中国文化报，2011-4-20.

［19］石宪．博物馆营销人员的素质培养［N］．中国文物报，2012-09-05.

［20］发展中心首次举办文化建设军民融合发展培训班［N/OL］．［2018-12-06］．http://www.ndcnc.gov.cn/gongcheng/jianbao/201810/P020181010562094081136.pdf.

［21］边境地区公共数字文化服务培训班在云南保山举办［N/OL］．［2018-12-06］．http://www.ndcnc.gov.cn/gongcheng/jianbao/201811/P020181105357600869032.pdf.

［22］依托技术手段创新管理模式——陕西省公共电子阅览室建设成效显著［N］．中国文化报，2011-09-08（8）.

［23］辽宁图书馆的新媒体阅读体验［N］．辽宁日报，［2012-10-31］.

［24］全国文化信息资源共享工程介绍——国家数字文化网［EB/OL］．［2018-11-21］．http://www.ndcnc.gov.cn/gongcheng/jieshao/201212/t20121212_495375.htm.

［25］文化部印发《"十三五"时期公共数字文化建设规划》［EB/OL］．［2018-20-10］．http://whs.mof.gov.cn/pdlb/mtxx/201708/t20170814_2672061.html.

［26］淘文化．镇江公共文体产品和服务社会化运作平台［EB/OL］．［2019-01-02］．http://www.taowh.gov.cn/.

［27］李国新："十三五"时期现代公共文化服务体系建设的重点任务［EB/OL］．［2019-01-02］．http://www.chinalibs.net/Zhaiyao.aspx?id=404174.

［28］李国新．提高服务效能是构建现代公共文化服务体系的重点任务［EB/OL］．［2019-04-17］．http://lib.notefirst.com/booklife/19826/default.aspx.

［29］文化部：2020年基本建成公共数字文化服务体系［EB/OL］．［2019-04-29］．http://www.xinhuanet.com//culture/2017/08/10/c_1121431864.htm.

［30］文化部发布《"十三五"时期公共数字文化建设规划》［EB/OL］.［2019-05-08］. http://www.ndcnc.gov.cn/zixun/xinwen/201709/t20170915_1356861.htm.

［31］我国数字文化建设已初见成效［EB/OL］.［2018-12-26］. http://www.ndcnc.gov.cn/zixun/yaowen/201301/t20130130_548499.htm.

［32］公共电子阅览室建设试点工作方案［EB/OL］.［2019-3-23］. https://max.book118.com/html/2011/1227/911019.sthm.

［33］国家数字文化网［EB/OL］.［2018-4-20］. http://www.ndcnc.gov.cn/.

［34］中华人民共和国公共文化服务保障法［EB/OL］.［2019-06-18］. http://www.npc.gov.cn/npc/xinwen/2016-12/25/content_2004880.htm.

［35］文化部发布《"十三五"时期文化扶贫工作实施方案》［EB/OL］.［2019-06-18］. http://www.gov.cn/xinwen/2017-06/09/content_5201138.htm.

［36］公共电子阅览室建设计划［EB/OL］.［2019-06-18］. http://www.ndcnc.gov.cn/yue-lanshi/jianjie/201302/t20130225_571514.htm.

［37］国家公共文化数字支撑平台［EB/OL］.［2019-06-18］. http://www.ndcnc.gov.cn/zhuanti/2013zt/nianhui/jishu/201311/t20131105_795333.htm.

［38］国家公共文化云基本介绍［EB/OL］.［2019-06-18］. https://www.culturedc.cn/guide.html.

附　录

附录1　"全国文化信息资源共享工程服务营销的现状与建议"访谈提纲

（一）访谈开场语

您好，我是国家社科青年基金项目"基于用户体验的公共数字文化服务营销"组成员，正着手"全国文化信息资源共享工程服务营销的现状与建议"的专题调查，感谢您在百忙之中抽出宝贵的时间接受这次访谈！本次访谈主要通过问答形式进行，访谈内容仅用于学术研究。为保证访谈的有效性，请真实地回答每个问题，谢谢您的配合！

（二）访谈对话

第一部分：对话部分

公共数字文化服务营销指在政府部门的主导下，公共文化服务机构或组织（如图书馆、档案馆、博物馆、美术馆等）以数字技术为主要手段，以互联网为传播载体，为充分满足公众需要在服务过程中所采取的一系列营销活动。目前，公共数字文化服务营销常见的形式有：网络在线服务（如澳大利亚中西部公共图书馆为学生提供在线家庭作业辅助）、新媒体阅读（如辽宁省图书馆组织的"新媒体阅读体验活动"）以及游戏视频营销（如清华大学"爱上图书馆视频及排架游戏"）等。

众所周知，全国文化信息资源共享工程是面向社会公众的全国性惠民文化服务工程，自2002年实施以来取得了较大进展。然而，在取得成绩的同时，我们也发现不少社会大众并不知道文化共享工程的存在，或是其资源不一定能满足大众需求。因而，将服务营销理念引入文化共享工程服务过程中就显得十分必要了。根据项目研究需要，课题组设置了以下问题：

您目前的岗位和工作职责范围是：＿＿＿＿＿＿＿＿＿＿＿＿＿＿＿＿＿＿＿＿＿＿＿＿＿

1. 文化共享工程整合了很多优秀的文化资源，请您以国家数字文化网为例，谈谈其对资源内容的主题、来源、更新和发布有哪些具体要求？

2. 国家数字文化网向公众发布的所有数字文化资源都是免费的吗？是否有增值性的资源需要向公众另行收取费用呢？

3. 除了国家数字文化网和中国文化网络电视，公众还可以通过其他新媒体渠道（如微博、微信等）使用文化共享工程的数字文化资源吗？如果有，请您简单介绍其服务形式。

4. 国家数字文化网采取了哪些措施（比如投放广告、举办活动等）来促进公共数字文化资源的传播？

5. 发展中心设有专门的营销部门及营销岗位吗？

6. 国家数字文化网通过哪些途径获取公众文化需求？

7. 国家数字文化网通过哪些途径来提升公众的用户体验？

8. 公众可以通过哪些途径向发展中心提出建议和意见？对此发展中心又会如何处理？

附：

9. 未来几年内文化共享工程在服务营销方面有哪些规划？营销目标是什么？

10. 您认为文化共享工程服务营销还取得了哪些成果，或存在哪些问题？有哪些建议？

第二部分：访谈结束语

再次感谢您的配合，祝您工作顺利、生活愉快！

附录 2　国家数字文化网站新老用户体验测评实验说明

尊敬的先生/女士:

　　您好!

　　我们是国家社科基金项目"基于用户体验的公共数字文化服务营销研究"(15CTQ010) 课题组成员。本次测评实验旨在了解您对我国国家数字文化网站的使用感受。国家数字文化网是由文化部全国公共文化发展中心主办,立足全国文化信息资源共享工程,对文化资源进行数字化处理,以提供文化服务的网络平台。网站用户在浏览网站过程中产生的直接体验和间接体验反映出网站服务水平。为了解目前国家数字文化网站用户实际体验水平及其影响因素,课题组设计了此次测评实验。

　　此次调查旨在进一步提高国家数字文化网的用户体验水平。您的体验及其结果对于本次研究至关重要。课题组将对您的实验结果及数据严格保密。请您仔细阅读实验流程,认真完成实验任务并填写问卷,感谢您的积极参与!

　　1. 测评实验流程及注意事项:

　　实验前——请您使用自带的电脑,从 IE 浏览器访问国家数字文化网 http://www.ndcnc.gov.cn)(使用同样浏览器是为了保障实验的统一性)后参加测试。

　　实验中——请您记录任务开始时间。按照测试要求进行网站浏览并完成指定任务。实验过程中请您集中时间完成,不可分多次进行。完成后自行记录完成任务的具体时间。

　　实验后——完成测试任务后,请根据自己的真实感受填写调查问卷(问卷以链接形式附于具体的实验任务后)。

　　2. 测评实验任务

　　为达到有效测试的目的,测试任务的选取应该兼顾到国家数字文化网服务的每一个部分,因此选取以下任务让用户完成:

　　(1)查询最新一条文化资讯,阅读后使用微信平台进行分享操作。

　　(2)通过浏览网页查找,或在网页搜索框中检索特定主题的专题活动"我们的中国梦·文化进万家",了解文化活动动态并找到"视频报道"观看视频一分钟。

　　(3)查询并浏览国家公共文化云,找到国家公共文化云公众号二维码链接并扫码关注。然后回到网页找到"活动预约"菜单界面,不需要进行实际的"活动预约"操作。

　　(4)选择"在线培训"模块,找到"慕课学堂"栏目并选择"书法密码",完成预约。

　　(5)了解网页"视听空间"模块,选取"建国 69 周年主题专题",试听一分钟。

（6）找到网站留言板，并结合您浏览网站的体验，把遇到的问题记录在该留言板上并提交。

实验完成！请根据您的真实感受及时填写问卷 https://www.wjx.cn/jq/30278504.aspx（点击右键选择打开超链接），再次感谢您的参与！

"基于用户体验的公共数字文化服务营销研究" 课题组

附录3　国家数字文化网新用户体验访谈提纲

尊敬的先生/女士：

　　您好！

　　我们是国家社科基金项目"基于用户体验的公共数字文化服务营销研究"（15CTQ010）课题组成员。这次访谈是为了了解您对国家数字文化网站用户使用感受。您的见解对于本次研究至关重要。为此，我需要您的帮助和参与，以共同完成此次调查。课题组郑重向您承诺，本次调查涉及的内容仅供研究使用，再次感谢您的帮助！

　　　　　　　　　　　　　　"基于用户体验的公共数字文化服务营销研究"课题组

　　Q1：除了国家数字文化网以外，您平时一般通过什么渠道去关注新的文化资讯，比如通过搜索引擎（如百度）、社交软件（如微信）、新闻媒体（如门户网站、电视、广播、报纸）、与他人交流等？为什么选择这种/些渠道？

　　Q2：您认为国家数字文化网站可能会对您的生活带来什么改变？

　　Q3：在您使用国家数字文化网的过程中，让您印象最深刻的体验是什么？

　　Q4：在您使用国家数字文化网的过程中，有遇到操作上的难题吗？比如不理解网页界面某个标识含义等。

　　Q5：您对国家数字文化网有什么建议、看法和期望？（如更希望公共数字文化网提供哪些方面的服务，或者改善哪些方面）

附录4 国家数字文化网老用户体验访谈提纲

尊敬的先生/女士：

您好！

我们是国家社科基金项目"基于用户体验的公共数字文化服务营销研究"（15CTQ010）课题组成员。这次访谈是为了了解您对国家数字文化网站用户使用感受。您的见解对于本次研究至关重要。为此，我需要您的帮助和参与，以共同完成此次调查。课题组郑重向您承诺，本次调查涉及的内容仅供研究使用，再次感谢您的帮助！

"基于用户体验的公共数字文化服务营销研究"课题组

Q1：除了国家数字文化网以外，您平时一般通过什么渠道去关注新的文化资讯，比如通过搜索引擎（如百度）、社交软件（如微信）、新闻媒体（如门户网站、电视、广播、报纸）、与他人交流等？为什么选择这种/些渠道？

Q2：您认为国家数字文化网为您带来了哪些改变？

Q3：在您使用国家数字文化网的过程中，让您印象最深刻的体验是什么？

Q4：在您使用国家数字文化网的过程中，有遇到操作上的难题吗？比如不理解网页界面某个标识含义等。

Q5：您对国家数字文化网有什么建议、看法和期望？（如更希望公共数字文化网提供哪些方面的服务，或者改善哪些方面）